Glaboniat · Müller · Rusch · Schmitz · Wertenschlag

Profile deutsch

Gemeinsamer europäischer Referenzrahmen

Lernzielbestimmungen

Kannbeschreibungen

Kommunikative Mittel

Niveau A1 · A2 · B1 · B2

Langenscheidt

Berlin · München · Wien · Zürich · New York

Projektleitung
Martin Müller und Lukas Wertenschlag (CLAC / Universität Freiburg/Fribourg)

Autoren und Autorinnen
Manuela Glaboniat, Martin Müller, Helen Schmitz, Paul Rusch, Lukas Wertenschlag

CD-ROM
Konzeption: Lukas Wertenschlag
Gestaltung: Lukas Wertenschlag, Christophe Berger (teamtime consulting), Martin Müller
Programmierung: Tobie Gobet (teamtime consulting), Machiel Wiegel
Produktion: teamtime consulting, Freiburg/Fribourg

Expertengremium
Hans-Peter Apelt (Goethe-Institut Inter Nationes), Karl-Richard Bausch (Ruhr-Universität Bochum),
Robert Saxer (Universität Klagenfurt), Günther Schneider (Universität Freiburg/Fribourg – Vertreter der
Schweizerischen Konferenz der kantonalen Erziehungsdirektoren/EDK), John Trim (Europarat)

Projektgremium
Günther Hasenkamp, Margareta Hauschild, Eva Marquardt, Jochen Neuberger, Werner Schmitz,
Hans Simon-Pelanda, Otfried Zimmermann (alle Goethe-Institut Inter Nationes), Manuela Glaboniat (ÖSD)

Mitarbeiterinnen
Ursula Hirschfeld, Kerstin Reinke, Stéfanie Villarmé

Umschlaggestaltung
Andrea Pfeifer

Verlagsredaktion
Manuela Beisswenger und Sabine Wenkums

Profile deutsch ist auf Initiative des Goethe-Instituts Inter Nationes (München) und des Europarats (Strasbourg)
entstanden. Es wurde in trinationaler Zusammenarbeit zwischen Deutschland, Österreich und der Schweiz von
Institutionen aus diesen Ländern durchgeführt:

– Deutschland (Goethe-Institut Inter Nationes München, Ruhr-Universität Bochum)
– Österreich (Österreichisches Sprachdiplom ÖSD, Universitäten Wien und Klagenfurt)
– Schweiz (CLAC, Universität Freiburg/Fribourg)

Das Projekt wurde finanziert

• durch das Goethe-Institut Inter Nationes, Deutschland
• durch das Österreichische Bundesministerium für Bildung, Wissenschaft und Kultur, Österreich
• durch das Österreichische Sprachdiplom Deutsch, Österreich

Einen Beitrag zur Produktion der CD-ROM leistete das Eidgenössische Departement für auswärtige Angelegenheiten, Schweiz.

Umwelthinweis: gedruckt auf chlorfrei gebleichtem Papier

Dieses Werk folgt der reformierten Rechtschreibung entsprechend den amtlichen Richtlinien.

Druck: Druckhaus Langenscheidt, Berlin
Printed in Germany
ISBN 3-468-**49463**-7

1. 2. 3. 4. 5. 06 05 04 03 02

Inhaltsverzeichnis

Informationen zu „Profile deutsch"

Listen und Übersichten zu „Profile deutsch"

Vorbemerkung

Mit dem Plan eines Weges kam die Freude am Unterwegssein.
(Peter Handke)

„Profile deutsch" als Kompass und Weg-Begleiter

Vor Kurzem noch ein Plan, liegt mit „Profile deutsch" heute ein fertiges Produkt vor. Entstanden ist ein Hilfsmittel und Werkzeug, um sich in der vielschichtigen Welt „Deutsch als Fremdsprache und Deutsch als Zweitsprache" zurecht-zufinden. Mit der Veröffentlichung ist für das Autorenteam ein freudvolles und teilweise auch hartes und mit Ent-behrungen verbundenes Unterwegssein abgeschlossen. Dass auf diesem Weg ab und zu Abkürzungen, aber oft auch Umwege und unsichere Pfade gegangen wurden, war für alle wichtig, um an ein Ziel zu kommen. Das Ergebnis, das heute vorliegt, verstehen wir als Kompass, ein offenes Instrument gewissermaßen, das allen Benutzern helfen soll, einen eigenen Weg durch die persönliche berufliche Arbeit zu finden oder diese optimal zu gestalten.

Sprachen lassen sich nicht über Niveaus definieren – und Menschen noch weniger

„Profile deutsch" ist die erste konkrete Umsetzung der Grundideen des „Gemeinsamen europäischen Referenz-rahmens für Sprachen" für eine Einzelsprache. Dies war ein spannendes Unterfangen, denn Konzepte und Postulate des Referenzrahmens mussten zuerst interpretiert und dann auf einer praktischen Ebene umgesetzt werden. Heraus-gekommen sind Niveaubeschreibungen, Lernzielbestimmungen und sprachliche Mittel für vier der sechs Niveau-stufen des Europarats. Wir verstehen diese „Stufen" nicht als „ein für alle Mal in Stein gemeißelt", sondern als Orien-tierungspunkte und Leitplanken für Lernende, Lehrende und Vertreter von Wirtschaft und Gesellschaft in unterschiedlichsten Institutionen. Viele Entscheidungen, die wir selbst nach längeren Diskussionen getroffen haben, werden hoffentlich wieder zu neuen Diskussionen führen. Dies ist ganz in unserem Sinn, denn Sprachen – und noch viel weniger Menschen – lassen sich nicht erschöpfend über Niveaus definieren. Wir sind aber fest davon überzeugt, dass unsere „Stufen" als Richtgrößen helfen werden, mehr Transparenz und Kohärenz in das Lernen und Lehren der deutschen Sprache zu bringen.

Inhalte und Listen als Vorgaben und als Anregung und Anstoß für Veränderungen

Ein zentrales Anliegen von „Profile deutsch" ist, dem bestimmenden und normierenden Charakter, den Niveaube-schreibungen bekommen können, entgegenzuwirken. Die Niveaubeschreibungen verstehen sich als Richtgrößen, nicht als hermetisch-objektive Vorgaben. Die Listen sind als Anregungen gedacht, die man für die eigene Praxis umschreiben oder den spezifischen Bedürfnissen von Lernenden oder Institutionen anpassen kann. Dank dem tech-nischen Mittel der CD-ROM ist dies möglich geworden. Viele Inhalte können regionalen oder spezifischen Bedürf-nissen angepasst werden, ohne dass dabei der Wert international vergleichbarer „Stufen" verloren geht. Damit ist natürlich unser Wunsch verbunden, dass Sie als Benutzer nicht nur Ihre eigenen Erfahrungen einbringen, sondern auch kritisch und verantwortungsvoll mit dem vorliegenden Material umgehen.

Viele Menschen haben uns und das Projekt unterwegs begleitet

„Profile deutsch" ist ein Projekt von und mit Menschen, war und ist somit nicht frei von Problemen und Fehlern. Wir möchten allen danken, die uns geholfen haben, auf dem Weg zum Ziel ein tragfähiges Netzwerk aufzubauen und damit dem gesamten Autorenteam zu ermöglichen, die Motivation und die Bereitschaft zu einem enormen Arbeits-einsatz aufrecht zu erhalten.

Ein erstes Dankeschön gehört unseren **Auftraggebern**, die nicht nur finanzielle Mittel bereitgestellt, sondern auch den Umfang des Projektes klar abgesteckt haben:

- Margareta Hauschild und Jochen Neuberger von Goethe-Institut Inter Nationes und Joe Sheils vom Europarat, die 1997 die Initiative für dieses Projekt ergriffen haben;
- Gertrude Zhao-Heissenberger vom Österreichischen Bundesministerium für Bildung, Wissenschaft und Kultur, die von Anfang an die Wichtigkeit des plurizentrischen Aspektes erkannte;
- Werner Schmitz und Hans Simon-Pelanda, die als Projektverantwortliche des Goethe-Institut Inter Nationes das Projekt umsichtig und beruhigend begleitet haben;
- Margareta Hauschild, Eva Marquart, Dieter Arnsdorf, Günther Hasenkamp und Otfried Zimmermann, die uns als Projektgremium während all den Jahren kritisch und mit Wohlwollen unterstützt haben.

Unseren **Experten**, die uns mit viel Unterstützung begleitet und uns in kritischen Momenten Mut gemacht haben, können wir hier gar nicht genug danken. Sie haben durch kompetente, sachliche Mitarbeit und durch Beschei-denheit geholfen, eine Atmosphäre zu schaffen, die frei von akademischem „Gerangel" war. Wir danken:

- Hans Peter Apelt (Goethe-Institut Inter Nationes) für seine spontanen Interventionen und visionären Gedanken;
- Richard Bausch (Ruhr-Universität Bochum) für seine konstruktive Begleitung, begriffliche Schärfe und seine immer sicheren „Geografiekenntnisse";
- Robert Saxer (Universität Klagenfurt) für seine große Hilfe, Geduld und Unnachgiebigkeit, vor allem in Sachen Grammatik;
- Günther Schneider (Universität Freiburg/Fribourg) für seine Kompetenz und seine Erfahrung mit Niveaubeschreibungen und die vielen kritischen Anmerkungen, vor allem zu den Kannbeschreibungen;
- John Trim (Europarat) für väterliche Ratschläge und seine Gesamtsicht des Projektes im europäischen Kontext.

Als Projektleiter haben wir in den vergangenen Jahren immer wieder erfahren können, wie außergewöhnlich wichtig die Arbeitsatmosphäre und der gegenseitige Respekt in einem **Team** sind. Dank der gegenseitigen Unterstützung in guten und schlechten Zeiten, vor allem aber dank dem Engagement und der Arbeit, die das normale Maß oft weit übertroffen haben, war es möglich, die Geister, die wir riefen, wieder zu besänftigen. Großen Respekt und herzlichen Dank an das ganze Team:
- Helen, die nimmermüde Grüblerin;
- Manuela, die vermittelnde Strategin;
- Paul, der horizontal und vertikal liest;
- Stéfanie, die das Projekt nach einem Jahr verlassen hat.

Das Neue an „Profile deutsch" ist – neben dem Inhalt – die „Verpackung". Was früher in dicken Büchern mit langen Listen im Bücherregal stand, ist heute auf einer dünnen Scheibe eingebrannt. Unsere **Programmierer** wissen, wovon die Rede ist, da für alle Beteiligten diese Art von Umsetzung Neuland war. Die effiziente Zusammenarbeit zwischen dem Autorenteam und den IT-Spezialisten war nur möglich, weil beide Seiten immer wieder bereit waren, weiterzulernen und sich auf das Prinzip „work in progress" einzulassen: Merci milles fois à:
- Christophe Berger, der teilweise als Einziger noch daran glaubte, dass eine CD-ROM machbar ist;
- Tobie Gobet, der nie aufgab, ungewohnte Verknüpfungen nachzuvollziehen;
- Mike Wiegel, der immer die Ruhe bewahrte und nur mit einem guten Essen auf andere Gedanken zu bringen war.

Ein großes Dankeschön geht aber auch an den **Verlag** Langenscheidt, in dem sich im Hintergrund viele Personen um markttechnische und inhaltliche Lösungen bemühten:
- Herbert Bornebusch, der das Projekt so spannend und innovativ fand, dass er es ins Verlagsprogramm aufnahm;
- Manuela Beisswenger, ohne die der Tippfehler-Teufel ständig auf dem Bildschirm erscheinen würde;
- Sabine Wenkums, die der Broschüre und dem Buch viel Sorgfalt und kreative Kritik entgegenbrachte;
- und alle anderen Mitarbeiterinnen und Mitarbeiter des Verlages, die sich um Druck und Grafik gekümmert haben.

Hinter den Kulissen und manchmal auch im Vordergrund haben uns viele begleitet, die wir nicht alle auflisten können. **Freundinnen und Freunde**, denen ob all unserer „Niveauprobleme" manchmal fast der Appetit vergangen ist. Wir danken allen für die Geduld. Speziell danken möchten wir:
- Hanna Bancher, die viele Wörter beispielhaft eingebunden hat;
- Duri Darms, der nicht nur listig ein-gelesen hat;
- Hans-Dieter Dräxler, auf dessen Vorarbeiten wir aufbauend zugreifen konnten;
- Frau Hirschfeld und Frau Reinke, die die mündlichen Textmuster zum „Klingen" gebracht haben;
- Toni Näf, der „grammatische Bäume" erklommen hat;
- Peter Sauter, der zu gewissen Zeiten mit-meditiert hat;
- Regula Schmidlin, die den Durchblick bei Dreierlei Deutsch bewahrte.

Dass in der heutigen Zeit der allgemeinen Finanzknappheit Geld zur Verfügung gestellt wurde, um dieses Projekt zu ermöglichen, ist keine Selbstverständlichkeit. Wir möchten dafür namentlich den folgenden **Institutionen** danken:
- dem Goethe-Institut Inter Nationes (GIIN);
- dem Österreichischen Bundesministerium für Bildung, Wissenschaft und Kultur (BMBWK);
- dem Österreichischen Sprachdiplom (ÖSD);
- dem Eidgenössischen Departement für auswärtige Angelegenheiten.

Wir wünschen Ihnen als **Benutzern und Benutzerinnen** viel Spaß beim Entdecken von „Profile deutsch" und hoffen, dass das Buch und die CD-ROM Ihnen hilfreiche und nützliche Weg-Begleiter bei Ihrer täglichen Arbeit sein werden.

Freiburg im Üechtland, Frühjahr 2002   Martin Müller und Lukas Wertenschlag

Einleitung

„Profile deutsch": auf einen Blick

„Profile deutsch" ist ein offenes und flexibles System, mit dem man den Unterricht in den Bereichen *Deutsch als Fremdsprache* und *Deutsch als Zweitsprache* planen, durchführen und evaluieren kann. „Profile Deutsch" beschreibt die ersten vier Niveaus des „Gemeinsamen europäischen Referenzrahmens für Sprachen" und macht damit Sprachkompetenz leichter vergleichbar und messbar. Das Buch gibt einen Überblick über die Konzeption und die Komponenten von „Profile deutsch", die CD-ROM bietet eine Datenbank, mit der verschiedene Abfragen durchgeführt, Materialien aus Listen zusammengestellt und für die Weiterverarbeitung in ein anderes Programm übernommen werden können.

„Können Sie auf der Straße nach dem Weg fragen und verstehen Sie die Auskunft, wenn geantwortet wird?" „Können Sie über die wichtigsten Stationen einer Reise in chronologischem Ablauf berichten?" – Mit solchen „Umschreibungen" lassen sich Kenntnisse oder Fortschritte beim Lernen einer fremden Sprache viel genauer definieren als zum Beispiel mit schulischen Noten. Im Zentrum von „Profile deutsch" stehen daher solche Umschreibungen in Form von *Kannbeschreibungen*. Sie präzisieren, welche sprachlichen Handlungen jemand auf einem bestimmten Niveau ausführen kann.

„Profile deutsch" basiert also auf einem „handlungsorientierten Ansatz". Sprachliche Handlungen werden mittels Kannbeschreibungen und Beispielen für verschiedene sprachliche Niveaus genauer beschrieben. Bei jeder sprachlichen Handlung, die allein oder mit einem Partner geschieht, werden *Texte* rezipiert oder produziert. Jeder konkrete Text enthält Elemente der *Grammatik*, des *Thematischen Wortschatzes* und der *Allgemeinen Begriffe*. Um effizient zu lernen und um möglichst erfolgreich sprachlich zu handeln, setzen wir auch *Strategien* ein und benutzen unterschiedlichste *Techniken*. Alle diese Elemente sind in „Profile deutsch" ergänzend zu den Kannbeschreibungen praxisnah beschrieben.

Niveaubeschreibungen A1 – A2 – B1 – B2	
Handlungen	Globale Kannbeschreibungen – Detaillierte Kannbeschreibungen – Beispiele
Sprachliche Mittel	Sprachhandlungen – Kulturspezifische Aspekte Thematischer Wortschatz – Allgemeine Begriffe
Grammatik	Funktionale Darstellung Systematische Darstellung
Texte	Textsorten – Textmuster
Strategien	Kommunikative Strategien Lern- und Prüfungsstrategien

Zusammengefasst enthält „Profile deutsch" folgende Elemente, die Niveaus zugeordnet werden können:
- Globale Kannbeschreibungen
- Detaillierte Kannbeschreibungen mit Beispielen
- Sprachliche Mittel: Sprachhandlungen und kulturspezifische Aspekte
- Sprachliche Mittel: Allgemeine Begriffe
- Sprachliche Mittel: Thematischer Wortschatz
- Grammatik: systematisch und funktional

Daneben gibt es niveau-unabhängige Angaben zu:
- Textsorten und Textmustern
- Kommunikativen Strategien
- Lern- und Prüfungsstrategien

„Profile deutsch": Zielgruppe

„Profile deutsch" wurde als Hilfsmittel für die praktische Arbeit von einem Team von Praktikern und Experten aus den Bereichen *Deutsch als Fremdsprache/Zweitsprache* und von Spezialisten der Computertechnologie entwickelt. Ziel war, unterschiedlichen Berufsgruppen ein Arbeitsinstrument zur Verfügung zu stellen. „Profile deutsch" ist geeignet für:
- Curriculumentwickler und Curriculumentwicklerinnen
- Leiter und Leiterinnen von Institutionen
- Lehrbuchautoren und Lehrbuchautorinnen
- Materialentwickler und Materialentwicklerinnen
- Testentwickler und Testentwicklerinnen
- Prüfungsspezialisten und Prüfungsspezialistinnen
- Lehrer und Lehrerinnen in der Unterrichtspraxis

Erst die CD-ROM macht „Profile deutsch" zu einem flexiblen Arbeitsinstrument für all diese Berufsgruppen. Sie bietet dank der modernen Technologie ein viel breiteres Spektrum von Möglichkeiten als das Buch. Sie ermöglicht mehr Verknüpfungen und erlaubt es z. B., Informationen schneller und effizienter abzurufen und zu vergleichen. Ein wichtiger Vorteil der CD-ROM ist, dass Listen durch individuelle Einträge erweitert und damit bedürfnisorientiert verändert werden können.

„Profile deutsch": Vorteile in Kürze

Vier Stichworte und konkrete Anwendungsbeispiele zeigen Ihnen die wichtigsten Vorteile von „Profile deutsch" bei der Planung, Vorbereitung oder Durchführung des Unterrichts:

Effizienz
Lehrer und Lehrerinnen können für spezifische Bedürfnisse einzelner Lernenden oder ganzer Klassen z. B. Lernziele und sprachliche Mittel per Mausklick schnell und sicher zusammenstellen. Die gewünschten Elemente können in einer Sammelmappe abgelegt, durch einfachen Knopfdruck in andere Programme exportiert oder weiter bearbeitet werden.

Transparenz
Ein Lehrer oder eine Lehrerin kann einer neuen Klasse ohne großen Aufwand erklären, welcher Lernstoff für ein bestimmtes Niveau wichtig ist und was bei der Prüfung verlangt wird. Die Unterrichtsziele werden für alle Beteiligten transparent.

Kohärenz
Anforderungsprofile von Tests und Prüfungen sind eingebettet in ein kohärentes, allgemein anerkanntes System. Dies hilft z. B. einem Curriculumplaner oder einer Schulleiterin, vergleichbare Niveaus für Prüfungen oder Tests zu definieren. Ebenso erhalten andere Abnehmer (z. B. weiterführende Schulen, Personalverantwortliche) auf diese Weise klare Orientierungspunkte.

Flexibilität
Die konkreten Aufgaben und Situationen bei den Kannbeschreibungen bilden eine Fundgrube. Z. B. können Testentwickler und -entwicklerinnen einer Institution für Tests und Prüfungen auf einer bestimmten Stufe handlungsorientiertes Material zusammenzustellen. Die gleichen Listen können von den Lehrern und Lehrerinnen dieser Institution als Grundlage für die Prüfungsvorbereitung genutzt werden.

„Profile deutsch": zur Entstehung

„Profile deutsch" ist als Projekt im Umfeld des Europarates angesiedelt. Es ist die erste konkrete Umsetzung des „Gemeinsamen europäischen Referenzrahmens für Sprachen" für eine Einzelsprache. Ein zentrales Anliegen der europäischen Sprachenpolitik ist seit längerer Zeit die friedliche Koexistenz. Dafür wurden Ziele formuliert wie die Menschen „mit dem nötigen Rüstzeug auszustatten für die Herausforderungen verstärkter internationaler Mobilität und engerer Zusammenarbeit" oder „durch effektivere internationale Kommunikation gegenseitiges Verständnis und Toleranz sowie die Achtung von Identitäten und von kultureller Vielfalt zu fördern".[1]

Um das Anliegen einer besseren Verständigung umzusetzen, hat der Rat für kulturelle Zusammenarbeit verschiedentlich Maßnahmen und Empfehlungen verabschiedet, unter anderem sollen für die Einzelsprachen konkretere Grundlagen erarbeitet werden, um z. B. „das Lehren und Lernen von Sprachen an den Bedürfnissen, an der Motivation, den Dispositionen und den Lernmöglichkeiten der Lernenden zu orientieren" oder, noch konkreter, um „sinnvolle und realistische Lernziele zu formulieren und möglichst genau zu beschreiben".[2]
Die Handlungsziele des Europarates auf dem Gebiet der modernen Sprachen waren auch für „Profile deutsch" ein verbindlicher und klarer Wegweiser. „Profile deutsch" ist der Versuch, auf der Basis bestehender Arbeiten für das Lernen und Lehren der deutschen Sprache aktuelle und konkrete Handlungsgrundlagen zu entwickeln und damit ein Instrument zu erarbeiten, das auf der Grundlage der europäischen Sprachenpolitik in einen breiteren, internationalen Kontext eingebettet ist.

Als wichtige Eckpfeiler für das Lernen und Lehren aller Sprachen gelten die sechs Referenzniveaus des Europarates, die heute weltweit eine breite Akzeptanz gefunden haben. Sie ermöglichen es, in der vertikalen Dimension „ein einfaches, aber übersichtliches Profil oder eine Art Landkarte des Spektrums sprachlichen Lernens"[3] zu entwerfen (s. S. 10).

---

[1] Gemeinsamer europäischer Referenzrahmen für Sprachen: lernen, lehren, beurteilen (2001), Langenscheidt, München, S. 16
[2] Gemeinsamer europäischer Referenzrahmen für Sprachen: lernen, lehren, beurteilen (2001), Langenscheidt, München, S. 16
[3] Gemeinsamer europäischer Referenzrahmen für Sprachen: lernen, lehren, beurteilen (2001), Langenscheidt, München, S. 27

Elementare Sprach-verwendung	**A1**	Kann vertraute, alltägliche Ausdrücke und ganz einfache Sätze verstehen und verwenden, die auf die Befriedigung konkreter Bedürfnisse zielen. Kann sich und andere vorstellen und anderen Leuten Fragen zu ihrer Person stellen – z. B. wo sie wohnen, was für Leute sie kennen oder was für Dinge sie haben – und kann auf Fragen dieser Art Antwort geben. Kann sich auf einfache Art verständigen, wenn die Gesprächspartnerinnen oder Gesprächspartner langsam und deutlich sprechen und bereit sind zu helfen.
	A2	Kann Sätze und häufig gebrauchte Ausdrücke verstehen, die mit Bereichen von ganz unmittelbarer Bedeutung zusammenhängen (z. B. Informationen zur Person und zur Familie, Einkaufen, Arbeit, nähere Umgebung.) Kann sich in einfachen, routinemäßigen Situationen verständigen, in denen es um einen einfachen und direkten Austausch von Informationen über vertraute und geläufige Dinge geht. Kann mit einfachen Mitteln die eigene Herkunft und Ausbildung, die direkte Umgebung und Dinge im Zusammenhang mit unmittelbaren Bedürfnissen beschreiben.
Selbst-ständige Sprach-verwendung	**B1**	Kann die Hauptpunkte verstehen, wenn klare Standardsprache verwendet wird und wenn es um vertraute Dinge aus Arbeit, Schule, Freizeit usw. geht. Kann die meisten Situationen bewältigen, denen man auf Reisen im Sprachgebiet begegnet. Kann sich einfach und zusammenhängend über vertraute Themen und persönliche Interessengebiete äußern. Kann über Erfahrungen und Ereignisse berichten, Träume, Hoffnungen und Ziele beschreiben und zu Plänen und Ansichten kurze Begründungen oder Erklärungen geben.
	B2	Kann die Hauptinhalte komplexer Texte zu konkreten und abstrakten Themen verstehen; versteht im eigenen Spezialgebiet auch Fachdiskussionen. Kann sich so spontan und fließend verständigen, dass ein normales Gespräch mit Muttersprachlern ohne größere Anstrengung auf beiden Seiten gut möglich ist. Kann sich zu einem breiten Themenspektrum klar und detailliert ausdrücken, einen Standpunkt zu einer aktuellen Frage erläutern und die Vor- und Nachteile verschiedener Möglichkeiten angeben.
Kompetente Sprach-verwendung	**C1**	Kann ein breites Spektrum anspruchsvoller, längerer Texte verstehen und auch implizite Bedeutungen erfassen. Kann sich spontan und fließend ausdrücken, ohne öfter deutlich erkennbar nach Worten suchen zu müssen. Kann die Sprache im gesellschaftlichen und beruflichen Leben oder in Ausbildung und Studium wirksam und flexibel gebrauchen. Kann sich klar, strukturiert und ausführlich zu komplexen Sachverhalten äußern und dabei verschiedene Mittel zur Textverknüpfung angemessen verwenden.
	C2	Kann praktisch alles, was er/sie liest oder hört, mühelos verstehen. Kann Informationen aus verschiedenen schriftlichen und mündlichen Quellen zusammenfassen und dabei Begründungen und Erklärungen in einer zusammenhängenden Darstellung wiedergeben. Kann sich spontan, sehr flüssig und genau ausdrücken und auch bei komplexeren Sachverhalten feinere Bedeutungsnuancen deutlich machen.

„Profile deutsch": Entwicklung aufgrund von Empfehlungen

Es war naheliegend, die im Schoße des Europarates entwickelten Grundlagen und Eckpfeiler auch für die Festlegung präziser und flexibler Lernzielbestimmungen für Deutsch zu nutzen. Im Oktober 1998 wurden an einem vom Goethe-Institut Inter Nationes und dem Europarat initiierten Workshop in Frankfurt eine intensivere Zusammenarbeit zwischen Goethe-Institut Inter Nationes und dem Europarat beschlossen. Ein erster Schritt war, auf der Basis der „Kontaktschwelle Deutsch als Fremdsprache (1979)"[4] neue, aktuelle Niveaubeschreibungen zu entwickeln, die für andere Sprachen modellhaft Auswirkungen haben sollen.

Für dieses Vorhaben wurden vom Goethe-Institut Inter Nationes in Zusammenarbeit mit einer Expertengruppe aus den deutschsprachigen Ländern konkrete Empfehlungen verabschiedet. Diese Empfehlungen haben die Entwicklung der Niveaubeschreibungen bestimmt und die Arbeiten am Projekt „Profile deutsch" entscheidend beeinflusst.

---

[4] Baldegger, Markus; Müller, Martin; Schneider, Günther in Zusammenarbeit mit Näf, Anton (1980), Kontaktschwelle Deutsch als Fremdsprache. Langenscheidt, München

Empfehlung: Orientierung am „Gemeinsamen europäischen Referenzrahmen für Sprachen"

„Profile deutsch" ist ein transparentes und kohärentes System von Niveaubeschreibungen für die Niveaus A1 – B2 und erfüllt – wie der „Referenzrahmen" – folgende Bedingungen[5]:

– „Profile deutsch" ist multi-funktional: „nutzbar für die ganze Bandbreite von Zwecken und Zielsetzungen bei der Planung und Bereitstellung von Sprachlernmöglichkeiten";
– „Profile deutsch" ist flexibel: „adaptierbar für die Benutzung unter unterschiedlichen Bedingungen und Umständen";
– „Profile deutsch" ist offen: „geeignet für Erweiterungen und Verfeinerungen des Systems";
– „Profile deutsch" ist dynamisch: „durch die kontinuierliche Weiterentwicklung als Reaktion auf Erfahrungen aus seiner Verwendung";
– „Profile deutsch" ist benutzerfreundlich: „abgefasst in einer für die Adressaten leicht verständlichen und brauchbaren Form";
– „Profile deutsch" ist nicht dogmatisch: „nicht unwiderruflich und ausschließlich einer der vielen verschiedenen konkurrierenden linguistischen oder lerntheoretischen Theorien bzw. einem einzigen didaktischen Ansatz verpflichtet".

Empfehlung: Aktuelle Lernzielbeschreibungen unter Berücksichtigung veränderter gesellschaftlicher Bedingungen

„Profile deutsch" baut auf wichtigen Entwicklungen und aktuellen Ergebnissen der Fremdsprachenunterrichtsforschung der letzten Jahre auf und konnte von Vorarbeiten profitieren, die in den letzten Jahren die Fachdiskussion und die Unterrichtspraxis beeinflusst haben:

Im Bereich der Lernzielbeschreibungen konnten wir von verschiedenen Vorarbeiten profitieren. Wichtig waren die validierten Kannbeschreibungen des „Schweizer Portfolios" und des „Referenzrahmens", die das Herzstück von „Profile deutsch" bilden. Um eine Übereinstimmung mit anderen europäischen Projekten zu gewährleisten, wurden auch die in den Projekten ALTE und DIALANG erarbeiteten Beschreibungen hinzugezogen und mit den Kannbeschreibungen von „Profile deutsch" abgestimmt.[6]
Im linguistischen Bereich waren für uns die Diskussion um das Deutsche als eine plurizentrische Sprache hilfreich. Es ist daher eine „Selbstverständlichkeit", dass „Profile deutsch" Informationen zum unterschiedlichen Gebrauch der Standardsprache in Deutschland, Österreich und in der Schweiz enthält.[7] Außerdem formulieren wir in einem eigenen Kapitel Hilfen für einen konkreten Umgang mit der Plurizentrik in der Praxis.
Für die Aktualisierung der verschiedenen Listen (z. B. *Sprachhandlungen* oder *Thematischer Wortschatz*) konnten wir von anderen Arbeiten wie etwa dem *Zertifikat Deutsch* oder dem *Lernzielkatalog des ÖSD*, aber auch dem englischen *Breakthrough, Waystage, Threshold Level* und dem *Vantage* profitieren.[8] Unsere Entscheidungen für bestimmte Einträge verstehen wir nicht als endgültige Lösung, sondern als Vorschläge, die angepasst und erweitert werden können. Die CD-ROM bietet dazu die nötigen technischen Möglichkeiten.
„Profile deutsch" geht auch neue Wege. Im Bereich der *Sprachmittlung* etwa lagen keine „Muster" vor. Die Kannbeschreibungen für den Bereich „Sprachmittlung" wurden daher im Rahmen des Projektes völlig neu entwickelt.

Empfehlung: Leserfreundlichkeit und Praxisnähe durch konkrete Beispiele

Viele Materialien und theoretische Ausführungen wurden für „Profile deutsch" an entscheidenden Stellen praxisnah und leserfreundlich gestaltet und erweitert:

Die Kannbeschreibungen wurden durch Beispiele erweitert und dadurch für die Praxis greifbar konkretisiert. Die jeweiligen Beispiele einer Kannbeschreibungen zeigen, wie diese auf einem Niveau interpretiert oder für eigene Bedürfnisse neu formuliert werden können.

---

[5] Gemeinsamer europäischer Referenzrahmen für Sprachen: lernen, lehren, beurteilen (2001), Langenscheidt, München, S. 20
[6] Folgende Autoren und Institutionen haben freundlicherweise die Benutzung der unten aufgeführten Quellen erlaubt:
Europäisches Sprachenportfolio für Jugendliche und Erwachsene (2001). Hg. EDK Bern: Berner Lehrmittel- und Medienverlag, Bern
Schneider, Günther / North, Brian (2000): Fremdsprachen können – was heißt das? Skalen zur Beschreibung, Beurteilung und Selbsteinschätzung der fremdsprachlichen Kommunikationsfähigkeit. Rüegger, Chur/Zürich
Gemeinsamer europäischer Referenzrahmen für Sprachen: lernen, lehren, beurteilen (2001), Langenscheidt, München, DIALANG, vgl. Anhang C
Gemeinsamer europäischer Referenzrahmen für Sprachen: lernen, lehren, beurteilen (2001), Langenscheidt, München, ALTE (= Association of Language Testers in Europe): vgl. Anhang D
[7] Vgl. dazu die Probefassung „Wörterbuch der deutschen Sprache in Deutschland, Österreich und der Schweiz – Dreierlei Deutsch, Wörterbuch der nationalen und regionalen Besonderheiten der deutschen Standardsprache", Innsbruck, Linz, Basel, Duisburg 2000
[8] Vgl. dazu die Auswahlbibliografie S. 168.

Neben mehr als 160 Textsorten, die nach bestimmten Kriterien abgerufen werden können, finden sich sogenannte Textmuster. Zu diesen Textmustern wurden für „Profile deutsch" „Kurzcharakterisierungen" entwickelt, die helfen, den Unterricht konkreter und präziser zu planen.

Zu verschiedenen Strategien wurden die unterschiedlichsten Techniken gesammelt und in eine praktische Systematik gebracht. Die Techniken zeigen beispielhaft, wie eine Strategie beim Lernen oder im Unterricht konkret angewendet oder umgesetzt wird.

Zu jedem Eintrag in den Wortschatzlisten und Sprachhandlungen finden sich Beispielsätze, die den Kontext der Verwendung aufzeigen, per Mausklick können darüber hinaus Informationen zu grammatischen Angaben wie z. B. Wortart oder Artikel abgerufen werden.

Bei allen grammatischen Phänomenen wird durch kurze Erläuterungen und Beispiele der Verwendungszusammenhang praxisnah verdeutlicht.

„Profile deutsch": das Buch

Der erste Teil des Buches gibt Informationen zu den verschiedenen Komponenten von „Profile deutsch". Kapitel 1 beschäftigt sich eingehend mit den *Kannbeschreibungen* und dem handlungsorientierten Ansatz. Kapitel 2 geht auf *Deutsch als plurizentrische Sprache* ein. Kapitel 3 bis 6 beschäftigen sich mit den *Sprachlichen Mitteln*, der *Grammatik*, den *Texten* und den *Strategien*. Kapitel 7 gibt knappe, leicht verständliche Anleitungen zur Arbeit mit der CD-ROM und schließt mit Anwendungsbeispielen.

Der zweite Teil des Buches listet wichtige Komponenten der CD-ROM auf: Die Listen der *Kannbeschreibungen*, die Sie auf der CD-ROM per Mausklick aufrufen können, sind hier nach Niveau und Fertigkeiten geordnet abgedruckt, ebenso die Listen der *Allgemeinen Begriffe*, des *Thematischen Wortschatzes*, der *Texte* und der *Sprachhandlungen*. Außerdem finden Sie eine kurze Übersicht über die *Grammatik* der vier Niveaustufen A1 – B2, die *Kulturspezifischen Aspekte* und die *Strategien*.

1 Kannbeschreibungen

1.1 Der Ansatz der Niveaubeschreibungen

Niveaubeschreibungen als Kompetenzbeschreibungen

„Profile deutsch" beschreibt die Sprachniveaus A1, A2, B1 und B2 für das Erlernen der deutschen Sprache. Eine wesentliche Grundlage dieser Niveaubeschreibungen ist das System der Deskriptoren *(Kannbeschreibungen)*, wie es im „Gemeinsamen Europäischen Referenzrahmen für Sprachen" dargestellt ist und mit dem „Europäischen Sprachenportfolio"[1] weiterentwickelt wurde. Ein wesentlicher Vorteil dieses Systems liegt in den flexiblen Verzweigungsmöglichkeiten, die es ermöglichen, dass „ein gemeinsames System von Referenzniveaus und/oder Deskriptoren in lokal benötigte Niveaus unterteilt werden kann".[2] Das heißt, die Niveaubeschreibungen sowohl des „Referenzrahmens" also auch von „Profile deutsch" verstehen sich als offenes System, das in der Anwendung an verschiedensten Orten und Stellen für verschiedenste Zwecke und Zielgruppen seine jeweilige Ausprägung erhalten kann, ja sogar muss. Wohl auch deswegen hat das flexible und gleichzeitig kohärente System der Niveaubeschreibungen des „Referenzrahmens" in der Zwischenzeit weltweit breite Anerkennung gefunden:

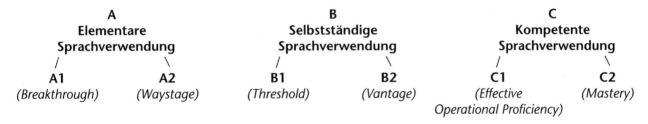

Die Niveaus A1 und A2 in „Profile deutsch" beschreiben die elementare Sprachverwendung, die Niveaus B1 und B2 die selbstständige Sprachverwendung. Die Niveaus C1 und C2 für die kompetente Sprachverwendung sollen für die deutsche Sprache in einem Folgeprojekt beschrieben werden.

Die Beschreibung der Niveaus entspricht in etwa der traditionellen Aufteilung der Lernbereiche in Grund-, Mittel- und Oberstufe. Die Grundstufe wird für die deutsche Sprache als die Lernphase definiert, die mit dem Erreichen der Erfordernisse des „Zertifikates Deutsch" abgeschlossen wird. Im System des „Referenzrahmens" entspricht dem in etwa das Niveau B1.

Die Summe aller Kannbeschreibungen definiert ein Niveau

Kernstück von „Profile deutsch" sind die globalen und die detaillierten Kannbeschreibungen mit den dazugehörigen Beispielen (s. S. 75 ff.). Die Summe aller Kannbeschreibungen auf einem bestimmten Niveau kann als Beschreibung dieses Niveaus gelesen werden. Entsprechend dem System der Deskriptoren im „Referenzrahmen" wird in „Profile deutsch" in den Kannbeschreibungen mit positiven Formulierungen festgehalten, was Lernende auf einem bestimmten Niveau tun können.

Die Formulierung einer globalen Kannbeschreibung für mündliche Interaktion lautet beispielsweise: „Kann mit wenigen, einfachen und auswendig gelernten Ausdrücken und Sätzen vertraute Situationen bewältigen, die ganz alltägliche und konkrete Bedürfnisse betreffen, wobei es zu Missverständnissen kommen kann." Die negative Formulierung würde demgegenüber in etwa lauten: Verfügt nur über einen kleinen, begrenzten Wortschatz; in nicht vertrauten, nicht routinemäßigen Situationen verursacht das häufig Missverständnisse.

---

[1] Folgende Autoren und Institutionen haben freundlicherweise die Benutzung der unten aufgeführten Quellen erlaubt:
Europäisches Sprachenportfolio für Jugendliche und Erwachsene (2001). Hg. EDK Bern: Berner Lehrmittel- und Medienverlag, Bern
Schneider, Günther / North, Brian (2000): Fremdsprachen können – was heißt das? Skalen zur Beschreibung, Beurteilung und Selbsteinschätzung der fremdsprachlichen Kommunikationsfähigkeit. Rüegger, Chur/Zürich
Gemeinsamer europäischer Referenzrahmen für Sprachen: lernen, lehren, beurteilen (2001), Langenscheidt, München, DIALANG: vgl. Anhang C
Gemeinsamer europäischer Referenzrahmen für Sprachen: lernen, lehren, beurteilen (2001), Langenscheidt, München, ALTE (= Association of Language Testers in Europe): vgl. Anhang D
[2] Gemeinsamer europäischer Referenzrahmen für Sprachen: lernen, lehren, beurteilen (2001), Langenscheidt, München, S. 41

„Es ist schwieriger, auf den niedrigeren Niveaus der Sprachkompetenz zu sagen, was der Lernende tun kann, als zu sagen, was er nicht tun kann. Positive Formulierungen sind aber vor allem dann wünschenswert, wenn Kompetenzniveaus auch als Lernziel dienen sollen und nicht nur als ein Instrument zur Überprüfung und Auslese von Kandidaten".[3] Die Niveaus von „Profile deutsch" werden über ein zweiteiliges System von Kannbeschreibungen beschrieben: globale und detaillierte Kannbeschreibungen. Kannbeschreibungen gibt es für die sprachlichen Aktivitäten *Interaktion, Rezeption, Produktion* und *Sprachmittlung*, sortiert nach der gewählten Form *mündlich* oder *schriftlich*.

Fortschreitende Ausdifferenzierung der Niveaus

Eine Niveauschreibung durch die Beschreibung der Kompetenzen in der Sprachverwendung enthält das jeweils Spezifische einzelner Niveaus. Dieses Spezifische der einzelnen Niveaus wird in „Profile deutsch" auch daran sichtbar, dass einige Teilkompetenzen durch alle Niveaus hindurch „verfolgt" und entsprechend den Niveaus in den *Globalen Kannbeschreibungen* qualitativ definiert werden. Ein Beispiel zur Verdeutlichung:

Kannbeschreibung: global **Aktivität: Interaktion** **Typ: mündlich**	**Kannbeschreibung: detailliert** **Aktivität: Interaktion** **Typ: mündlich**

Niveau A1

Kann mit wenigen, einfachen und auswendig gelernten Ausdrücken und Sätzen vertraute Situationen bewältigen, die ganz alltägliche und konkrete Bedürfnisse betreffen, wobei es zu Missverständnissen kommen kann.	Kann auf einfache, direkt an ihn/sie gerichtete Fragen mit einfachen Antworten reagieren.

Niveau A2

Kann mit kurzen, einfachen Ausdrücken, die alltägliche Bedürfnisse betreffen, kommunizieren, wobei die Kommunikation in nicht vertrauten Situationen oft schwierig sein und es zu Missverständnissen kommen kann.	Kann in einem Gespräch einfache Fragen beantworten und auf einfache Aussagen reagieren.

Niveau B1

Kann im Allgemeinen seine/ihre Kenntnisse in der deutschen Sprache so korrekt anwenden, dass es trotz deutlicher Einflüsse der Muttersprache im Bereich der Grammatik und Lexik nicht zu Missverständnissen kommt.	Kann in Gesprächen Fragen zu vertrauten Themen beantworten.

Niveau B2

Kann sich so spontan und fließend verständigen, dass ein normales Gespräch mit deutschsprachigen Gesprächspartnern ohne größere Anstrengung auf beiden Seiten gut möglich ist, und kann dabei Fehler, die zu Missverständnissen geführt haben, meist selbst korrigieren.	Kann auf Fragen im eigenen Fach- oder Interessenbereich detaillierte Antworten geben.

Die globale Kannbeschreibung in der linken Spalte beschreibt das Repertoire der sprachlichen Mittel, das zur Bewältigung der Aufgabe zur Verfügung steht, und den Grad an Eindeutigkeit, der in der Kommunikation erwartet werden kann.

---

[3] Gemeinsamer europäischer Referenzrahmen für Sprachen: lernen, lehren, beurteilen (2001), Langenscheidt, München, S. 200

Die detaillierte Kannbeschreibung in der rechten Spalte greift ein Detail, in diesem Fall „auf Fragen reagieren", heraus und beschreibt, in welchen Situationen die Aufgabe bewältigt werden kann. Um die Verwendung in konkreten Situationen und die Rollen deutlich zu machen, in denen die Lernenden ihre Kompetenz zeigen können, enthält jede detaillierte Kannbeschreibung drei Beispiele.

1.2 Globale und detaillierte Kannbeschreibungen

Globale Kannbeschreibungen: Wie gut kann jemand etwas tun?

Die globalen Kannbeschreibungen von „Profile deutsch" sind im Unterschied zu den detaillierten Kannbeschreibungen nicht an bestimmte Situationen gebunden. Globale Kannbeschreibungen beschreiben in allgemeiner Form, wie gut jemand etwas in Bezug auf die vier sprachlichen Aktivitäten auf einem bestimmten Niveau tun kann. Dies wird durch Formulierungen ausgedrückt wie „ausreichend korrekt" – „relativ mühelos" – „falls deutlich gesprochen wird". Sie bieten also einen Überblick über die einzelnen Niveaus und die Qualität der Sprachverwendung. Die globalen Kannbeschreibungen können nach den *Niveaus* (A1 – A2 – B1 – B2), nach *sprachlichen Aktivitäten* (Interaktion – Rezeption – Produktion – Sprachmittlung) oder nach dem *Typ* (mündlich – schriftlich) sortiert werden.

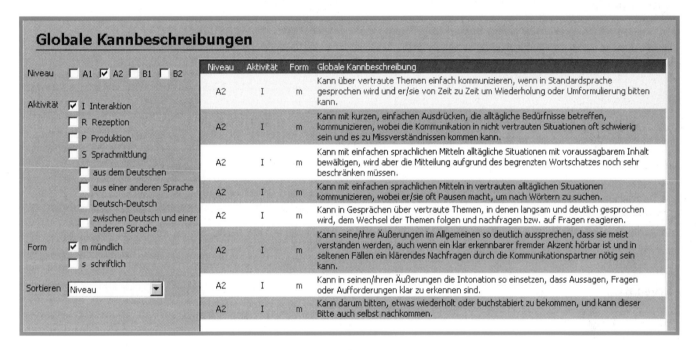

Detaillierte Kannbeschreibungen: Was kann jemand tun?

Die detaillierten Kannbeschreibungen von „Profile deutsch" sind an bestimmte Situationen oder Themenbereiche gebunden. Detaillierte Kannbeschreibungen beschreiben ziemlich genau verschiedene sprachliche Handlungen, wobei diese noch konkreter an jeweils drei *Beispielen* erläutert werden. So wird z. B. die detaillierte Kannbeschreibung des Niveaus B1, „Kann in Gesprächen Fragen zu vertrauten Themen beantworten", in den drei folgenden Beispielen an konkrete Situationen mit konkreten Rollen für die Lernenden angebunden: „in einem Straßeninterview Fragen zu den Einkaufsgewohnheiten beantworten", „in einem Vorstellungsgespräch Fragen zur eigenen Ausbildung beantworten", „beim Arzt mit einfachen Worten erklären, was ihm fehlt" (s. S. 100). Während die Kannbeschreibungen geschlechtsneutral in der Doppelform er/sie formuliert sind, wurde für die Beispiele abwechselnd „er" oder „sie" gewählt. Die Beispiele sind im Buch (S. 75 ff.) immer *kursiv* gesetzt.

Alle detaillierten Kannbeschreibungen sind auf der CD-ROM mit der Liste der Textsorten verknüpft. Unter „Textsorten" können häufige und relevante Textsorten abgerufen werden, von denen einige als „Textmuster" beschrieben sind.

Detaillierte Kannbeschreibungen

Niveau ☐ A1 ☐ A2 ☑ B1 ☐ B2

Aktivität ☑ I Interaktion
☐ R Rezeption
☐ P Produktion
☐ S Sprachmittlung
   ☐ aus dem Deutschen
   ☐ aus einer anderen Sprache
   ☐ Deutsch-Deutsch
   ☐ zwischen Deutsch und einer anderen Sprache

Form ☑ m mündlich
☐ s schriftlich

Sortieren [Niveau ▼]

Niveau	Aktivität	Form	Detaillierte Kannbeschreibung
B1	I	m	Kann Informationen über bekannte Themen oder aus seinem/ihrem Fach- oder Interessengebiet austauschen.
B1	I	m	Kann Gefühle ausdrücken und auf entsprechende Gefühlsäußerungen anderer reagieren.
B1	I	m	Kann seine/ihre Meinung sagen und Vorschläge machen, wenn es darum geht, Probleme zu lösen oder praktische Entscheidungen zu treffen.
B1	I	m	Kann jemanden in einer einfachen Angelegenheit beraten.
B1	I	m	Kann sich über einfache Sachverhalte beschweren.
B1	I	m	Kann in einfachen Situationen mit Behörden verkehren.
B1	I	m	Kann in Gesprächen Fragen zu vertrauten Themen beantworten.
B1	I	m	Kann die meisten Situationen bewältigen, die sich im Alltag oder auf Reisen ergeben.
B1	I	m	Kann konkrete Informationen überprüfen und bestätigen.
B1	I	m	Kann ohne Vorbereitung an Gesprächen über vertraute Themen teilnehmen.
B1	I	m	Kann an formellen Gesprächen teilnehmen und dabei Ansichten und Meinungen äußern.
B1	I	m	Kann auch nicht alltägliche Situationen in Geschäften oder bei öffentlichen Dienstleistern bewältigen.
B1	I	m	Kann relativ flüssig ein Telefonat als Auskunft suchende oder Auskunft gebende Person führen.

[**Beispiele** | Textsorten | Globale Kannbeschreibungen]

Kann in einem Straßeninterview Fragen zu ihren Einkaufsgewohnheiten beantworten.
Kann in einem Vorstellungsgespräch Fragen zur eigenen Ausbildung beantworten.
Kann beim Arzt mit einfachen Worten erklären, was ihm fehlt.

[Beispiele | **Textsorten** | Globale Kannbeschreibungen]

Antrag
Auskunftsgespräch
Beratungsgespräch
Besprechung
Bestätigung
Bestellung
Bewerbungsgespräch
Diskussion
Gespräch (am Arbeitsplatz)
Interview
Kaufgespräch
Mitteilung
Smalltalk
Umfrage

Die vier Bereiche der Sprachverwendung

Ergänzend zum „Referenzrahmen" oder zum „Portfolio" werden in „Profile deutsch" alle Kannbeschreibungen durch je drei Beispiele verdeutlicht. Die Beispiele beziehen konkrete Kommunikationsfaktoren mit ein und zeigen, wie eine Kannbeschreibungen auf einem Niveau interpretiert werden kann. Sie wurden, soweit möglich, einem der vier folgenden Bereiche zugeordnet:

– Persönlicher Bereich, in dem die betreffende Person als Individuum lebt, im Rahmen des häuslichen Lebens, mit Familie und Freunden;
– Öffentlicher Bereich, in dem die betreffende Person als Mitglied einer globalen Öffentlichkeit oder bestimmter Organisationen handelt und in unterschiedliche Interaktionen mit verschiedenen Zielen eingebunden ist;
– Beruflicher Bereich, in dem sich die Person während ihrer Arbeit und in ihren beruflichen Interessen bewegt;
– Bereich der Bildung, in dem die Person einen organisierten Lernprozess verfolgt, speziell (aber nicht notwendigerweise) innerhalb einer Bildungsinstitution.

Die Beispiele und die Angaben zu den Texten verstehen sich als Vorschläge, die den Benutzern helfen sollen, die Kannbeschreibungen im Rahmen eines kohärenten Systems flexibel an die Bedürfnisse der eigenen Lerngruppe anzupassen oder eigene Materialien zu erstellen.

Kannbeschreibungen: Lehrerorientiert und Lernerorientiert

Zusammenfassend lassen sich die Kannbeschreibungen vor allem zwei Orientierungen zuweisen:

LEHRER-ORIENTIERT	benutzerorientiert	WAS Lernende tun können	aufgabenorientiert	LERNER-ORIENTIERT
	beurteilungsorientiert	WIE GUT Lernende etwas können	diagnoseorientiert	

Die detaillierten Kannbeschreibungen (*Was Lernende tun können*) haben eher die Aufgabe, das typische oder wahrscheinliche Verhalten von Lernenden auf den verschiedenen Niveaus zu beschreiben. Diese benutzerorientierten Beschreibungen sagen etwas darüber aus, was der Lernende tun kann. Durch die Beispiele wird für den Benutzer verdeutlicht, in welcher Situation und in welcher Rolle eine bestimmte sprachliche Handlung zur Lösung einer Aufgabe erwartet werden kann: Für Lernende wird transparent gemacht, welche sprachlichen Handlungen auf einem bestimmten Niveau gebraucht werden.

Die globalen Kannbeschreibungen (*Wie gut Lernende etwas können*) haben eher die Aufgabe, den Beurteilungsprozess zu lenken; die Beschreibungen formulieren stärker die Aspekte der Qualität der erwarteten sprachlichen Leistung. Diese Beschreibungen helfen den Lehrenden Diagnosen zu stellen, denn sie machen klar, wie gut Lernende etwas können sollten. Sie können verschiedene Ziele haben: Lehrenden zum Beispiel können sie helfen, Schülerleistungen transparenter zu beurteilen. Für Testkonstrukteure können sie bei der Erstellung von Testmaterialien hilfreich eingesetzt werden.

1.3 Kannbeschreibungen und sprachliche Aktivitäten

Fortschritte im Sprachenlernen lassen sich auch daran ablesen, inwiefern Lernende fähig sind, kommunikative Situationen und Aufgaben zu bewältigen. Die kommunikative Sprachkompetenz eines Lernenden wird also „in verschiedenen kommunikativen Sprachaktivitäten aktiviert, die Rezeption, Produktion, Interaktion und Sprachmittlung umfassen, wobei jeder dieser Typen von Aktivitäten in mündlicher oder schriftlicher Form oder in beiden vorkommen kann."[4] Die Kannbeschreibungen in „Profile deutsch" sind daher auf dem jeweiligen Niveau nach diesen Kriterien geordnet:

Aktivitäten	Form	Fertigkeiten
Interaktion	mündlich	Hören und Sprechen
Interaktion	schriftlich	Lesen und Schreiben
Rezeption	mündlich	Hören
Rezeption	schriftlich	Lesen
Produktion	mündlich	Sprechen
Produktion	schriftlich	Schreiben
Sprachmittlung	mündlich	Dolmetschen
Sprachmittlung	schriftlich	Übersetzen

---

[4] Gemeinsamer europäischer Referenzrahmen für Sprachen: lernen, lehren, beurteilen (2001), Langenscheidt, München, S. 25

Definition der sprachlichen Aktivitäten in „Profile deutsch"

Rezeption ist ein primärer Prozess. Die Kannbeschreibungen umschreiben also Sprachaktivitäten, die für sich allein vorkommen.
Beispiel Rezeption mündlich, A2:
Kann die Hauptaussage kurzer, einfacher und eindeutiger Ansagen oder Durchsagen verstehen.
Beispiel Rezeption schriftlich, A2:
Kann an öffentlichen Orten häufig vorkommende Schilder und Aufschriften verstehen.

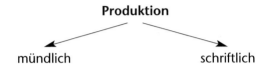

Produktion ist in mündlicher oder schriftlicher Form ebenso ein primärer Prozess. Die Kannbeschreibungen umschreiben also Sprachaktivitäten, die für sich allein vorkommen.
Beispiel Produktion mündlich, A2:
Kann einfach und kurz von persönlichen Erfahrungen, Ereignissen und eigenen Aktivitäten berichten.
Beispiel Produktion schriftlich, A2:
Kann sehr kurze, einfache Beschreibungen über persönliche Erfahrungen, Ereignisse und eigene Aktivitäten machen.

In der **Interaktion**, die mündlich oder schriftlich erfolgen kann, „tauschen sich mindestens zwei Personen aus, wobei sie abwechselnd Produzierende oder Rezipierende sind, bei mündlicher Interaktion manchmal beides überlappend."[5]
Im Gegensatz zu Rezeption und Produktion umschreiben die Kannbeschreibungen also eine Kombination von Sprachaktivitäten, etwa abwechselndes Verstehen und sich Äußern.
Beispiel Interaktion mündlich, A2:
Kann in einer vertrauten Situation einfache Vorschläge machen und auf Vorschläge reagieren, z. B. zustimmen, ablehnen oder Alternativen vorschlagen.
Beispiel Interaktion schriftlich, A2:
Kann sehr einfache persönliche Briefe, Postkarten und E-Mails schreiben und darin Persönliches austauschen.

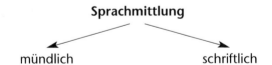

Sprachmittlung mündlich und Sprachmittlung schriftlich

Die mündlichen und/oder schriftlichen Aktivitäten der Sprachmittlung ermöglichen „Kommunikation zwischen Menschen, die aus irgendwelchen Gründen nicht direkt miteinander kommunizieren können".
Durch Übersetzen, Dolmetschen oder durch Zusammenfassen eines Ausgangstextes entsteht „eine (Neu-)Fassung für Dritte, die keinen unmittelbaren Zugriff" auf den Ausgangstext haben. „Sprachmittelnde Aktivitäten, also die Umformung eines schon vorhandenen Textes, nehmen eine wichtige Stellung im alltäglichen sprachlichen Funktionieren unserer Gesellschaften ein."[6]

---

[5] Gemeinsamer europäischer Referenzrahmen für Sprachen: lernen, lehren, beurteilen (2001), Langenscheidt, München, S. 26
[6] Gemeinsamer europäischer Referenzrahmen für Sprachen: lernen, lehren, beurteilen (2001), Langenscheidt, München, S. 26

„Bei sprachmittelnden Aktivitäten geht es den Sprachverwendenden nicht darum, seine/ihre eigenen Aktivitäten zum Ausdruck zu bringen, sondern darum, Mittler"[7] zwischen verschiedenen Sprachen, aber auch Kulturen zu sein. Zu den sprachmittelnden Aktivitäten gehören nach dem „Referenzrahmen" „Dolmetschen und Übersetzen sowie das Zusammenfassen und Paraphrasieren von Texten in derselben Sprache, wenn derjenige, für den der Text gedacht ist, den Originaltext nicht versteht".[8]

„Profile deutsch" definiert Sprachmittlung als mündlich, wenn die sprachmittelnde Person mündlich vermittelt – d. h. der Inhalt des ursprünglichen Textes wird als mündlicher Text „weitergegeben" .
„Profile deutsch" definiert Sprachmittlung als schriftlich, wenn die sprachmittelnde Person schriftlich vermittelt – d. h. der Inhalt des ursprünglichen Textes wird als schriftlicher Text „weitergegeben".

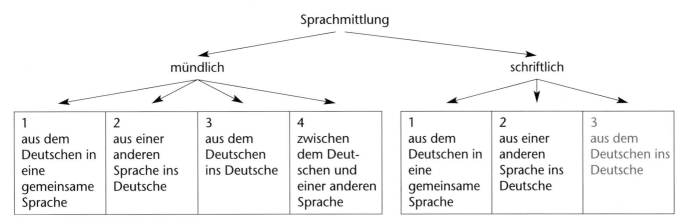

Kannbeschreibungen des Typs 1 beschreiben die Situationen, in denen mündliche oder schriftliche Texte in einer Sprache weitergegeben werden, die dem Sprachmittelnden und dem Rezipienten gemeinsam ist.

Kannbeschreibungen des Typs 2 beschreiben Situationen, in denen mündliche oder schriftliche Texte einer anderen Sprache von der sprachmittelnden Person für deutschsprachige Rezipienten ins Deutsche vermittelt werden.

Kannbeschreibungen des Typs 3 können z. B. in multikulturellen Klassen im DaF-Unterricht vorkommen, bieten sich aber auch in anderen Fällen an, in denen eine von zwei nicht-deutschsprachigen Personen besser Deutsch kann als der Partner. Es sind Situationen, in denen mündliche oder schriftliche deutsche Texte oder schwierige Teile davon auf Deutsch weitervermittelt werden. Für den sehr seltenen Fall von schriftlicher Weitergabe dieses Typs hat „Profile deutsch" keine Kannbeschreibungen entwickelt.

Kannbeschreibungen des Typs 4 beschreiben die Sprachmittlung ausschließlich in der mündlichen Interaktion. Es sind Situationen, in denen die sprachmittelnde Person im Gespräch oder in einer Diskussion zwischen verschiedenen Personen in beiden Sprachen wechselseitig vermittelt.

Da im Bereich Sprachmittlung keine konkreten „Lösungen" vorliegen und auch im „Referenzrahmen" entsprechende Skalen fehlen, definiert „Profile deutsch" erstmals ein kohärentes System mit Kannbeschreibungen und Beispielen für Sprachmittlung.

1.4 Kannbeschreibungen als Basis eines handlungsorientierten Unterrichts

„Profile deutsch" basiert auf einem handlungsorientierten Ansatz

„Profile deutsch" geht in Anlehnung an den „Referenzrahmen" „von einer sehr umfassenden Sicht von Sprachverwendung und Sprachenlernen aus. Der hier gewählte Ansatz ist im Großen und Ganzen *handlungsorientiert*, weil er Sprachverwendende und Sprachenlernende vor allem als *sozial Handelnde* betrachtet, d. h. als Mitglieder einer Gesellschaft, die unter bestimmten Umständen und in spezifischen Umgebungen und Handlungsfeldern kommunikative Aufgaben bewältigen müssen, und zwar nicht nur sprachliche. Einzelne Sprachhandlungen treten zwar im

---

[7] Gemeinsamer europäischer Referenzrahmen für Sprachen: lernen, lehren, beurteilen (2001), Langenscheidt, München, S. 89
[8] Gemeinsamer europäischer Referenzrahmen für Sprachen: lernen, lehren, beurteilen (2001), Langenscheidt, München, S. 89 f.

Rahmen sprachlicher Aktivitäten auf; diese sind aber wiederum Bestandteil des breiteren sozialen Kontexts, der allein ihnen ihre volle Bedeutung verleihen kann. Wir sprechen von kommunikativen *Aufgaben*, weil Menschen bei ihrer Ausführung ihre spezifischen Kompetenzen strategisch planvoll einsetzen, um ein bestimmtes Ergebnis zu erzielen. Der handlungsorientierte Ansatz berücksichtigt deshalb auch die kognitiven und emotionalen Möglichkeiten und die Absichten von Menschen sowie das ganze Spektrum der Fähigkeiten, über das Menschen verfügen und das sie als sozial Handelnde (soziale Akteure) einsetzen."[9]

Kannbeschreibungen als Ausgangspunkt der Handlungsorientierung

Für die Formulierung der Kannbeschreibungen war grundlegend, dass Aufgaben und Handlungen immer in einen konkreten Kontext eingebettet sind. Dementsprechend können sie durch sehr unterschiedliche Faktoren beeinflusst werden:
– eine bestimmte Umgebung (z. B. ein bestimmtes Land, in einem bestimmten Kulturraum),
– gegebene, momentane Umstände (z. B. Hitze, Finanzkrise),
– einen bestimmten Lebensbereich (persönlich, öffentlich, beruflich, Bildung),
– ein ganz konkretes Handlungsfeld (z. B. Akten lesend und diskutierend in einer Sitzung oder im Gespräch am Telefon),
– die an der Handlung beteiligten Personen (z. B. in ihren Funktionsrollen als Chefin oder Sekretär).

Diese Faktoren und ihr Zusammenspiel sollen durch die folgende Skizze verdeutlicht werden.

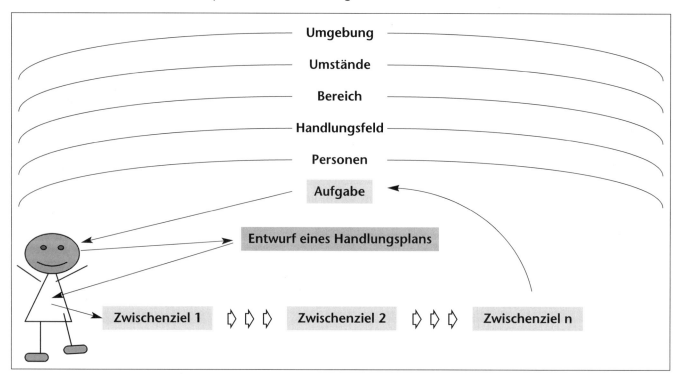

Die Skizze verdeutlicht, dass Lernende zur Lösung von konkreten Aufgaben zuerst einen *Handlungsplan* entwerfen, der sowohl von der Einschätzung der eigenen Ressourcen abhängt – z. B. von den sprachlichen Fähigkeiten oder dem soziokulturellen Wissen – als auch von verschiedenen äußeren Faktoren des gesamten Kontextes. Entscheidend dürfte letztlich auch sein, wie „erfolgversprechend" eine Aufgabe aus der Sicht des Lernenden ist und wie ökonomisch sie gelöst werden kann. Nach dem Entwurf des Handlungsplanes werden dann mit konkreten Handlungen schrittweise Zwischenziele verfolgt, die zur Lösung der Aufgabe führen. Eine grundlegende Erkenntnis für Lehrende dürfte sein, dass letztlich die Lernenden entscheiden, wie sie eine Aufgabe lösen wollen.

---

[9] Gemeinsamer europäischer Referenzrahmen für Sprachen: lernen, lehren, beurteilen (2001), Langenscheidt, München, S. 21

Kannbeschreibungen als Ideen für einen handlungsorientierten Unterricht

Die detaillierten Kannbeschreibungen orientieren sich stark an diesem handlungsorientierten Modell, in dem mit Handlungen Zwischenziele angestrebt werden, um so Aufgaben zu lösen. Die Beispiele der detaillierten Kannbeschreibungen beschreiben wahlweise die genauere Umgebung, die Umstände, die Lebensbereiche oder die Handlungsfelder, in denen eine bestimmte sprachliche Handlung stattfinden kann. Ebenso wird beschrieben, welche Personen in welchen Rollen beteiligt sein können. Durch die situative Einbettung der Beispiele in einen konkreten Kontext verdeutlicht „Profile deutsch" für Unterrichtende, wie eine konkrete Aufgabe im Unterricht gestellt werden kann. Die Beispiele zeigen auch, wie eine Aufgabe oder Teile einer Aufgabe durch Handlungen gelöst werden können. Im Zentrum des handlungsorientierten Unterrichts steht immer die Frage: Welche sprachlichen Handlungen sollen Lernende auf einem bestimmten Niveau ausführen können, um eine konkrete Aufgabe zu lösen? Ziel eines handlungsorientierten Unterrichts wäre also, durch die Formulierung von Aufgaben ein möglichst breites Lern- und Evaluationsangebot zu schaffen, aus dem Lernende auswählen und an dem sie sich reiben können.

2 Deutsch als plurizentrische Sprache[1]

Das Deutsche ist eine „plurizentrische Sprache"[1]. Der Begriff „plurizentrisch" bedeutet, dass eine Sprache über mehrere „Zentren" und damit über mehrere „Standardvarietäten" verfügt. Für die deutsche Sprache heißt das vor allem:

Deutsch besteht aus einer in der Öffentlichkeit allgemein gültigen, offiziell anerkannten und weitgehend genormten Standardsprache (Hochsprache, Schriftsprache), die im ganzen deutschen Sprachraum verstanden und angewandt wird. Die Standardsprache wird vor allem im schriftlichen Bereich und als mündliche Form in den Medien sowie in formelleren Situationen verwendet.

Daneben gibt es regionale und nationale Standardvarietäten, die zwar der Standardsprache angehören, aber in ihrer Verbreitung begrenzt sind, entweder nach Staatsgrenzen (nationale Varietäten: Deutschland, Österreich, Schweiz) oder nach größeren Sprachregionen (regionale Varietäten, z. B. Mittel- und Norddeutschland, Süddeutschland und Österreich, Schweiz und Westösterreich). Die konkreten sprachlichen Unterschiede zwischen den sprachlichen Varietäten werden im folgenden als „Varianten" bezeichnet.

Neben der Standardsprache und den Standardvarietäten verfügt das Deutsche – wie alle anderen Sprachen – auch noch über andere Sprachformen, die durch verschiedene Faktoren (Altersschichten, Berufssparten, Nähe vs. Distanz, mündliche vs. schriftliche Kommunikation, regionale Gegebenheiten usw.) geprägt sind und typische Merkmale aufweisen (z. B. Umgangssprache, Dialekte, Fachsprachen, Jugendsprache usw.).

2.1 Unterschiede in den Standardvarietäten des Deutschen

Die Unterschiede in den Standardvarietäten des Deutschen sind in der Schriftnorm eher gering, in der gesprochenen Sprache jedoch zum Teil beträchtlich. Sie finden sich vor allem in folgenden Bereichen:

Wortschatz und Lexik

Am auffälligsten sind die Unterschiede im Bereich der Lexik, wo man viele regionale und nationale Varianten findet, wie z. B.: Januar/Jänner, Samstag/Sonnabend/, dieses Jahr / heuer, Abendessen/Nachtessen, Fahrrad/Velo, Kartoffel/Erdapfel usw.

Grammatik

In der Grammatik finden sich ebenfalls großräumige Unterschiede, v. a. in den folgenden Bereichen:
Im süddeutschen Raum wird im Gegensatz zu Norddeutschland in der mündlichen Kommunikation das Präteritum vermieden und das Perfekt als Erzähl- und Berichtsform verwendet.
Außerdem wird im Süden des deutschen Sprachraums das Perfekt der Verben *stehen, sitzen, liegen, knien* und *hängen* mit *sein* gebildet (z. B.: *Ich habe/bin drei Stunden im Regen gestanden.*).
Unterschiede finden sich sehr oft auch im Genus, wie z. B. *das/die Cola, der/das Joghurt*, beim Gebrauch der Artikel vor Eigennamen und Personenbezeichnungen (z. B. *Wo ist Martin / der Martin? – Er ist bei Oma / bei der Oma!*), hie und da bei Präpositionen (z. B. am/auf dem Land, in/auf Urlaub fahren) sowie in der Pluralbildung, wo im süddeutschen Raum eine Tendenz zur Umlautbildung herrscht (z. B. *Kasten/Kästen, Polster/Pölster*).
Viele Varianten finden sich, besonders in Österreich, auch in der Wortbildung, speziell bei den Fugenzeichen, z. B. keine Verwendung des Fugen-*n* (*Toilettenpapier/Toilettepapier*) oder häufigerer Gebrauch des Fugen-*s* (z. B. *Aufnahmeprüfung/Aufnahmsprüfung, Zugverkehr/Zugsverkehr*), aber auch bei Endungen (*Kasse/Kassa*) oder Diminutivsuffixen (z. B. *Päckchen/Packerl, Säckchen/Sackerl*).

Aussprache/Betonung

Im Bereich der Aussprache gibt es regional bedingt so viele Unterschiede, dass hier nur einige „überregionale" Kennzeichen und generelle Merkmale angeführt werden können. Typisch ist zum Beispiel im Süddeutschen die nicht stimmhafte Aussprache des anlautenden <s> sowie der weichen Konsonanten <d, b, g> oder das Fehlen des harten Stimmeinsatzes bei Wörtern mit Anfangsvokalen (wodurch das Süddeutsche insgesamt generell einen weicheren Klang aufweist). Zusätzlich kennzeichnend für Schweizer Sprecher ist beispielsweise eine langsamere Sprechgeschwindigkeit und folglich eine verminderte Anwendung von Schnellsprechregeln (Vokalausfall, Assimilation usw.).

---

[1] Vgl. zu diesem Kapitel die Grundlagenarbeiten eines trinationalen Forschungsteams: Wörterbuch der deutschen Sprache in Deutschland, Österreich und der Schweiz (2001): Dreierlei Deutsch, Wörterbuch der nationalen und regionalen Besonderheiten der deutschen Standardsprache, Innsbruck, Linz, Basel, Duisburg: www. sprachwissenschaft.ch/prolex/

Natürlich gibt es auch auf der Wortebene viele Unterschiede, wie z. B. das anlautende „Ch", z. B. in *China, Chirurg*, das im Süddeutschen wie <k>, im Norddeutschen gebietsweise (im Rheinland!) wie <sch> ausgesprochen wird. Großräumige Varianten zwischen dem Norddeutschen und dem Süddeutschen gibt es aber auch in der Betonung, z. B. liegt im Österreichischen und Süddeutschen die Betonung bei Wörtern mit *Anti-, Makro-, un-* meist auf der ersten, bei Wörtern wie z. B. *Kaffee, Telefon* und *Sakko* meist auf der letzten Silbe.

Orthographie

In der Orthographie findet man auf Grund der Neuregelung der Rechtschreibung kaum noch Unterschiede. Eine Besonderheit der Schweiz liegt nach wie vor darin, dass sie das „ß" nicht verwendet und dass bei einigen Fremdwörtern eher die ursprüngliche (nicht eingedeutschte) Schreibung verwendet wird, z. B. Club/Klub.

Pragmatik

Unterschiede gibt es auch auf pragmatischer Ebene, hier speziell im Bereich der Höflichkeitskonventionen, bei der Verwendung von Grußformeln und im Umgang mit Titeln. So werden beispielsweise (akademische) Titel in Österreich viel häufiger verwendet, sowohl als Anrede *(Guten Tag, Herr Doktor.)* als auch als fester Bestandteil des Namens *(Darf ich vorstellen, Frau Magistra Mayer.)*.

2.2 Lernen und Lehren des Deutschen als plurizentrische Sprache

Es scheint sinnvoll und notwendig, dass sich Lernende des Deutschen ihrem Lernniveau entsprechend auf die Sprachverwendung respektive die Sprachsituation im deutschen Sprachraum vorbereiten. Entsprechend sollte dies auch im Unterricht mitberücksichtigt werden. Dabei sind folgende Punkte zu beachten:

Effizienter Erwerb

Der Erwerb der deutschen Sprache soll möglichst effizient erfolgen und den Bedürfnissen der Lernenden angepasst werden. Die Hinweise in „Profile deutsch" auf Varietäten dienen als Informationsquelle und stellen sprachliche Kommunikationsmittel in einer spezifischen Situation bereit. Sie sollten keinesfalls das Unterrichten oder das Lernen der deutschen Sprache unnötig erschweren.

Weiter Kommunikationsradius

Der Erwerb der deutschen Sprache dient den Lernenden dazu, einen möglichst großen Kommunikationsradius in den deutschsprachigen Gebieten zu erreichen. Die Hinweise auf die Varietäten sollen helfen, Sprecher und Texte aus den verschiedenen Regionen und Ländern des deutschen Sprachraums zu *verstehen*. Für den produktiven Sprachgebrauch werden möglichst unmarkierte, neutrale Einträge empfohlen, die es dem Lernenden ermöglichen, sich im gesamten deutschen Sprachraum „überregional" verständlich und sanktionsfrei auszudrücken, d.h. ohne missverstanden, korrigiert oder „belächelt" zu werden.

Kulturelle Einbettung

Wichtiger Bestandteil beim Erwerb einer fremden Sprache sind die Entwicklung interkultureller Fertigkeiten und soziolinguistischer Kompetenzen. Beim Erwerb des Deutschen gehört das Wissen über Variation innerhalb des Deutschen dazu. Es kann z. B. dabei helfen, in einer konkreten beruflichen Situation die adäquaten sprachlichen Mittel angepasst an das eigene Niveau erfolgreich anzuwenden.

Toleranter Umgang mit Normen

„Profile deutsch" möchte einen toleranten Umgang mit der deutschen Sprache fördern. Die Hinweise auf verschiedene Varietäten helfen Lehrpersonen beim Erstellen und Korrigieren von Tests. Sie geben Hinweise und Informationen darüber, was in den verschiedenen Sprachregionen bzw. Ländern als „Standarddeutsch" und somit als „korrekt" gilt und folglich beim Korrigieren „akzeptiert" werden kann und muss. Keinesfalls darf die Verwendung von standardsprachlichen Varietäten (z. B. bei Lernenden, die in Österreich oder der Schweiz bzw. mit österreichischen oder schweizerischen Lehrenden Deutsch gelernt haben) bei Tests oder Prüfungen sanktioniert werden.

2.3 Varietäten in „Profile deutsch"

„Keine europäische Sprachgemeinschaft ist vollkommen homogen. So existieren z. B. für die ‚plurizentrische' deutsche Sprache in Deutschland, Österreich und der Schweiz sprachliche Standardvarietäten. Diese Unterschiede findet man nicht nur im Wortschatz, in der Grammatik und der Aussprache, sondern auch im soziolinguistischen Bereich, z. B. in der Verwendung von angemessenen Begrüßungs- und Anredeformeln."[2]

Die Frage der Varietäten wird im „Referenzrahmen" im Zusammenhang mit der soziolinguistischen Kompetenz behandelt, zu der unter anderem die Fähigkeit gehört, sprachliche Varianten beim Erwerb oder Gebrauch einer Sprache adäquat einzuordnen. Dazu zählt neben sozialen, ethnischen oder beruflichen Aspekten auch der Umgang mit regionalen und nationalen Varietäten. Der Referenzrahmen weist ausdrücklich darauf hin, dass das Skalieren von soziolinguistischen Kompetenzen nicht einfach ist. Erfahrungsgemäß beginnen Sprachverwendende etwa ab der Stufe B2, sich produktiv „die Fähigkeit anzueignen, Variationen im Reden zu bewältigen und Varietäten wie auch Register besser zu beherrschen"[3].

Plädoyer für einen sinnvollen Umgang mit Varietäten

„Profile deutsch" betont wie der „Referenzrahmen", dass die Toleranz gegenüber unterschiedlichem Sprachgebrauch zusammen mit dem Verstehen von Varietäten im Fremdsprachenunterricht einen zentralen Stellenwert einnimmt. Dabei hat „Profile deutsch" weder sprachpolitische Ambitionen noch strebt es eine vollständige linguistische Beschreibung an. „Profile deutsch" stellt im Hinblick auf die Behandlung von Varietäten im Sprachenunterricht zwei Aspekte ins Zentrum:
– Deutsch ist eine plurizentrische Sprache. „Profile deutsch" möchte daher auf den vielfältigen und unterschiedlichen Sprachgebrauch im deutschsprachigen Raum hinweisen und *pragmatisch* und beispielhaft die Verwendung von Varietäten aufzeigen.
– Deutsch ist eine lebendige, sich ständig verändernde Sprache. „Profile deutsch" enthält aus diesem Grund wichtige und aktuelle Informationen, die für das Lernen und Lehren der deutschen Sprache hilfreich sind.

„Profile deutsch" möchte Lehrende zu einem den Bedürfnissen und Kenntnissen der Lernenden angepassten Umgang mit Varietäten der deutschen Sprache ermutigen. „Profile deutsch" gibt bei den einzelnen Varietäten bewusst keine Hinweise darauf, auf welcher Niveaustufe eine bestimmte Variante vermittelt bzw. erlernt werden soll, sondern macht dies in erster Linie von den Perspektiven und Zielen der Lernenden abhängig oder vom Lernort (in deutschsprachigen oder anderssprachigen Ländern). Das bedeutet, dass z. B. Lernende, die sich in einer bestimmten Region des deutschen Sprachraums aufhalten oder aufhalten wollen, sich (rezeptiv) durchaus schon auf einer sehr frühen Niveaustufe mit den dort auftretenden Varietäten und Besonderheiten auseinandersetzen sollten, was für Lernende in nicht deutschsprachigen Ländern nicht unbedingt der Fall sein muss. Unterrichtende haben daher die Möglichkeit, „Profile deutsch" durch wichtige Einträge (soziale oder regionale) zu ergänzen oder zu aktualisieren.

Aussprache

„Profile deutsch" gibt keine Hinweise auf unterschiedliche Arten der Aussprache in den deutschsprachigen Ländern, obwohl natürlich das Verstehenlernen von phonetischen Realisierungen der Standardvarietäten ein zentraler Aspekt beim Lernen von Sprachen ist. Für den produktiven Erwerb ist der Hinweis wichtig, dass eine möglichst neutrale Aussprache vermittelt werden sollte, da eine zu starke regionale Färbung bei Lernenden zu Verständigungsproblemen und zu sozialen Sanktionen (nicht ernst genommen oder belächelt werden) führen kann.

Varietäten auf der CD-ROM

Spezielle Einträge für Varianten finden sich auf der CD-ROM beim *Thematischen Wortschatz*, bei den *Allgemeinen Begriffen* und den *Sprachhandlungen*. In der *Grammatik* werden allfällige Angaben zu regionalen und nationalen Unterschieden mit einem Kommentar versehen. Da Einträge in Wortlisten möglichst kurz und prägnant sein müssen, können sie nicht das ganze Umfeld eines Wortes erfassen. „Profile deutsch" beschränkt sich daher auf die Darstellung der auffälligsten und wesentlichsten Merkmale, was natürlich oft zu einem stark vereinfachten oder mitunter vielleicht auch widersprüchlichen Bild führt. Sie finden in den Listen bei wichtigen oder häufigen Wörtern, Wendungen oder Strukturen lediglich eine einfache Kennzeichnung (A, CH, D). Diese Kennzeichnungen basieren alle auf den Untersuchungen eines trinationalen Forschungsprojektes, das die Besonderheiten der deutschen Standardsprache

---

[2] Gemeinsamer europäischer Referenzrahmen für Sprachen: lernen, lehren, beurteilen (2001), Langenscheidt, München, S.121

[3] Gemeinsamer europäischer Referenzrahmen für Sprachen: lernen, lehren, beurteilen (2001), Langenscheidt, München, S. 121. Die Skalen sind im Kapitel „Kulturspezifische Aspekte" abgedruckt.

beschreibt. In diesem Wörterbuch, das eine Fülle von Daten bietet, finden sich im Unterschied zu „Profile deutsch" sehr viele linguistische Detailangaben, z. B. wo genau und in welcher Form eine Variante verwendet wird.[4]

Die Beschreibung und genaue Zuordnung der Varianten ist oft schwierig und teilweise problematisch, da neben den regionalen Faktoren – wie bereits erwähnt – auch schichten- und gruppenspezifische Faktoren eine Rolle spielen.

Kennzeichnung einzelner Varianten

Hinweise über die jeweilige regionale oder nationale Zuordnung geben die folgenden Abkürzungen:

A	Österreich
CH	Schweiz
D	Deutschland
A-CH	Österreich-Schweiz
D-A	Deutschland-Österreich
D-CH	Deutschland-Schweiz
D-A-CH	Deutschland-Österreich-Schweiz

„Überregionales" Bezugswort als Lernempfehlung

Die einzelnen Varianten werden, wo sinnvoll, an ein möglichst „überregionales" Bezugswort gebunden, das überall im deutschsprachigen Sprachgebiet *verstanden* wird und somit für das Lernen der deutschen Sprache auch als überregionale Lernempfehlung gelten kann.

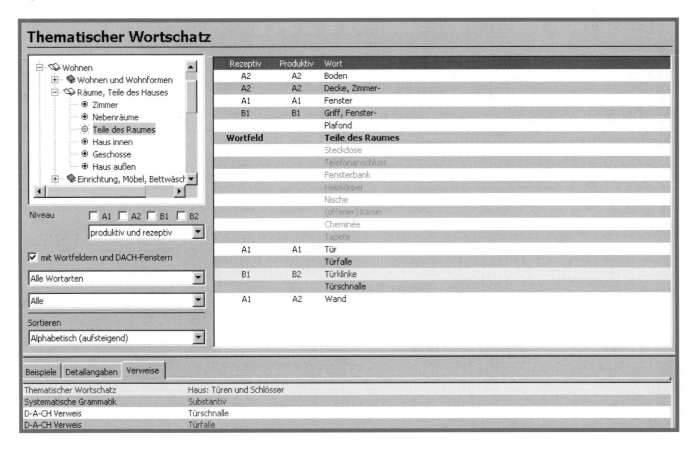

[4] Wörterbuch der deutschen Sprache in Deutschland, Österreich und der Schweiz (2001): Dreierlei Deutsch, Wörterbuch der nationalen und regionalen Besonderheiten der deutschen Standardsprache, Innsbruck, Linz, Basel, Duisburg: www.sprachwissenschaft.ch/prolex/

Das Wort „Türklinke" z. B. ist im ganzen deutschsprachigen Raum bekannt. Unter Verweise finden sich D-A-CH-Hinweise auf „Türschnalle" und „Türfalle". Beim Anklicken von „Türschnalle" bekommt man unter „Detailangaben" die Information „D-A **für** Türklinke", was bedeutet, dass diese Variante in Deutschland und Österreich bzw. in Teilen davon auch verwendet wird. Beim Anklicken von „Türfalle" bekommen wir den Hinweis „D-CH **für** Türklinke", was bedeutet, dass „Türfalle" in der Schweiz und Deutschland bzw. in Teilen davon auch verwendet wird.

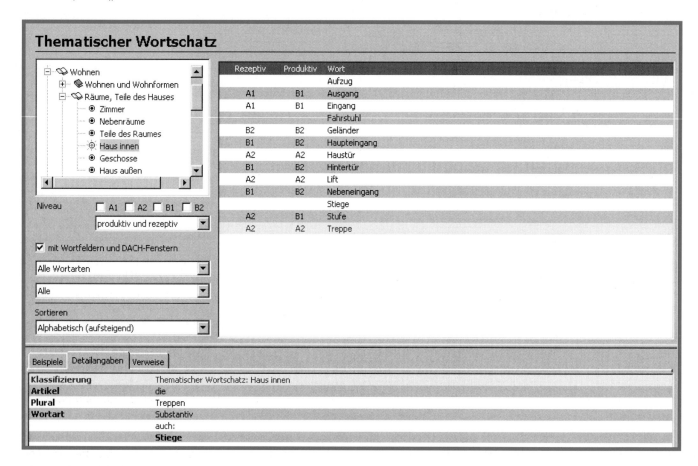

Das Wort „Treppe" ist im ganzen deutschsprachigen Raum bekannt und kann als Lernempfehlung verstanden werden. Die Information „**auch:** Stiege" meint, dass neben „Treppe" im deutschsprachigen Raum bzw. Teilen davon auch das Wort „Stiege" verwendet wird. Genaue Informationen, wo das Wort „Stiege" gebraucht wird, bekommt man unter dem entsprechenden Eintrag.

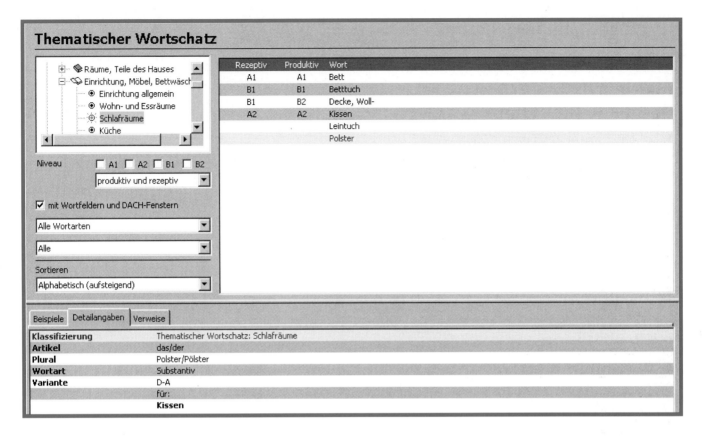

Unter „Polster" bekommen wir die Information „D-A **für** Kissen". Das bedeutet: Das Wort „Kissen" ist im ganzen deutschsprachigen Raum bekannt, in Deutschland und Österreich, bzw. in Teilen davon, wird auch das Wort „Polster" verwendet. Beim Eintrag „Polster" finden sich weitere Informationen, z. B. dass „Polster" regional unterschiedlich den Artikel *der* oder *das* trägt und der Plural auch mit oder ohne Umlaut gebildet wird (*Polster/Pölster*).

Auswahl und Ergänzung der Einträge

im Listenfeld <Alle> <Nur Varianten> unterhalb des „Baumes" können sämtliche Einträge zu einem bestimmten Thema auf einen Blick angewählt werden. Diese können in die Sammelmappe abgelegt werden. Es besteht die Möglichkeit, weitere Einträge in die Listen einzugeben.

3 Sprachliche Mittel

„Sprachverwendung – und dies schließt auch das Lernen einer Sprache mit ein – umfasst die Handlungen von Menschen, die als Individuen und als gesellschaftlich Handelnde eine Vielzahl von Kompetenzen entwickeln, und zwar allgemeine, besonders aber **kommunikative Sprachkompetenzen.** Sie greifen in verschiedenen Kontexten und unter verschiedenen Bedingungen und Beschränkungen auf diese Kompetenzen zurück, wenn sie sprachliche Aktivitäten ausführen, an denen (wiederum) Sprachprozesse beteiligt sind, um Texte über bestimmte Themen aus verschiedenen Lebensbereichen (Domänen) zu produzieren und/oder zu rezipieren. Dabei setzen sie Strategien ein, die für die Ausführung dieser Aufgaben am geeignetsten erscheinen. Die Erfahrungen, die Teilnehmer in solchen kommunikativen Aktivitäten machen, können zur Verstärkung oder zur Veränderung der Kompetenzen führen."[1]

Wir beschreiben in diesem Abschnitt, was „Menschen zum Handeln mit Hilfe spezifisch sprachlicher Mittel"[2] auf bestimmten Sprachniveaus befähigt. Wenn wir „einen Vorschlag machen" oder „Enttäuschung ausdrücken", realisieren wir einerseits gewisse *Sprachhandlungen*, beziehen uns andererseits aber gleichzeitig – mehr oder weniger explizit – auf etwas Konkretes. Wir schlagen beispielsweise vor, bei schönem Wetter ins Schwimmbad zu gehen, oder drücken Enttäuschung darüber aus, dass jemand die Verabredung ins Kino vergessen hat. Worauf wir uns beziehen, was wir aussagen, das ist weitgehend abhängig von der jeweiligen Situation und dem jeweiligen *Themenbereich*. Die Muster der sprachlichen Handlungen „einen Vorschlag machen" bzw. „Enttäuschung ausdrücken" werden also mit konkreten sprachlichen Mitteln realisiert, in unseren Beispielen mit dem *Thematischen Wortschatz* rund um die Bereiche Wetter und Schwimmbad bzw. Kino und Verabredung. Darüber hinaus greifen wir aber auch auf *Allgemeine Begriffe* zurück, die nicht einem speziellen Themenkreis zuzuordnen sind, sondern bei allen Themen eine Rolle spielen können. Dies sind z. B. Begriffe zu „Zeit" und „Raum" (in unserem Beispiel: wann und wo man sich trifft), zu „Existenz", „Quantität", „Eigenschaft" und Ähnlichem. Um sich in allen Situationen in einer fremden Kultur auch sprachlich adäquat auszudrücken, sind zusätzlich bestimmte *Kulturspezifische Aspekte* bei besonders „sensiblen" Sprachhandlungen zu beachten.

3.1 Sprachliche Mittel in „Profile deutsch"

Die sprachlichen Mittel in „Profile deutsch" sind nach vier Kapiteln geordnet:
- Sprachhandlungen
- Allgemeine Begriffe
- Thematischer Wortschatz
- Kulturspezifische Aspekte

Diese Unterteilung in vier Kapitel ist eine künstliche Trennung. In der Realität lassen sich diese Konzepte nicht trennen. So ergeben sich Überschneidungen zwischen den Listen der *Sprachhandlungen*, der *Allgemeinen Begriffe* und des *Thematischen Wortschatzes*. Diese Überschneidungen sind sinnvoll und hilfreich, da sie dem Benutzer – insbesondere dank der CD-ROM – viele verschiedene Zugangs- und Kombinationsmöglichkeiten beim Auffinden und Zusammenstellen von sprachlichen Mitteln bieten.
Außerdem folgen wir mit dieser Einteilung anderen Katalogen und Referenzwerken[3], wodurch nicht nur eine einheitliche und benutzerfreundliche Fortführung bekannter Konzepte, sondern auch die Vergleichbarkeit mit anderen Listen gewährleistet ist.

Zur Auswahl und Eingrenzung der Einträge

Trotz der vielen Referenzwerke und Vergleichslisten, die als Anhaltspunkte und Orientierungsrahmen für die Auswahl und Zuordnung der Begriffe dienten, beruhen die Listen immer auch auf intersubjektiven Entscheidungen des Autorenteams. Diese Entscheidungen wurden unter anderem aufgrund persönlicher Lern- und Lehrerfahrungen getroffen und im Team abgestimmt. Im Umfang und Ausmaß stellen die Listen ein notwendiges und tragfähiges Minimum an Inhalten und Wortschatzmenge dar, um bestimmte Aufgaben und Situationen dem Niveau entsprechend sprachlich bewältigen zu können.

---

[1] Gemeinsamer europäischer Referenzrahmen für Sprachen: lernen, lehren, beurteilen (2001), Langenscheidt, München, S.21
[2] Gemeinsamer europäischer Referenzrahmen für Sprachen: lernen, lehren, beurteilen (2001), Langenscheidt, München, S.21
[3] z. B. Threshold Level, Waystage, Vantage-Level, Un niveau-seuil, Kontaktschwelle, Lehrpläne des Goethe Instituts, ÖSD-Lernzielkataloge

„Das Ganze ist mehr als die Summe seiner Teile"

Lange Wort- oder Strukturenlisten bergen – insbesondere in gedruckter Form – oft die Gefahr in sich, dass sie isoliert verwendet werden. Deshalb soll an dieser Stelle speziell darauf hingewiesen werden, dass z. B. das Heranziehen einer Wortschatzliste allein für eine Lernzielbestimmung oder Niveaubeschreibung nicht genügt. Erst durch die Kombination mit den anderen Komponenten (z. B. mit den globalen und detaillierten Kannbeschreibungen, den jeweils anderen Listen der sprachlichen Mittel sowie der Grammatik und den Texten) ergibt sich ein umfassendes Bild der kommunikativen Anforderungen eines bestimmten Niveaus. „Profile deutsch" erinnert daher durch ein sehr umfangreiches Verweissystem die Benutzer immer wieder an das facettenreiche „Ganze". Dies geschieht insbesondere mit Hilfe der CD-ROM, wo sich einzelne Komponenten besser als im Buch durch Verweise und Links miteinander verbinden lassen. Die wichtigsten Funktionen der Listen auf der CD-ROM sollen hier kurz zusammengefasst werden:

Einträge auswählen

Zu jedem Listeneintrag gibt es Informationen, auf welchem Niveau ein Wort rezeptiv und produktiv verwendet wird. Per Mausklick bekommt der Benutzer jeweils einen Beispielsatz oder grammatische Angaben wie *Wortart* oder *Artikel, Pluralform* beim Substantiv. Wenn es in anderen Kapiteln Wörter oder Strukturen gibt, die in dem Zusammenhang wichtig sind, findet man entsprechende Verweise. Viele dieser Zusatzinformationen können speziell herausgefiltert werden, z. B. wenn man zu einem bestimmten Themenbereich nur die produktiv markierten Verben eines Niveaus sammeln möchte.
Im Folgenden die wichtigsten Filter- und Sortierfunktionen:

Niveaus auswählen
Der Benutzer hat in allen Listen die Möglichkeit, sich entweder niveauübergreifend alle Einträge zu einem bestimmten Kapitel anzeigen zu lassen (also von Niveau A1 bis zu Niveau B2) oder selektiv nur für bestimmte Niveaus (also z. B. nur Niveau A2). Im letzteren Fall kann er wiederum unterscheiden, ob er alle Einträge *bis* zu diesem Niveau herausfiltern möchte (das wäre dann Niveau A1 und A2), oder ob für ihn nur jene Einträge von Interesse sind, die auf dieser Niveaustufe (z. B. nur A2) neu hinzukommen.

Rezeptive bzw. produktive Einträge auswählen
Eine noch feinere Niveauabstimmung lässt sich durch den Filter „rezeptiv und produktiv", „rezeptiv" oder „produktiv" erzielen. Produktiv markierte Einträge sind jene Wörter, Phrasen und Strukturen, die ein Sprachverwender auf dem jeweiligen Niveau schriftlich oder mündlich produktiv beherrschen sollte, während rezeptiv markierte Einträge auf diesem Niveau lediglich verstanden werden sollten. Es ist also auch hier möglich, nur jene Einträge anzuzeigen, die auf einem bestimmten Niveau produktiv angesiedelt sind, oder nur jene, die auf diesem Niveau zusätzlich rezeptiv empfohlen werden. Für eine gesamte Auflistung aller Einträge muss einfach „rezeptiv und produktiv" angeklickt werden.

Wortarten auswählen
Die Einträge der *Allgemeinen Begriffe* und des *Thematischen Wortschatzes* lassen sich auch nach Wortarten filtern, d. h. der Benutzer hat z. B. die Möglichkeit, sich alle Verben oder alle Substantive zu einem Kapitel anzeigen zu lassen. Diese Funktion kann für Wortschatzübungen oder freie Assoziationsaufgaben sehr nützlich sein.

Regionale Unterschiede und Varianten
Bei vielen Einträgen finden sich auch Hinweise auf regionale Varianten (vgl. dazu S. 22 ff.), darüber hinaus gibt es speziell beim *Thematischen Wortschatz* eigene „D-A-CH-Fenster" mit zusätzlichen Informationen zu landesspezifischen Sachbegriffen.

Sortieren nach spezifischen Informationen
Unabhängig davon, ob einer der genannten Filter gerade aktiviert ist (Niveau, rezeptiv/produktiv, Wortart usw.), besteht zudem die Möglichkeit, die Einträge nach Wortart, Niveau oder alphabetisch zu sortieren.

Suchen
Über den Befehl „Suche" kann der Benutzer direkt ein bestimmtes Wort im jeweiligen Kapitel auffinden. Die Einträge sind dort alphabetisch geordnet und durch Anklicken des gewünschten Wortes wird der Eintrag in der Liste angezeigt.

Einträge nach eigenen Bedürfnissen ergänzen

Ein wichtiges Ziel von „Profile deutsch" ist, dass die Benutzer diese Listen nach individuellen oder zielgruppenspezifischen Bedürfnissen ergänzen und zusammenstellen können. Die CD-ROM ermöglicht diese Ergänzung und Erweiterung nach eigenen Bedürfnissen, z.B. nach persönlichen Interessen, aufgrund der eigenen Situation, des spezifischen Umfeldes oder der beruflichen Anforderungen. Entsprechend lassen sich auch kultur- und regionalspezifische Besonderheiten der deutschen Sprache bzw. der deutschsprachigen Länder je nach Notwendigkeit hinzufügen. Der Benutzer kann somit nicht nur durch Sammeln und Zusammenstellen von bereits Vorhandenem individuelle Listen erstellen, sondern diese auch durch neu Hinzugefügtes ergänzen.

3.2 Sprachhandlungen

Sprachhandlungen als Rahmen der Kommunikation

Als Sprachhandlungen werden in „Profile deutsch" die sprachlichen Mittel bezeichnet, mit denen Sprachbenutzer – auch Lernende sind Sprachbenutzer – mündliche und schriftliche Kommunikation vollziehen, sei es, dass sie Kommunikation beginnen oder auf sprachliche Handlungen anderer reagieren. Sprachhandlungen bilden gleichsam den Rahmen, in den allgemeine und thematische Begriffe eingefügt werden. In einem kommunikativen Ritual wie „grüßen – einen Gruß erwidern" sind die sprachlichen Möglichkeiten sehr eingegrenzt, der Begrüßte hat nur eine sehr begrenzte Wahlmöglichkeit, wie er den Gruß erwidern kann. Aktion und Reaktion sind eng aufeinander bezogen und folgen dementsprechend in der Liste der Sprachhandlungen direkt aufeinander (jemanden begrüßen – zurückgrüßen).

Sprachliche Mittel für Handlungssequenzen in sechs Hauptgruppen geordnet

In vielen anderen Kommunikationssituationen sind mehrere Möglichkeiten der Reaktion gegeben: Auf einen Vorschlag kann zustimmend, ablehnend oder ausweichend reagiert werden. Die Liste der Sprachhandlungen muss so umfassend sein, dass Handlungsalternativen möglich sind. Viele der sprachlichen Mittel, mit denen eine Zustimmung auf einen Vorschlag erfolgen kann, dienen auch der Zustimmung generell: Zustimmung auf eine Bitte um Erlaubnis, Zustimmung auf ein Angebot, Zustimmung auf eine Einladung usw. Eine enge Koppelung von Aktion und Reaktion wie im Fall des sozialen Rituals „Grüßen" ist deshalb in der Darstellung nicht möglich, sie würde jeden Rahmen sprengen. Die Benutzer von „Profile deutsch" stellen die sprachlichen Mittel für mögliche Handlungssequenzen selbst nach Bedarf zusammen. „Profile deutsch" übernimmt die Gruppierung der „Kontaktschwelle"[4], nicht aber die dort verwendeten Begriffe „Sprechhandlungen" und „Sprechakte". Die sprachlichen Mittel werden in sechs Hauptgruppen geordnet:

Informationsaustausch: Sprachhandlungen, „die zum Erwerb und zum Austausch von Sachinformationen dienen (z.B. identifizieren, ankündigen, Informationen erfragen)";
Bewertung, Kommentar: Sprachhandlungen „zum Ausdruck von Bewertungen und Stellungnahmen (z.B. Meinungen ausdrücken, loben, kritisieren, widersprechen)";
Gefühlsausdruck: Sprachhandlungen „zum Ausdruck von spontanen Gefühlen und andauernden Emotionen (z.B. Freude, Unzufriedenheit, Sympathie ausdrücken)";
Handlungsregulierung: Sprachhandlungen „zur Regulierung des Handelns in Bezug auf die Verwirklichung eigener, fremder oder gemeinsamer Interessen (z.B. bitten, erlauben, um Rat fragen, Hilfe anbieten)";
Soziale Konventionen: Sprachhandlungen, „mit denen in Erfüllung gesellschaftlicher Umgangsformen soziale Kontakte eingeleitet, stabilisiert oder beendet werden (z.B. begrüßen, sich entschuldigen, Komplimente machen, sich verabschieden)";
Redeorganisation und Verständnissicherung: Sprachhandlungen, „die sich auf die Ausführung oder Interpretation sprachlicher Handlungen beziehen und zur Sicherung der Verständigung dienen (z.B. sich korrigieren, um Wiederholung bitten, um Ausdruckshilfe bitten)".

Sprachliche Mittel mit Beispielsätzen und Verweisen nach Niveaus geordnet

Die Sprachhandlungen lassen sich den Niveaus zugeordnet gruppieren. Im Verlauf des Spracherwerbs werden die sprachlichen Ausdrucksmittel immer reichhaltiger, z.B. auch dahingehend, „Zwischentöne" auszudrücken. Dies kann durch den Einsatz von Modalpartikeln oder komplexeren grammatischen Strukturen geschehen.

---

[4] Baldegger, Markus; Müller, Martin; Schneider, Günther in Zusammenarbeit mit Näf, Anton (1980): Kontaktschwelle Deutsch als Fremdsprache. Langenscheidt, München S. 51ff.

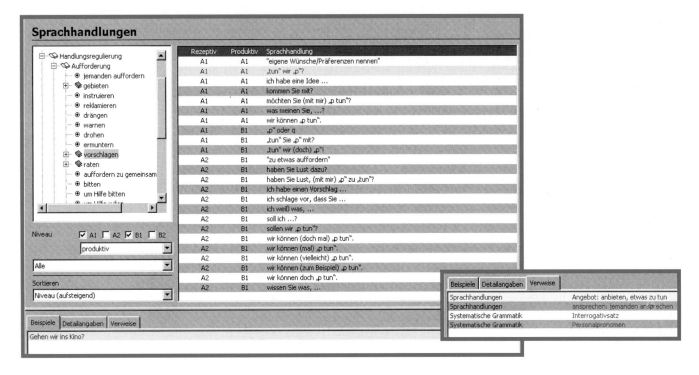

Neben der Zuordnung der Sprachhandlungen zu den Niveaus, auf denen sie verstanden oder produktiv eingesetzt werden können, findet sich zu jeder Sprachhandlung mindestens ein Beispielsatz, der als dialogischer Teil einer Äußerungssequenz gelesen werden kann.

Dazu kommen Verweise auf andere Stellen in den Listen, die mit dem Eintrag in Zusammenhang stehen (sowohl innerhalb der Sprachhandlungen als auch zu den Listen der *Allgemeinen Begriffe* und des *Thematischen Wortschatzes* oder zur *Grammatik*). In unserem Beispiel „vorschlagen" findet sich ein Verweis auf die Sprachhandlung „anbieten, etwas zu tun", weil diese Sprachhandlung ebenso die Funktion eines Vorschlages übernehmen kann bzw. zur Ergänzung und Modifizierung dient. Ein Vorschlag kann auch ausgedrückt werden, indem Alternativen genannt werden.

3.3 Allgemeine Begriffe

Sprachliche Mittel zum Ausdruck allgemeiner Konzepte in sieben Gruppen geordnet

Ein wichtiger Teil sprachlicher Handlungen betrifft keine konkreten Themen oder Situationen, sondern umfasst allgemeine Konzepte. Diese allgemeinen Konzepte betreffen z. B. Informationen über Zeitbezüge und Zeitverhältnisse, über Raumverhältnisse oder über Eigenschaften von Personen oder Dingen. Es sind also Konzepte, die nicht zwingend an ein spezielles Thema oder an eine bestimmte Kommunikationsabsicht gebunden sind. Für die Darstellung der allgemeinen Begriffe wurde die Gliederung der „Kontaktschwelle"[5] in sieben Gruppen übernommen:
– Gegenstände
– Existenz
– Raum
– Zeit
– Quantität
– Eigenschaften
– Relationen

Diese sieben Gruppen gliedern sich wiederum in differenzierte Untergruppen (siehe Übersicht *Allgemeine Begriffe* S. 143ff.). Die Benutzer von „Profile deutsch" haben z. B. die Möglichkeit, sich alle sprachlichen und grammatischen Ausdrucksmittel für den Gliederungspunkt „Zeit" anzeigen zu lassen, oder sie können direkt die Ausdruckmittel für den Unterpunkt „Beginn" anklicken. Unabhängig davon, welchen Zugang sie wählen, können sie angeben, welches sprachliche Niveau sie interessiert:

---

[5] Baldegger, Markus; Müller, Martin; Schneider, Günther in Zusammenarbeit mit Näf, Anton (1980): Kontaktschwelle Deutsch als Fremdsprache. Langenscheidt, München S. 169ff.

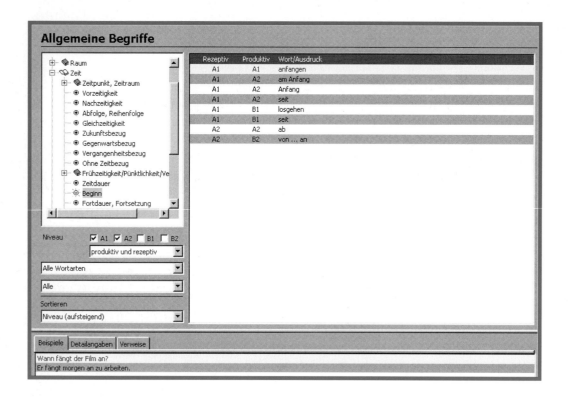

Sprachliche Mittel mit Beispielsätzen, Detailangaben und Verweisen

Zu den einzelnen Einträgen bekommen Sie verschiedene Informationen:
– ein oder mehrere Beispielsätze illustrieren verschiedene Verwendungsmöglichkeiten des Eintrags;
– zusätzliche Detailangaben helfen bei der grammatischen Einordnung (z. B. Informationen zu Wortart, Artikel und Pluralformen bei Substantiven oder Präteritum und Partizip bei unregelmäßigen Verben);
– Verweise auf andere Kapitel helfen, den Eintrag in einem größeren Zusammenhang zu sehen (es gibt deshalb Verweise sowohl innerhalb der *Allgemeinen Begriffe*, als auch von dort zum *Thematischen Wortschatz*, zu den *Sprachhandlungen* sowie zur systematischen Darstellung der *Grammatik*).

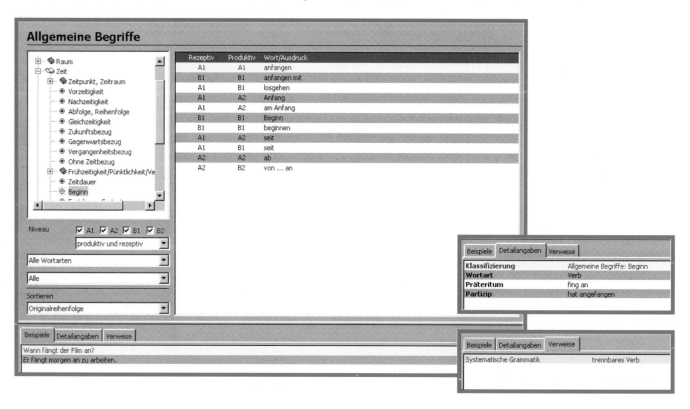

Sprachliche Mittel nach Bedarf gebündelt oder sortiert

Die Einträge lassen sich je nach Bedarf per Mausklick bündeln oder sortieren. Sie können z. B.:
- Niveaus auswählen,
- produktive oder rezeptive Einträge auswählen,
- Wortarten auswählen,
- nach verschiedenen Kriterien sortieren (z. B. alphabetisch, nach Wortart usw.).

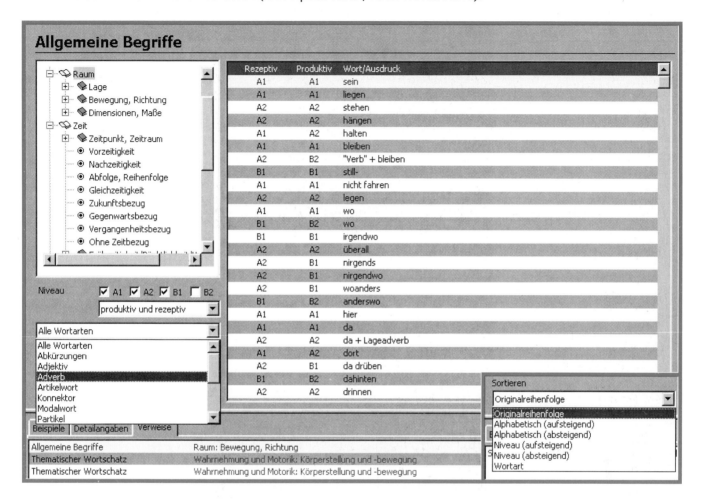

3.4 Thematischer Wortschatz

Sprachliche Mittel in themenspezifischen Gruppen geordnet

Neben den *Allgemeinen Begriffen*, die allgemeine Konzepte bezeichnen, steht zur Versprachlichung themenspezifischer Konzepte der *Thematische Wortschatz*. Bei der Aufstellung der Liste des *Thematischen Wortschatzes* geht „Profile deutsch" von den 15 Themen der spezifischen Begriffe der „Kontaktschwelle"[6] aus, die ihrerseits wiederum den Themen in anderen Referenzwerken und Katalogen ähnlich sind.

- Personalien: Informationen zur Person
- Wohnen
- Umwelt
- Reisen und Verkehr
- Verpflegung
- Einkaufen
- Öffentliche und private Dienstleistungen
- Gesundheit und Hygiene

- Wahrnehmung und Motorik
- Arbeit und Beruf
- Ausbildung und Schule
- Fremdsprache
- Freizeit und Unterhaltung
- Persönliche Beziehungen und Kontakte
- Politik und Gesellschaft

---

[6] Baldegger, Markus; Müller, Martin; Schneider, Günther in Zusammenarbeit mit Näf, Anton (1980): Kontaktschwelle Deutsch als Fremdsprache. Langenscheidt, München, S. 233ff.

Sprachliche Mittel nach konkreten Sachbereichen und inhaltlichen Untergruppen geordnet

Diese übergeordneten Themenbereiche sind zur besseren Orientierung und gezielten Auswahl nochmals mehrfach weiter untergliedert: Zuerst werden die einzelnen, konkreten Sachbereiche innerhalb des jeweiligen Themas angeführt, diese werden dann in einzelne, inhaltlich zusammengefasste Untergruppen unterteilt. Insgesamt bietet dieses Gliederungssystem einen sehr differenzierten und detaillierten Überblick über die verschiedenen Themenbereiche des *Thematischen Wortschatzes.*

Die Reihenfolge innerhalb der Gruppen und Unterkapitel beinhaltet keine Hierarchie wichtiger oder weniger wichtiger Themen. In vielen Fällen wären auch andere Zuordnungen und Gruppierungen denkbar.

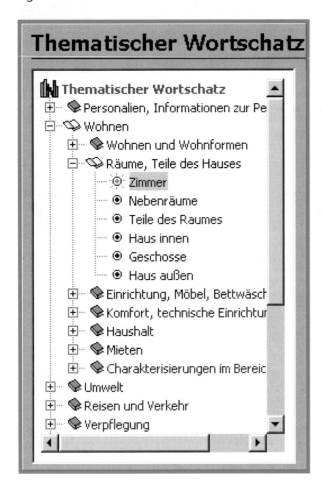

Sprachliche Mittel mit Beispielsätzen, Detailangaben und Verweisen

Zu den einzelnen Einträgen bekommen Sie verschiedene Informationen:
- zusätzliche Detailangaben (z. B. Informationen zur Wortart, zu Artikel und Pluralformen bei Substantiven oder Präteritum und Partizip bei unregelmäßigen Verben);
- einen oder mehrere Beispielsätze, die verschiedene Verwendungsmöglichkeiten des Eintrags illustrieren;
- Verweise auf andere Kapitel, die mit dem Eintrag in Zusammenhang stehen (sowohl innerhalb des *Thematischen Wortschatzes* als auch von dort zu den Listen der *Allgemeinen Begriffe* und zu den *Sprachhandlungen*).

Sprachliche Mittel nach Bedarf gebündelt oder sortiert

Die Benutzer von „Profile deutsch" haben auf der Suche nach einem bestimmten Wortschatz verschiedene Möglichkeiten. Zum Beispiel können sie sich alle Wörter und Wendungen in einem bestimmten Bereich, z. B. Wohnen, anzeigen lassen oder direkt die Ausdrucksmittel für eine bestimmte Unterkategorie anklicken wie z. B. „Zimmer". Unabhängig davon, welchen Einstieg sie wählen, können die Benutzer je nach Bedarf:
- sprachliche Mittel nach Niveaus auswählen,
- produktive oder rezeptive Einträge auswählen,
- sprachliche Mittel nach Wortarten auswählen,
- Einträge sortieren (z. B. alphabetisch).

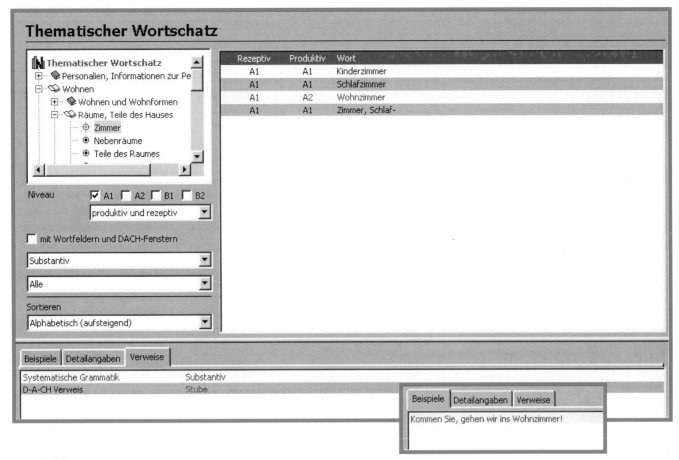

Wortfelder

In vielen Kapiteln und Unterkapiteln finden sich ergänzend zu den Einträgen Wortfelder, die als zusätzliche Informationsquellen dienen und Anregungen geben sollen, in welcher Richtung der Benutzer den Wortschatz selbst ergänzen kann.

Die Einträge der Wortfelder werden bewusst keinem Niveau zugeordnet, da sie für Zielgruppen mit speziellen Bedürfnissen auf unteren Niveaustufen genauso sinnvoll sein können wie zur Erweiterung und Vertiefung des Wortschatzes für Lernende auf höheren Niveaus.

D-A-CH-Einträge und Hinweise

Bei vielen Einträgen finden sich auch Hinweise auf regionale Varianten (vgl. dazu S. 22ff.). Darüber hinaus können Sie in eigenen D-A-CH-Fenstern zusätzliche Informationen zu landesspezifischen Sachbegriffen bekommen.

Listen ergänzen und ändern

Gerade im Bereich der themenspezifischen Begriffe spielt die Ergänzungs- und Erweiterungsfunktion der Listen eine wichtige Rolle. „Profile deutsch" ermöglicht die Ergänzung und Erweiterung nach eigenen Bedürfnissen, z.B. in Bezug auf:
– persönliche Interessen: z.B. Miteinbezug und Ausbau von Wortschatz zu eigenen Interessengebieten, Vorlieben und Abneigungen, sowie andere Angaben zur eigenen Person (Beruf, Aussehen, Religion, Krankheiten usw.);
– die eigene Situation, das eigene Land und Umfeld: z.B. Berücksichtigung von Wortschatz zur Beschreibung des eigenen Landes und Umfelds (Städte- und Ländernamen, Landschaft, Klima, Umwelt, Lebensverhältnisse usw.);
– berufliche Anforderungen: z.B. individuelle oder gruppenspezifische Ausgestaltung von wichtigem Wortschatz nach beruflichen Kriterien, Berufssparten, Arbeitswelt;
– kultur- und regionalspezifische Besonderheiten der deutschen Sprache bzw. der deutschsprachigen Länder: z.B. Miteinbezug wichtiger Ausdrücke für Nahrungsmittel, regionale bzw. nationale Spezifika aus Politik und Bildung, unterschiedliche Gruß- und Anredeformeln usw.

3.5 Kulturspezifische Aspekte

Sprachliche Mittel zum Ausdruck kulturspezifischer Aspekte

In nahezu jeder Kommunikation gibt es Aspekte, die stark kulturell geprägt sind. Bei ungenügendem Wissen über diese kulturellen Besonderheiten besteht für Sprachlernende und Sprachverwender die Gefahr, dass sie in ein sogenanntes „Fettnäpfchen" treten. Das heißt, es werden zwar sprachlich-grammatikalisch korrekte Äußerungen gemacht, die aber kulturell nicht adäquat sind, weil ein Verstoß gegen eine bestimmte Norm oder „Gewohnheit" vorliegt, die in dieser Kultur zu beachten ist. Besonderes sensibel sind in dem Zusammenhang sogenannte Alltagsroutinen wie Begrüßen und Verabschieden, Bedanken, Hilfe anbieten usw. Wenn sie diese Situationen – mit den sprachlichen Mitteln, die sie auf einem bestimmten Niveau beherrschen – meistern, entwickeln Sprachlernende und Sprachverwender eine sogenannte „Benehmenssicherheit" im Umgang mit Menschen anderer Kulturen.

Kulturspezifische Aspekte im „Referenzrahmen"

Kulturspezifische Aspekte werden im „Referenzrahmen" an verschiedenen Stellen aufgegriffen. Folgende Begriffe sind in diesem Zusammenhang wichtig:

Deklaratives Wissen (savoir)	Fertigkeiten und prozedurales Wissen (savoir-faire)
Weltwissen (= durch die Erstsprache geprägtes Weltbild)	pragmatische Kompetenzen
Wissen über Orte, Institutionen, Personen, Objekte, Ereignisse, Prozesse und Handlungen in verschiedenen Lebensbereichen. Wissen über Klassen von Dingen und ihre Eigenschaften und Beziehungen.	Diskurskompetenz (= Fähigkeit, Teile eines mündlichen oder schriftlichen Textes aufzubauen) Funktionale Kompetenz (= Fähigkeit, in einer bestimmten Situation die eigene Absicht auszudrücken und textsorten- und situationsadäquat zu kommunizieren)
soziokulturelles Wissen (= ein Aspekt des Weltwissens)	soziolinguistische Kompetenzen
Wissen über die Gesellschaft und die Kultur einer Gemeinschaft, zum Beispiel über: – das tägliche Leben – Lebensbedingungen – Werte, Überzeugungen, Einstellungen – Körpersprache – soziale Konventionen – rituelles Verhalten	Sprachliche Kennzeichnung sozialer Beziehungen, z. B.: – Auswahl und Verwendung von Begrüßungsformeln – Verwendung von Anredeformeln – Höflichkeitskonventionen Redewendungen, Aussprüche, Zitate, z. B.: – Sprichwörter – Feste Redewendungen Registerunterschiede: – formelhaft bis sehr vertraut Varietäten – sozial – regional – ...[7]
interkulturelles Bewusstsein	interkulturelle Fertigkeiten
Kenntnis, Bewusstsein und Verständnis von Ähnlichkeiten und Unterschieden verschiedener Welten und Kulturen. Bewusstsein über die eigenkulturell geprägte Wahrnehmung (Vorurteile und Stereotypen).	Die Fähigkeit, die Ausgangskultur und die fremde Kultur miteinander in Beziehung zu setzen. Die Fähigkeit, Strategien für den Kontakt mit Angehörigen anderer Kulturen zu identifizieren und anzuwenden. Die Fähigkeit, als kultureller Mittler zu agieren und wirksam mit interkulturellen Missverständnissen und Konfliktsituationen umzugehen. Die Fähigkeit, stereotype Beziehungen zu überwinden.

[7] Vgl. Profile deutsch: „Deutsch als plurizentrische Sprache", S. 22f.

Alle diese Elemente spielen – neben vielen anderen Aspekten – für das Gelingen der Kommunikation eine wichtige Rolle und greifen beim sprachlichen Handeln ineinander. So vermischen sich beim folgenden Beispiel „nach dem Befinden fragen" verschiedene kulturspezifische Aspekte der Kommunikation: Um adäquat nach dem Befinden zu fragen, benötigt der Sprecher das soziokulturelle Wissen, wann man dies tut, und die soziolinguistische Kompetenz, um die angemessenen Worte zu finden. Kommt der Sprecher aus einem anderen kulturellen Umfeld, greift er zusätzlich mehr oder weniger bewusst auf ein soziokulturelles Wissen zurück. Er weiß demnach z. B., dass man bei der Frage nach dem Befinden im deutschsprachigen Raum nicht fragt „Wie gehen Sie?" („Comment allez-vous?"), sondern vielmehr „Wie geht es Ihnen?".

Deklaratives Wissen und Niveaubeschreibungen

Kommunikative und handlungsorientierte Niveaubeschreibungen lassen sich nicht direkt mit dem deklarativen Wissen (*Weltwissen, soziokulturelles Wissen, interkulturelles Bewusstsein*) in Verbindung bringen, da dieses Wissen nichts über die effektive sprachliche Kommunikationsfähigkeit aussagt. So kann sich jemand zum Beispiel sehr viel Wissen über eine andere (auch historische) Kultur angeeignet haben, ohne je mit Vertretern dieser Kultur direkt in Kontakt gekommen zu sein.

Eine inhaltliche Bestimmung dieses deklarativen Wissens auf verschiedenen Niveaus in Form von Wissensbeschreibungen wie „weiß/kennt x" war nicht das Ziel von „Profile deutsch". „Profile deutsch" konzentriert sich vielmehr – wie der „Referenzrahmen" – auf die Beschreibung von sprachlichen Aktivitäten und Aufgaben, die nicht in einem direkten Zusammenhang mit dem Wissen stehen.

Fertigkeiten, prozedurales Wissen und Niveaubeschreibungen

Die *pragmatischen Kompetenzen* lassen sich auf verschiedenen Niveaus beschreiben. Der „Referenzrahmen" umschreibt die *Diskurskompetenz*, d. h., wie *flexibel* jemand auf einem bestimmten Niveau mit seinem sprachlichen Wissen und Können umgehen kann, wie weit er in einem Gespräch den *Sprecherwechsel* mitgestalten kann, wie er ein *Thema entwickeln* kann und wie *kohärent* er sich ausdrücken kann. Bei der *funktionalen Kompetenz* wird etwas darüber ausgesagt, wie *flüssig* jemand sprechen und wie *präzis* sich jemand ausdrücken kann. Diese Skalen von Kann-Aussagen finden sich in „Profile deutsch" in den *Allgemeinen Kannbeschreibungen* (S. 75 ff.).

Im „Referenzrahmen" findet sich für die *soziolinguistische Kompetenz*[8] lediglich eine Skalierung der soziolinguistischen Angemessenheit:[9]

Soziolinguistische Angemessenheit	
A1	Kann einen elementaren sozialen Kontakt herstellen, indem er/sie die einfachsten, alltäglichen Höflichkeitsformeln zur Begrüßung und Verabschiedung benutzt, *bitte* und *danke* sagt, sich vorstellt oder entschuldigt usw.
A2	Kann elementare Sprachfunktionen ausführen und auf sie reagieren, z. B. auf einfache Art Informationen austauschen, Bitten vorbringen, Meinungen und Einstellungen ausdrücken. Kann auf einfache, aber effektive Weise an Kontaktgesprächen teilnehmen, indem er/sie die einfachsten und gebräuchlichsten Redewendungen benutzt und elementaren Routinen folgt. Kann sehr kurze Kontaktgespräche bewältigen, indem er/sie gebräuchliche Höflichkeitsformeln der Begrüßung und der Anrede benutzt. Kann Einladungen oder Entschuldigungen aussprechen und auf sie reagieren.
B1	Kann ein breites Spektrum von Sprachfunktionen realisieren und auf sie reagieren, indem er/sie die dafür gebräuchlichsten Redemittel und ein neutrales Register benutzt. Ist sich der wichtigsten Höflichkeitskonventionen bewusst und handelt entsprechend. Ist sich der wichtigsten Unterschiede zwischen den Sitten und Gebräuchen, den Einstellungen, Werten und Überzeugungen in der betreffenden Gesellschaft und in seiner eigenen bewusst und achtet auf entsprechende Signale.

---

[8] Der Begriff „soziolinguistische Kompetenz" bezieht sich auf die soziale Dimension der Sprache. Im „Referenzrahmen" fehlt der Begriff der „soziokulturellen Kompetenz" als übergeordnete Kompetenz, die die Fähigkeit umschreibt, soziokulturelles Wissen und sprachliches Wissen adäquat anzuwenden.

[9] Gemeinsamer europäischer Referenzrahmen für Sprachen: lernen, lehren, beurteilen (2001), Langenscheidt, München, S. 12 f.

B2	Kann sich in formellem und informellem Stil überzeugend, klar und höflich ausdrücken, wie es für die jeweilige Situation und die betreffenden Personen angemessen ist. Kann mit einiger Anstrengung in Gruppendiskussionen mithalten und eigene Beiträge liefern, auch wenn schnell und umgangssprachlich gesprochen wird. Kann Beziehungen zu Muttersprachlern aufrechterhalten, ohne sie unfreiwillig zu belustigen, zu irritieren oder sie zu veranlassen, sich anders zu verhalten als bei Muttersprachlern. Kann sich situationsangemessen ausdrücken und krasse Formulierungsfehler vermeiden.
C1	Kann ein großes Spektrum an idiomatischen und alltagssprachlichen Redewendungen wieder erkennen und dabei Wechsel im Register richtig einschätzen; er/sie muss sich aber gelegentlich Details bestätigen lassen, besonders wenn der Akzent des Sprechers ihm/ihr nicht vertraut ist. Kann Filmen folgen, in denen viel saloppe Umgangssprache oder Gruppensprache und viel idiomatischer Sprachgebrauch vorkommt. Kann die Sprache zu geselligen Zwecken flexibel und effektiv einsetzen und dabei Emotionen ausdrücken, Anspielungen und Scherze machen.
C2	Verfügt über gute Kenntnisse idiomatischer und umgangssprachlicher Wendungen und ist sich der jeweiligen Konnotationen bewusst. Kann die soziolinguistischen und soziokulturellen Implikationen der sprachlichen Äußerungen von Muttersprachlern richtig einschätzen und entsprechend darauf reagieren. Kann als kompetenter Mittler zwischen Sprechern der Zielsprache und Sprechern aus seiner eigenen Sprachgemeinschaft wirken und dabei soziokulturelle und soziolinguistische Unterschiede berücksichtigen.

Die *interkulturellen Fertigkeiten* umfassen (meta-)kognitive, emotionale, soziale und persönliche Aspekte, die sich ebenfalls nicht direkt mit sprachlichem Können verbinden lassen. „Profile deutsch" verzichtet auf eine genauere Beschreibung all dieser Fertigkeiten, wobei speziell die Kannbeschreibungen zur Interaktion und zur Sprachmittlung[10] sprachlich-kommunikative Handlungen umschreiben, die sehr stark mit interkulturellen Fertigkeiten verbunden sind.

Sprachliche Mittel zum Ausdruck kulturspezifischer Aspekte in „Profile deutsch"

Die in „Profile deutsch" thematisierten „kulturspezifischen Aspekte" beschreiben drei Bereiche der Interaktion, die kulturspezifisch besonders sensibel sind: *Kontaktaufnahme und Kontaktbeendigung, Gefühle ausdrücken und auf Gefühle reagieren* und *Soziale Kooperation*. Die einzelnen Bereiche sind wiederum aufgegliedert, so findet man z. B. unter den Gefühlen *Freude/Begeisterung ausdrücken, Negative Gefühle anderen gegenüber ausdrücken, Positive Gefühle anderen gegenüber ausdrücken, Wut/Trauer/Schmerz ausdrücken*. Jede dieser kommunikativen Situationen ist mit bestimmten sprachlichen Handlungen verbunden. Beispiel: *Freude/Begeisterung ausdrücken* verlangt u. a., dass man *Ausrufe angemessen verwenden* kann. Je nach Sprachkompetenz bzw. Niveau lässt sich das verschieden ausdrücken. Für die Sprachhandlung *Begeisterung ausdrücken* werden zum Beispiel folgende Ausrufe zur produktiven Verwendung empfohlen:

A1 – produktiv	A2 – produktiv	B1 – produktiv	B2 – produktiv
schön!	schön! prima! toll!	schön! prima! toll! phantastisch!	schön! prima! toll! phantastisch!
super!	super!	super! herrlich!	super! herrlich!
	wunderbar!	wunderbar! großartig! Klasse!	wunderbar! großartig! Klasse!
hurra! oh! ah!	hurra! oh! ah!	hurra! oh! ah!	hurra! oh! ah!

---

[10] Vgl. Profile deutsch: „Kannbeschreibungen", S. 75 ff.

Soziokulturelles Wissen und nicht-sprachliche Mittel kulturspezifischer Aspekte

Körpersprache, Gestik und Mimik sind selbstverständlich auch kulturspezifisch geprägt, z. B. Kopfnicken für Zustimmung oder Widerspruch, oder die Geste, wie man jemanden zu sich winkt. Diese Aspekte sind schwer generalisierbar und kaum für verschiedene Niveaus beschreibbar. In „Profile deutsch" werden sie nicht berücksichtigt, obwohl sie als ein wichtiger Teil der soziokulturellen Kompetenz erworben werden sollten.

„Profile deutsch" macht auch keine Angaben über das soziokulturelle Wissen, da dies von der spezifischen Lern- und Kommunikationssituation bzw. der Aufgabe abhängig ist. Für den Unterricht, bei der Material- und Testentwicklung können Benutzer selbst entscheiden, welche Inhalte von soziokulturellem Wissen nötig sind, damit Lernende die gestellte Aufgabe optimal lösen können. Ebenso muss bestimmt werden, wie sie zu diesem Wissen kommen. Die Entwicklung eines interkulturellen Bewusstseins ist abhängig von den eigen- und fremdkulturellen Erfahrungen der Lernenden und den methodisch-didaktischen Ansätzen. „Profile deutsch" will und kann hier keine Vorgaben machen.

Sprachliche Mittel zum Ausdruck kulturspezifischer Aspekte auf der CD-ROM

Die kulturspezifischen Aspekte findet man auf der CD-ROM unter den sprachlichen Mitteln. Im Baum links werden Bereiche der Kommunikation, die im Hinblick auf kulturelle Unterschiede von besonderem Interesse sind, aufgeführt: *Kontaktaufnahme und Kontaktbeendigung, Soziale Kooperation* und *Gefühle*, die sich in verschiedene Unterbereiche aufgliedern. Ein Klick auf die übergeordneten Bereiche öffnet (bzw. schließt) die Unterbereiche. Auf der rechten Seite werden unterschiedliche kommunikative Verhaltensweisen (z.B: *Ausrufe angemessen verwenden*) angezeigt, die in diesem Zusammenhang wichtig sein können. Wenn man einen bestimmten Sprachhandlungstyp (*Begeisterung ausdrücken*) anklickt, erscheinen auf der unteren Bildschirmhälfte die konkreten sprachlichen Mittel mit den Niveauangaben.

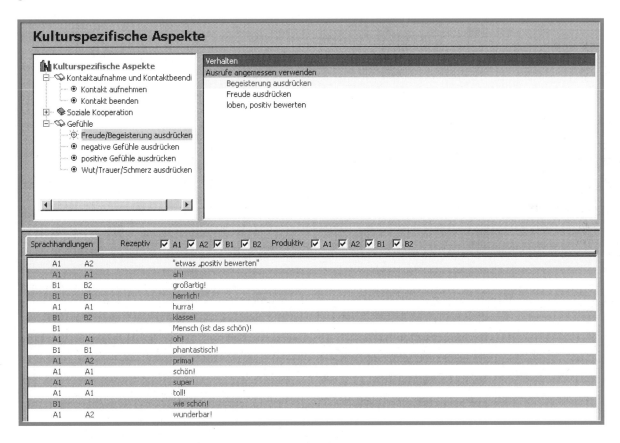

Verbindungen mit anderen Elementen von „Profile deutsch"

Die kulturspezifischen Aspekte – so wie sie in „Profile deutsch" verstanden werden – stehen in einem engen Zusammenhang mit den entsprechenden Kannbeschreibungen und Sprachhandlungen, da es, je nachdem wie man etwas sagt, zu Missverständnissen kommen kann. Um diese vorwegzunehmen oder zu klären, helfen die kommunikativen Strategien wie z. B. *mögliche Verständnisschwierigkeiten erkennen, Verständnis sichern, um Klärung bitten / klären.* Unter soziolinguistischen Aspekten sind auch die Varietäten des Deutschen wichtig, wie sie v. a. im *Thematischen Wortschatz* länderspezifisch markiert sind.

4   Grammatik

„Formal kann man die Grammatik einer Sprache als eine Menge von Prinzipien sehen, die das Zusammensetzen von Elementen und Sätzen regeln. Grammatische Kompetenz ist die Fähigkeit, in Übereinstimmung mit diesen Prinzipien wohlgeformte Ausdrücke und Sätze zu produzieren und zu erkennen (im Unterschied zum Auswendiglernen fester Formeln). Die Grammatik einer jeden Sprache ist in diesem Sinn hochkomplex und widersetzt sich einer definitiven oder erschöpfenden Beschreibung."[1]

Grammatik als Beschreibung von Prinzipien

Die Grammatik von „Profile deutsch" beschreibt Strukturen, die für bestimmte Sprachhandlungen auf einem bestimmten Niveau vorausgesetzt werden. Beschrieben werden sprachliche Elemente, die vor allem in den Listen *Sprachhandlungen* und *Allgemeine Begriffe* vorkommen. Diese „Prinzipien, die das Zusammensetzen von Elementen und Sätzen regeln", werden für die Niveaus A1 – B2 anhand von Beispielen dargestellt. Es handelt sich in „Profile deutsch" also nicht um eine Erwerbsgrammatik, die darstellen möchte, welche grammatischen Strukturen auf welchem sprachlichen Niveau von Lernenden erworben werden. Ebenso wenig wollen die vorgeschlagenen Strukturen als Vorschriften verstanden werden.

Systematische und Funktionale Grammatik

Die Elemente der Grammatik werden unter einem funktionalen und einem systematischen Aspekt dargestellt. So kann der Benutzer zum Beispiel in der systematischen Darstellung der Grammatik auf einen Blick sehen, welche Indefinitpronomen in den Wortschatzlisten auf welchem Sprachniveau produktiv sind. In der funktionalen Darstellung der Grammatik kann er z. B. die verschiedenen Möglichkeiten, wie man eine Absicht ausdrücken kann, für die verschiedenen Niveaus einsehen. So können die Benutzer sich schnell informieren, welche grammatischen Mittel oder Strukturen auf welchem Niveau thematisiert und geübt werden können. Eine Kurzübersicht über die Grammatik von A1 bis B2 finden Sie auf S. 154 ff.

„Feste Wendungen" – Produktive und rezeptive Markierungen

Natürlich gibt es auf den Niveaus A1 und auch A2 Strukturen, die von den Lernenden an sich korrekt angewendet werden, die aber nicht in ihrer grammatischen Komplexität verstanden und durchschaut werden können. Solche Einträge sind mit dem Vermerk „als feste Wendung" gekennzeichnet. Eine solche Wendung ist zum Beispiel der Dativ des Personalpronomens „du" in der schon auf A1 relevanten Begrüßungsformel „Wie geht es dir?".
Einige Strukturen, die bis zum Niveau B2 nur rezeptiv zu benutzen sind, sind als „rezeptiv" markiert, alle anderen Niveaukennzeichnungen beziehen sich auf den produktiven Sprachgebrauch.

Grammatik und globale Kannbeschreibungen

Die Niveauangaben innerhalb der Grammatik sind immer in Zusammenhang mit den globalen Kannbeschreibungen und den Skalen zur grammatischen Korrektheit aus dem Referenzrahmen zu verstehen:

A1   Kann in vertrauten alltäglichen Situationen kurze, unverbundene und meist vorgefertigte Äußerungen machen, mit vielen Pausen, um Begriffe zu suchen, schwierigere Wörter zu artikulieren oder einen neuen, verbesserten Anlauf zu machen.
  Beherrscht begrenzt einige wenige auswendig gelernte einfache grammatische Strukturen und Satzmuster.

A2   Kann in seinen Aussagen meist klar machen, was er/sie sagen möchte, und dabei einfache Strukturen einigermaßen korrekt verwenden.
  Macht aber noch systematisch elementare Fehler, hat z. B. die Tendenz, Zeitformen zu vermischen oder zu vergessen, die Subjekt-Verb-Kongruenz zu markieren; trotzdem wird in der Regel klar, was er/sie ausdrücken möchte.

B1   Kann in vorhersehbaren vertrauten Situationen sein/ihr fremdsprachliches Wissen so anwenden, dass er/sie trotz deutlicher Einflüsse der Muttersprache im Bereich der Grammatik und der Lexik gut zu verstehen ist.
  Macht zwar Fehler, es bleibt aber klar, was ausgedrückt werden soll.

B2   Kann in Ausführungen sein/ihr fremdsprachliches Wissen bei recht guter Beherrschung der Grammatik so anwenden, dass kaum Fehler entstehen, bzw. kann viele Fehler und die meisten Versprecher selbst korrigieren.
  Beherrscht die Grammatik gut und macht keine Fehler, die zu Missverständnissen führen.

---

[1] Gemeinsamer europäischer Referenzrahmen für Sprachen: lernen, lehren, beurteilen (2001), Langenscheidt, München S. 113

Präzisierung der grammatischen Kompetenz durch die globalen Kannbeschreibungen

Die globalen Kannbeschreibungen sind bei der Umsetzung von grammatischen Themen z. B. im Unterricht oder bei der Lehrplangestaltung zentral. Sie sind ebenso wichtig wie die einzelnen Einträge in der Grammatik. Nur in Verbindung mit diesen Kannbeschreibungen ist ein lernergerechter Umgang mit den Inhalten der Grammatik möglich. Denn es ist z. B. wichtig, auf dem Niveau A1 zu beachten, dass ein Lernender nur „in vertrauten alltäglichen Situationen" die für dieses Niveau gekennzeichneten Strukturen anwenden kann. Durch die Kannbeschreibungen wird klar, dass es auf diesem Niveau darum geht, „kurze, unverbundene und meist vorgefertigte Äußerungen zu machen, mit vielen Pausen, um Begriffe zu suchen, schwierigere Wörter zu artikulieren oder einen neuen, verbesserten Anlauf zu machen." Diese Beschreibungen der grammatischen Kompetenzen machen deutlich, dass sich ein Lernender in nicht vertrauten Situationen (wie z. B. in einer Prüfung) sprachlich anders verhält als in vertrauten Situationen. Konkret bedeutet das, dass von Sprechern auf dem Niveau A1 nicht erwartet wird, dass die betreffenden Strukturen „wie aus der Pistole geschossen und fehlerfrei" verwendet werden.

Grammatische Terminologie in „Profile deutsch"

Im Sinne des „Referenzrahmens" wird auch in „Profile deutsch" eine Terminologie benutzt, „die nur dort von der traditionellen abweicht, wo man es mit sprachlichen Erscheinungen zu tun hat, die das traditionelle Beschreibungsmodell nicht erfassen kann".[2] Ergänzend zur gewählten Terminologie ist die CD-ROM mit einer Liste versehen, in der viele synonyme oder entsprechende Begriffe aus verschiedenen Grammatikrichtungen enthalten sind. Der Benutzer kann so die ihm vertraute Terminologie verwenden und wird dann zu den entsprechenden Einträgen geleitet. Sucht er z. B. nach Informationen zur „Präpositionalphrase", springt das System automatisch zur „Präpositionalgruppe".

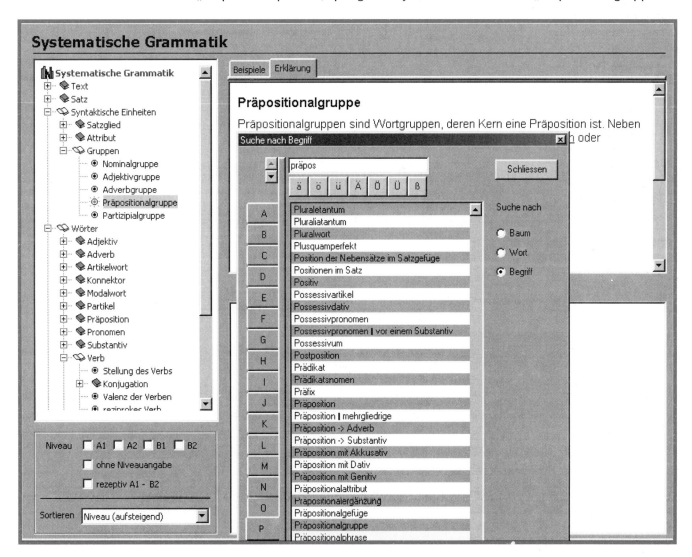

---

[2] Gemeinsamer europäischer Referenzrahmen für Sprachen: lernen, lehren, beurteilen (2001), Langenscheidt, München, S. 110

Darstellung der Grammatik in „Profile deutsch": systematisch und funktional

„Profile deutsch" bietet zwei verschiedene Zugangsmöglichkeiten zu den grammatischen Phänomenen. Zum einen gibt es einen „klassischen" Weg, in dem die Einträge nach den Kategorien der systematischen Grammatikbeschreibung in den Gruppen Text – Satz – Wort dargestellt sind. Zum anderen gibt es eine funktionale Zugriffsmöglichkeit, in der die Einträge entsprechend den unterschiedlichen Intentionen und Funktionen, die sie erfüllen können, erscheinen. Diese beiden Darstellungsformen erscheinen auf der CD-ROM kurz als *Systematische Grammatik* und *Funktionale Grammatik*. Beide Zugänge sind miteinander verbunden, so dass es z. B. möglich ist, sich die verschiedenen sprachlichen Intentionen, die mit einer Wortart ausgedrückt werden können, anzeigen zu lassen.

4.1 Systematische Grammatik

Die systematische Darstellung der Grammatik gliedert sich in die vier Hauptgruppen:
– Text
– Satz
– Syntaktische Einheiten
– Wörter
– Wortbildung

Text

Der Begriff „Text" wird in „Profile deutsch" „zur Bezeichnung aller sprachlichen Produkte benutzt, die Sprachverwendende/Lernende empfangen, produzieren oder austauschen – sei es eine gesprochene Äußerung oder etwas Geschriebenes".[3] Texte sind also das Ergebnis sprachlicher Handlungen, unabhängig von ihrer Länge oder unabhängig davon, ob sie schriftlich oder mündlich sind. Innerhalb der Grammatik werden unter dem Kapitel „Text" solche Phänomene beschrieben, die sich speziell auf Äußerungen beziehen, die mehr als einen Satz umfassen, wie z. B. die sprachlichen Mittel, um in einem längeren Text zusammenhängend und mit Bezügen der einzelnen Textteile zueinander zu formulieren. Kürzere Äußerungen werden in den Kapiteln „Satz" oder „Wort" behandelt. Da die Beispiele in den Redemittellisten zum größten Teil aus einem Satz oder einer Wechselrede bestehen, finden sich in den Kapiteln zur Textgrammatik nicht überall Beispiele aus den Listen mit entsprechenden Niveauangaben. Oft werden die textgrammatischen Phänomene ohne Niveauangabe nur mit einem erklärenden Text mit Beispielen illustriert. Weitere Informationen zum Thema „Text" finden die Benutzer auf der CD-ROM in den *Textmustern* und der Liste der *Textsorten* (→ Kapitel „Texte").

Syntaktische Einheiten und Wörter

Die Kapitel zu den Themenbereichen „Satz", „Syntaktische Einheiten" und „Wörter" beschreiben die einzelnen grammatischen Phänomene anhand der Beispielsätze in den Wortschatzlisten.

Wortbildung

Das Kapitel „Wortbildung" ist ein rein darstellendes Kapitel ohne Angaben zu den sprachlichen Niveaus. Das soll nicht heißen, dass die Lernenden auf den Niveaus A1 – B2 nicht über die Möglichkeiten der Wortbildung informiert werden sollen oder gar dass dieses Thema unwichtig wäre. Es ist aber z. B. nicht möglich, einzelne Formen der Präfigierung ohne thematischen Kontext einem sprachlichen Niveau zuzuweisen. Das Präfix „ab-" begegnet den Lernenden z. B. in dem Wort „abfahren" auf dem Niveau A2. Das heißt aber natürlich nicht, dass alle Bedeutungen und Möglichkeiten der Wortbildung mit dem Präfix „ab-" – wie z. B. die unterschiedlichen Bedeutungen von „abnehmen" in den Sätzen „Nimm endlich den Hörer ab." bzw. „Ich muss unbedingt abnehmen." – auf dem Niveau A2 vorausgesetzt werden können.

---

[3] Gemeinsamer europäischer Referenzrahmen für Sprachen: lernen, lehren, beurteilen (2001), Langenscheidt, München, S. 95

Arbeiten mit der systematischen Grammatik auf der CD-ROM

Zu jedem Kapitel in der systematisch dargestellten Grammatik gibt es unter „Erklärung" einen Text, in dem allgemeine Charakteristika, z. B. der Artikelwörter, beschrieben sind. Unter „Beispiele" befinden sich dann alle Beispielsätze mit Niveauangabe zum Kapitel über Artikelwörter. Hier kann der Benutzer durch Auswahl des Niveaus auf einen Blick sehen, welche Artikelwörter und welche ihrer Verwendungsweisen auf dem ausgewählten Niveau in den Listen zu „Sprachliche Mittel" enthalten sind. Man kann entweder nur ein bestimmtes Niveau anklicken, z. B. das Niveau A2, und erhält dann alle Einträge, die auf diesem Niveau neu hinzukommen, oder man markiert die Niveaus A1 und A2 und erhält so alle Einträge, die auf dem Niveau A2 von Interesse sind.

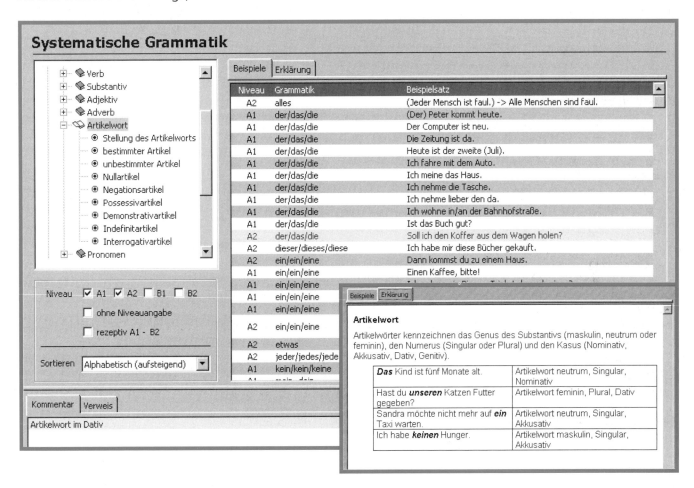

Informationen ansteuern über die Baumstruktur auf der CD-ROM

Über die Baumstruktur ist es dem Benutzer auch möglich, direkt differenzierte Informationen anzusteuern. Er kann z. B. direkt das Kapitel *Indefinitartikel* anklicken und erhält dann zum einen Erklärungen zum Indefinitartikel und zum anderen wieder Beispielsätze und Niveauangaben. Auch die Suche nach einem bestimmten Worteintrag, z. B. dem Wort „einige", ist über die Funktion „Suche" möglich. Hier sind alle Einträge der Grammatik in alphabetischer Reihenfolge aufgeführt.

Die Beispielsätze in der Grammatik als Fundstellen in den Listen

Die Beispielsätze sind zum größten Teil den Wortschatzlisten *Sprachhandlungen* und *Allgemeine Begriffe* entnommen. In manchen Fällen stammen sie auch aus der Liste *Thematischer Wortschatz* oder sie sind leicht modifizierte Beispielsätze. Über die Verweise gelangt man zur Fundstelle der Beispielsätze, wenn sie wörtlich aus einer Liste entnommen sind. In vielen Fällen gibt es zu den Beispielsätzen weiterführende Erklärungen, die entweder die Verwendungsweise des Phänomens im Beispielsatz oder die Zuordnung des Beispiels zu einem bestimmten Niveau betreffen. Dieser „Kommentar" befindet sich im unteren rechten Fenster auf der gleichnamigen Registerkarte. Hier befindet sich auch die Karte „Verweise". Unter den Verweisen wird angezeigt, in welcher anderen Kategorie z. B. das Wort „keiner", das hier Negationsartikel ist, noch vorkommt, oder welche sprachlichen Funktionen mit dem Wort „keiner" oder der Verwendung des Negationsartikels ausgedrückt werden können.

43

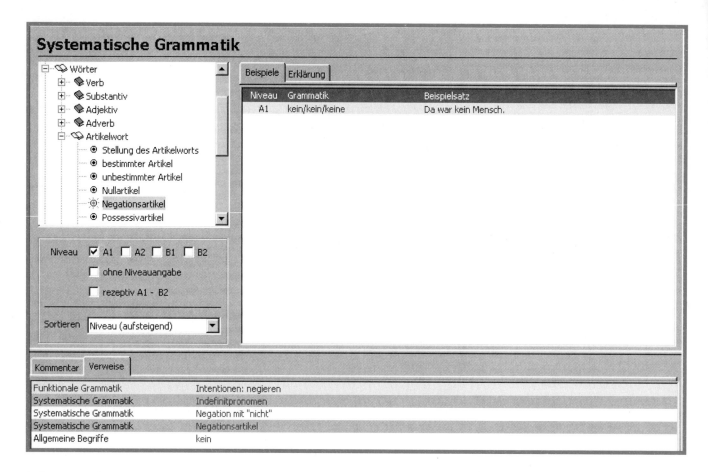

Sofern es sich bei den einzelnen Phänomenen um geschlossene Gruppen handelt (wie z. B. die Artikelwörter, Pronomen, Partikel oder Konnektoren), sind alle Einträge, die in den Wortschatzlisten vorkommen, mit einzelnen Beispielen in der Grammatik erfasst. Relativ offene Gruppen, wie z. B. die Verben und deren Valenz, sind durch zahlreiche Beispiele exemplarisch dargestellt.

4.2 Funktionale Grammatik

Die funktionale Zugangsweise bietet eine Gruppierung grammatischer Phänomene nach:
– Intentionen
– Relationen
– Besonderheiten im Dialog
Die funktionale Darstellung zeigt, welche sprachlichen Mittel z. B. für eine Sprechintention auf einem bestimmten Sprachniveau zur Verfügung stehen. Eine Absicht lässt sich z. B. auf verschiedene Weisen ausdrücken: mit Modalverben, mit dem Futur I, mit bestimmten Konnektoren oder Präpositionen usw. Diese unterschiedlichen Realisierungsmöglichkeiten einer Absicht werden mit konkreten Beispielen verdeutlicht.

Intentionen

Der Baum der funktionalen Darstellung auf der CD-ROM beginnt mit den Intentionen, in denen die grammatischen Mittel für jedes Niveau aufgeführt sind, die für die Realisierung gängiger Kommunikationsabsichten eingesetzt werden können. Hier finden sich z. B. sprachliche Mittel für die Intentionen „Absichten ausdrücken", „auffordern", „begründen" usw. (siehe Übersicht Funktionale Darstellung der Grammatik, S. 153).

Relationen

Im Kapitel Relationen werden, in Übereinstimmung mit der Liste *Allgemeine Begriffe*, die grammatischen Mittel dargestellt, die zum Ausdruck von Zeit-, Raum- oder Zugehörigkeitsbeziehungen auf einem bestimmten Niveau zur Verfügung stehen.

Besonderheiten im Dialog

Im Bereich des Dialogs werden sprachliche Möglichkeiten für Hörersignale, Sprechersignale und Routinen im Dialog (fragen und antworten, Aussagen verkürzen) aufgezeigt.

Die Funktionale Grammatik auf der CD-ROM

Der Bildschirmaufbau und die Arbeitsmöglichkeiten auf der CD-ROM entsprechen im Wesentlichen denen der systematischen Grammatik. Wie dort, kann der Benutzer auch hier Niveaus auswählen und zu ausgewählten Einträgen im Baum Beispielsätze einsehen. Im unteren Fenster befinden sich Kommentare zu den Beispielsätzen und Verweise in die Liste der *Sprachhandlungen*, die Liste der *Allgemeinen Begriffe* und in die systematische Grammatik. Die Registerkarte „Grammatik" zeigt auf einen Blick, welche anderen sprachlichen Mittel die gleiche Funktion erfüllen können.

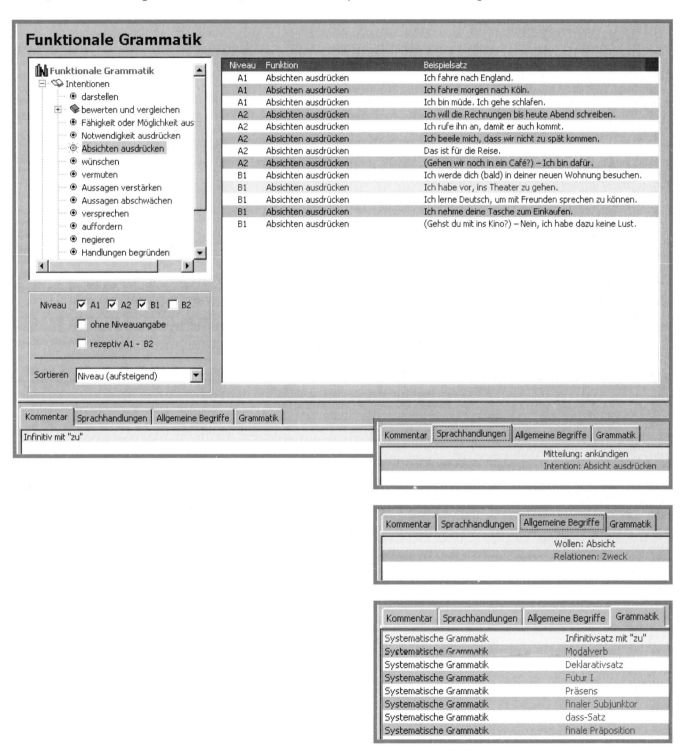

5 Texte

Der Begriff „Text" wird „zur Bezeichnung aller sprachlichen Produkte benutzt, die Sprachverwendende empfangen, produzieren oder austauschen – sei es eine gesprochene Äußerung oder etwas Geschriebenes."[1] Texte sind also das Ergebnis sprachlicher Handlungen und die Grundlage sprachlicher Kommunikation, unabhängig von ihrer Länge oder davon, ob sie schriftlich oder mündlich sind. Sie umfassen Einwortäußerungen wie „Hallo!" ebenso wie umfangreiche literarische Romane.

Wie ein Text realisiert wird hängt einerseits von der Situation ab, in der er entsteht, z.B. ob er schriftlich oder mündlich vermittelt wird, wie lang er ist, welches sprachliche Register gewählt wird und vieles mehr. Andererseits hängt ein Text von dem Zweck und den Zielen ab, die der Sprecher oder Verfasser mit dem Text verfolgt.

Die unterschiedlichen Voraussetzungen, unter denen Texte entstehen, sind oft vergleichbar, so dass man verschiedene *Textsorten* benennen kann. Unter dem Begriff Textsorten sind Texte zusammengefasst, die eine ähnliche Funktion haben oder ein vergleichbares Ziel anstreben. Die Textsorte „Bewerbungsgespräch" z.B. umfasst Gespräche, die sicherlich niemals genau gleich verlaufen, aber alle das gleiche Ziel verfolgen: Aus der Sicht des Bewerbers geht es darum, Informationen über die ausgeschriebene Stelle zu erhalten und einen guten Eindruck von der eigenen Person zu vermitteln; aus der Sicht des Arbeitgebers, etwas über den Lebenslauf und Werdegang des Bewerbers zu erfahren und sich so ein Bild von ihm zu machen. „Profile deutsch" enthält daher eine Liste, in der rund 160 verschiedene Textsorten erfasst sind (s. S. 162f.).

Einige Textsorten werden häufig nach bestimmten Konventionen verfasst und folgen inhaltlich oder sprachlich einem ähnlichen Muster. Eine Bedienungsanleitung z.B. folgt dem gleichen Muster wie eine Betriebsanleitung, Gebrauchsanleitung, Gebrauchsanweisung, Montage-/Aufbauanleitung, ein Rezept oder eine Spielregel. Ein Bewerbungsgespräch dagegen folgt dem gleichen Muster wie eine mündliche Prüfung usw. Für bestimmte Textsorten beschreibt „Profile deutsch" deshalb sogenannte Textmuster (s. S. 164).

5.1 Textsorten

Textsorten nach sechs Kriterien geordnet

In der Liste der Texte sind nicht nur verschiedene Textsorten erfasst, sondern die einzelnen Textsorten sind verschiedenen Kriterien zugeordnet, die einzeln oder kombiniert ausgewählt werden können. Die Klassifikation der Texte und die hierfür gewählten Kriterien wurden mit Blick auf die Interessen des Fremdsprachenlehrens und -lernens gewählt, erheben aber keinen Anspruch auf Vollständigkeit. In „Profile deutsch" gibt es sechs verschiedene Gruppen von Merkmalen:

1. Texte können prinzipiell über zwei *Kanäle* produziert oder rezipiert werden: Es gibt mündliche und schriftliche Texte.
2. Bei der *Interaktion* lassen sich zwei Typen unterscheiden. Die zeitgleiche Interaktion, in der alle Beteiligten zur gleichen Zeit miteinander kommunizieren (z.B. in einer face-to-face Situation oder einem Online-Chat), und die zeitversetzte, in der die Kommunikation verzögert stattfindet, weil die Beteiligten nicht zur gleichen Zeit am gleichen Ort sind (wie z.B. bei Briefkorrespondenzen oder in E-Mails).
3. Je nachdem, an wen sich ein Text richtet und welche Ziele er verfolgt, werden unterschiedliche *Medien* gewählt, über die der Text weitergegeben wird. In „Profile deutsch" werden zehn verschiedene Medientypen unterschieden:
   ungebundene Blätter
   andere Schriftträger (z.B. Metall, Holz, OHP-Folien, Glas)
   Fernsehen, Kino, Bühne
   Radio und Audioaufnahmen
   Neue Medien
   Telefon/Anrufbeantworter
   Lautsprecher
   direkt (kein zusätzliches Übertragungsmedium)
   Zeitung und Zeitschrift
   Buch (und Nachschlagewerk).

---

[1] Gemeinsamer europäischer Referenzrahmen für Sprachen: lernen, lehren, beurteilen (2001), Langenscheidt, München, S. 95

4. Die meisten sprachlichen Handlungen verfolgen ein bestimmtes Ziel oder dienen einem bestimmten *Zweck*. In „Profile deutsch" sind die folgenden Zwecke dargestellt:
amtliche oder juristische Verbindlichkeit
allgemeine Information
fachliche Information
Werbung
Anweisung oder Instruktion
Unterricht
Unterhaltung
Kunst
Religion
5. Manche Texte enthalten besondere *Darstellungsformen* wie z. B. Graphiken oder Tabellen, Bilder, Musik/Noten oder Verse.
6. Schließlich kann man Texte danach kategorisieren, in welchem *Lebensbereich* sie häufig vorkommen. Die Lebensbereiche, oder Domänen, beschreiben die Kontexte einer Kommunikation und lassen sich in vier Gruppen einteilen:
öffentlicher Bereich
privater Bereich
beruflicher Bereich
Bildungsbereich.
Nahezu jeder Text kann in jedem Lebensbereich erscheinen, dennoch lassen sich bei den meisten Texten Bereiche erkennen, in denen sie besonders häufig verwendet werden. Die Textsorte „„Protokoll" beispielsweise vermutet man vor allem im beruflichen Bereich und im Bildungsbereich, auch wenn diese Textsorte natürlich auch im öffentlichen Bereich – z. B. im Rahmen von Hobbys, die mit Vereinsaktivitäten verbunden sind, – vorkommen kann.

Textsorten auf der CD-ROM nach eigenen Kriterien ordnen und abrufen

Die Kategorisierung der Textsorten auf der CD-ROM ermöglicht es, Textsorten herauszugreifen, die bestimmte Kriterien erfüllen. Viele der Textsorten sind mehreren Kriterien innerhalb einer Gruppe zugeordnet. Eine „Durchsage" kann beispielsweise über Lautsprecher, über das Radio oder über das Fernsehen vermittelt werden und das Ziel der Durchsage kann Werbung, Information (amtliche oder allgemeine) oder auch Instruktion sein. Diese Mehrfachzuordnungen sind für die Praxis der Lehrmaterialerstellung und auch der Unterrichtsplanung sehr nützlich, weil man so Texte herausfiltern kann, die unter verschiedenen Aspekten einer Gruppe zugeordnet werden können.
Ein Lehrmaterialersteller kann z. B. Texte suchen, die zur Situation „Telefonieren am Arbeitsplatz" passen. Er sucht also Texte, die über ein Telefon übertragen werden können, der allgemeinen Information dienen und besonders für den beruflichen Bereich von Bedeutung sind. Das Ergebnis dieser Suche sind die Textsorten: Ankündigung, Auftrag, Auskunftsgespräch, Beratungsgespräch, Bericht, Beschwerde, Einladung, Gespräch (am Arbeitsplatz), Kommentar, Mitteilung, Offerte und Produktinformation.

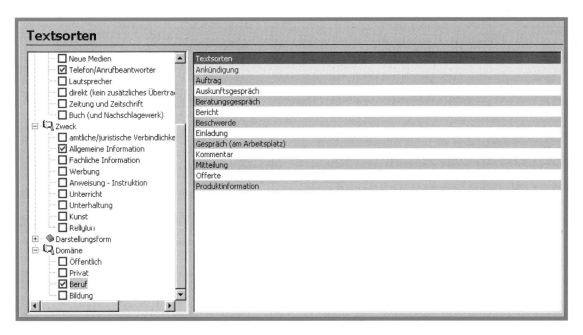

Dieses Suchergebnis lässt sich konkret in Unterrichtsmaterialien umsetzen, indem man eine bestimmte Textsorte auswählt, sich authentische Beispiele für diese Textsorte beschafft und diese dann didaktisiert.

Textsorten auf der CD-ROM suchen

Mit der Funktion „Suche" kann man direkt nach einer bestimmten Textsorte suchen. Wenn es für eine Textsorte mehrere Bezeichnungen gibt, so wird der entsprechende Eintrag angezeigt, unter dem die gesuchte Textsorte in „Profile deutsch" zu finden ist. Sucht man beispielsweise den Text „Ansichtskarte", kommt man automatisch zur entsprechenden Textsorte „Postkarte".

Verknüpfung der Textsorten mit den Kannbeschreibungen

Die in der Liste enthaltenen Textsorten sind mit den detaillierten Kannbeschreibungen verknüpft. Klickt der Benutzer auf eine Textsorte, so erhält er im unteren Fenster auf dem Registerblatt „Kannbeschreibungen" eine Übersicht über alle Kannbeschreibungen, die zu der gewählten Textsorte passen. Dadurch ist es möglich, eine bestimmte Textsorte auszuwählen (z. B. „Vertrag"), und sich dann anzeigen zu lassen, welche Kannbeschreibungen auf welchen Niveaus und zu welchen sprachlichen Aktivitäten es zu diesem Text gibt. Mit einem Klick auf die Kannbeschreibungen gelangt der Benutzer in die detaillierte Übersicht der Kannbeschreibungen.

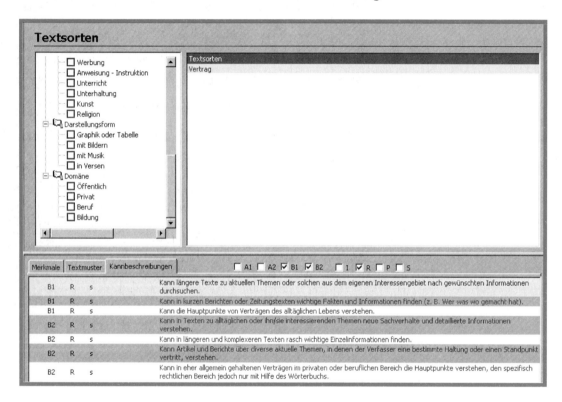

5.2 Textmuster

Textmuster: im Aufbau, in der Sprache, in der Gestaltung und im Inhalt ähnlich

Zu ausgewählten Textsorten, die ähnliche Ziele und Zwecke verfolgen und die über das gleiche Medium übertragen werden, beschreibt „Profile deutsch" sogenannte Textmuster. In den Textmustern sind Ähnlichkeiten dieser Texte im Aufbau, der Sprache, der Gestaltung und dem Inhalt beschrieben. Jedes Textmuster umfasst:
- eine *Kurzcharakterisierung* der betreffenden Textsorte, in der die wesentlichen Inhalte und die grundlegenden Ziele zusammengefasst sind;
- eine Übersicht über den *Aufbau* und die Gliederung der Textsorte;
- Hinweise auf Besonderheiten in der *Sprache*, die in die Gruppen „Grammatik", „Wortschatz" und zusätzlich bei mündlichen Texten in „phonetische Mittel" und „Körpersprache" unterteilt sind.
- Verweise auf *ähnliche Texte*, die nach einem vergleichbaren Muster realisiert werden. Im Textmuster „Vertrag" findet man z. B. einen Verweis auf die ähnlichen Texte „Allgemeine Geschäftsbedingungen", „Garantiebedingung" und „Gesetz".

48

– Hinweise auf *Beispiele* zu bestimmten Textmustern: Im Textmuster „offizieller Brief" wird auf häufige Typen von „offiziellen Briefen", wie z. B. „Anfragen", „Anträge", „Beschwerden", „Bestätigungen", „Bestellungen", „Bewerbungsschreiben", „Einladungen" oder „Mahnungen" hingewiesen.

Textmuster: eine Hilfe für das Verstehen von Texten

In den unterschiedlichen Kulturen haben sich Textmuster verschieden ausgeprägt, auch weil mit den jeweiligen Texten oft kulturell unterschiedliche Anforderungen bzw. Erwartungen verbunden sind. Textmuster haben sich entwickelt, weil sie das Produzieren und Rezipieren von Texten mit vergleichbaren Funktionen erleichtern. Wenn man weiß, wie ein Geschäftsbrief aufgebaut ist, kann man ihn leichter verfassen. Auch das schnelle Verstehen von Texten wird durch Textmuster erleichtert. Der Rezipient weiß, welcher Aufbau und welche Informationen ihn in einem Text erwarten, und er kann schnell die üblichen Wendungen von wichtigen Informationen unterscheiden. Das Wissen von und über Textmuster erleichtert also das Produzieren und das Rezipieren von Texten.

Textmuster auf der CD-ROM abrufen

Klickt der Benutzer auf die Textmuster, so erscheint im linken oberen Fenster eine Übersicht über alle vorhandenen Textmuster. Wählt man ein Textmuster durch Anklicken aus, erscheint im rechten oberen Fenster das Textmuster und im unteren Bereich des Bildschirms erscheinen Verweise zu ähnlichen Textmustern, zu für das betreffende Textmuster typischen Textsorten und Verweise in die Grammatik. Die anderen Funktionen, wie z. B. die „Suche", stehen genauso zur Verfügung wie bei der „Textliste" oder bei „Sprachliche Mittel", „Grammatik" usw.

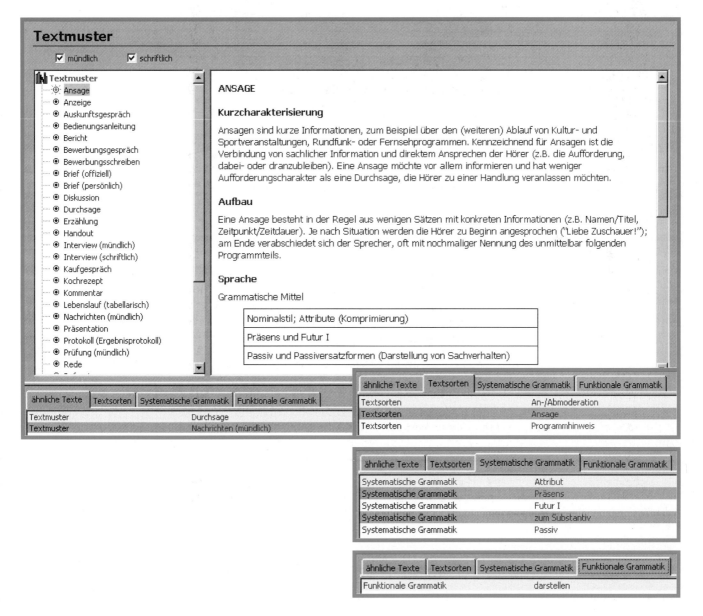

6   Strategien

„Kennzeichnend für alle Bemühungen zur Erforschung und Vermittlung von Lernstrategien, ob aus pädagogischer, (fremdsprachen-)didaktischer oder lern- und spracherwerbspsychologischer Perspektive, ist jedoch letztlich die verbindende Überzeugung, den Lernenden in den Mittelpunkt aller unterrichtlichen und forscherischen Aktivitäten zu stellen, den mentalen Vorgängen im Kopf des Lerners und seinem tatsächlichen sowie erwünschten Lernverhalten besondere Aufmerksamkeit zuteil werden zu lassen."[1]

„Profile deutsch" räumt gemäß den Empfehlungen des Referenzrahmens und den steigenden Forderungen nach mehr Lernerautonomie und Lernerorientierung den strategischen Kompetenzen beim Erlernen und Erwerben einer Fremdsprache einen wesentlichen Platz ein. Dabei wird unterschieden zwischen *kommunikativen Strategien* auf der einen und *Lern- und Prüfungsstrategien* auf der anderen Seite. Während kommunikative Strategien im gesamten Bereich der Sprachverwendung genutzt werden, beziehen sich Lern- und Prüfungsstrategien vor allem auf den Bereich des Sprachenlernens.

Kommunikative Strategien für die Sprachverwendung:	Lern- und Prüfungsstrategien für das Sprachlernen:
Rezeptionsstrategien	Affektive Strategien
	Entscheidungsstrategien
Produktionsstrategien	Interaktionsstrategien während der Prüfung
	Memorierungsstrategien
Interaktionsstrategien	Problemlösungsstrategien
	Soziale Strategien
Strategien der Sprachmittlung	Strategien zur Selbstregulierung
	Verarbeitungsstrategien

6.1   Kommunikative Strategien

Kommunikative Strategien zur effizienten Lösung von Aufgaben

Der Begriff „Kommunikative Strategien" wird verwendet, um zu betonen, dass die kommunikativen Strategien direkt mit den sprachlichen Aktivitäten Rezeption, Produktion, Interaktion und Sprachmittlung verbunden sind. Andererseits ergibt sich dadurch auch eine klare Abgrenzung von den Lern- und Prüfungsstrategien.
Kommunikative Strategien werden „(…) von Sprachverwendenden dazu eingesetzt, die eigenen Ressourcen zu mobilisieren und ausgewogen zu nutzen, Fertigkeiten und Prozesse zu aktivieren, um die Anforderungen der Kommunikation in einem Kontext zu erfüllen und die jeweilige Aufgabe erfolgreich und möglichst ökonomisch der eigenen Absicht entsprechend zu erledigen. Kommunikations- und Kompensationsstrategien sollten daher nicht einfach im Sinne eines Defizitmodells aufgefasst werden, d. h. als eine Möglichkeit, sprachliche Defizite oder fehlgeschlagene Kommunikation auszugleichen. Vielmehr setzen auch Muttersprachler regelmäßig kommunikative Strategien aller Art ein, die der jeweiligen Situation angemessen sind."[2]
Kommunikative Strategien haben also effizientes und erfolgreiches kommunikatives Handeln zum Ziel. Sie sind eng verbunden mit der kommunikativen Aufgabe und den sprachlichen Aktivitäten (Rezeption, Produktion, Interaktion, Sprachmittlung), die in einem spezifischen Handlungsfeld, mit der jeweiligen linguistischen und kommunikativen Kompetenz der Sprachhandelnden und mit den unterschiedlichsten Kommunikationspartnern stattfinden.

---

[1] Handlungsfeid FU Lernstrategien (1998), Uni-GH, Siegen
[2] Gemeinsamer europäischer Referenzrahmen für Sprachen: lernen, lehren, beurteilen (2001), Langenscheidt, München, S. 62

Kommunikative Strategien ohne Zuordnung zu sprachlichen Niveaus

„Profile deutsch" verzichtet auf eine Zuordnung der kommunikativen Strategien zu bestimmten sprachlichen Niveaus[3], da der Einsatz nicht allein vom sprachlichen Wissen und Können abhängig ist, sondern auch von Faktoren wie z. B.:
- der konkreten kommunikativen Aufgabe und dem zu bewältigenden Problem,
- der Ursache des Problems,
- der Persönlichkeit,
- den sprachlichen Erfahrungen,
- dem soziokulturellen Wissen,
- der interkulturellen Kompetenz.

Das heißt, dass zum Beispiel je nach Lern- und Kommunikationserfahrungen bestimmte kommunikative Strategien erst erworben, andere dagegen nur aktiviert und transferiert werden müssen. Sicher sind bestimmte Strategien auf bestimmten Niveaus besonders hilfreich. So ist zum Beispiel Kompensieren und Vermeiden auf den unteren Niveaus wichtiger, um sprachliche Unsicherheiten und kommunikative „Notsituationen" zu überbrücken. Dies heißt aber nicht, dass die Strategien zur Kompensation oder Vermeidung auf einem höheren sprachlichen Niveau nicht angewendet werden.

Verhältnis von Kommunikativen Strategien und Techniken

Kommunikative Strategien sind mentale Pläne, die für sich nicht sichtbar sind. Erst die Anwendung einer bestimmten Technik macht eine Strategie nachvollziehbar. Für die Umsetzung einer Strategie stehen in der Regel mehrere Techniken zur Verfügung, für die sich das Individuum je nach Persönlichkeit, sprachlicher und strategischer Kompetenz, Handlungskontext usw. entscheiden kann. Dabei stehen die Strategie und die möglichen Techniken in einem „um … zu"- Verhältnis, d. h. um eine Strategie erfolgreich umzusetzen, können verschiedene Techniken angewendet werden. „Profile deutsch" listet verschiedene Strategien und dazu jeweils mehrere Techniken auf. Die Strategien und Techniken sind den unterschiedlichen sprachlichen Aktivitäten zugeordnet.

Strategie	⇨	Techniken
Kooperieren	*um zu* kooperieren, kann ich	auf die Äußerung des Partners Bezug nehmen das Thema fokussieren Augenkontakt beachten Verstehen signalisieren …

Einsatz von kommunikativen Strategien und Techniken

Der Einsatz von kommunikativen Strategien erfolgt nach einem bestimmtem metakognitiven Schema.
Etwas vereinfacht kann dies folgendermaßen dargestellt werden:

S	**Planung**	⇨	sich einstellen/vorbereiten auf die kommunikative Aufgabe
T	⇩		
R	**Durchführung**	⇨	durch den Einsatz von Techniken die kommunikative Aufgabe effizient und erfolgreich erfüllen
A			
T	⇩		
E	**Kontrolle**	⇨	Vorannahmen und Wirkung der eingesetzten kommunikativen Mittel und Techniken überprüfen
G			
I	⇩		
E	**Reparatur**	⇨	falls nötig: Vorannahmen revidieren, Missverständnisse klären

---

[3] Im Referenzrahmen werden sprachliche Aktivitäten und kommunikative Strategien nach Niveau als spezielle Kannbeschreibungen aufgeführt, doch sind diese unvollständig und teilweise empirisch nicht überprüft; vgl. Gemeinsamer europäischer Referenzrahmen für Sprachen: lernen, lehren, beurteilen (2001), Langenscheidt, München, S. 62–91. In Profile deutsch sind einige davon in den detaillierten Kannbeschreibungen aufgeführt.

Beispiel für den Umgang mit der CD-ROM

Die CD-ROM enthält eine Vielzahl von kommunikativen Strategien und Techniken, die jedoch nicht vollständig sein können und wollen. Der Aufbau der Strategien folgt der Struktur Planung – Ausführung – Kontrolle – Reparatur. In der Darstellung wird jedoch nur zwischen Planen einerseits und Durchführen – Kontrollieren – Reparieren anderseits unterschieden, da die letzten drei Phasen in der Realität ineinander greifen und in ständiger Wechselwirkung zueinander stehen.

Auf dem Bildschirm erscheinen die Strategien und Techniken folgendermaßen[4]:

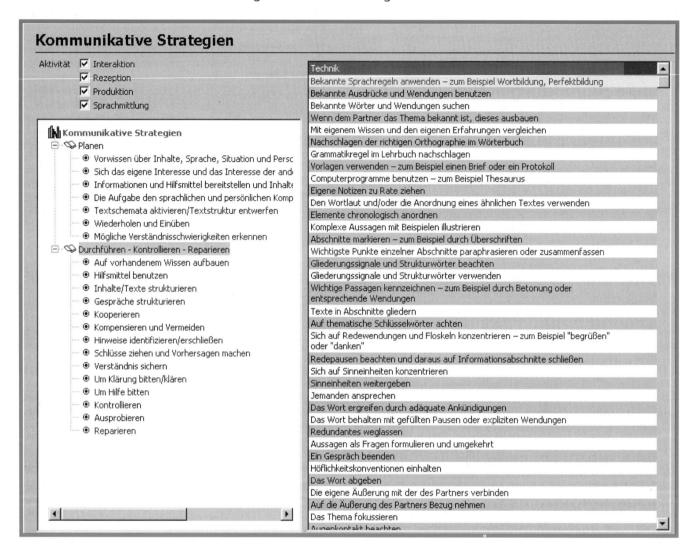

Die Benutzer können links zwischen Phasen und Strategien wählen, rechts werden die entsprechenden Techniken angezeigt. Links gibt es die Möglichkeit, einzelne sprachliche Aktivitäten zu wählen.

Verbindungen mit anderen Elementen von „Profile deutsch"

Da der Einsatz von kommunikativen Strategien an konkrete Aufgaben gebunden ist, ist es sicher sinnvoll, diese mit detaillierten Kannbeschreibungen bzw. mit den dazu passenden Beispielen zu verbinden. Bei der Entwicklung von Unterrichtsmaterialien im Bereich der schriftlichen Rezeption (Lesen) können z. B. Strategien und Techniken zum Leseverstehen kombiniert werden. In einem Test zur Sprachmittlung kann überprüft werden, welche Kompensationsstrategien verwendet werden. Für die Entwicklung eines Lehr- und Lernprogramms können Auswahl und Abfolge von wichtigen kommunikativen Strategien zusammen mit unterschiedlichen Aufgaben bestimmt werden. Das Programm lässt dem Benutzer also die Möglichkeit, selbst zu entscheiden, wann er welche Strategie für seine Zielgruppe für wichtig hält.

---

[4] vgl. auch Profile deutsch: „Kommunikative Strategien", S. 167

6.2 Lern- und Prüfungsstrategien

Lern- und Prüfungsstrategien zur Optimierung des Lern- und Prüfungsverhaltens

„Profile deutsch" verwendet den Begriff Lernstrategien für jene Strategien[5], die sich im Gegensatz zu den kommunikativen Strategien nicht auf die Sprachverwendung, sondern auf das Sprachenlernen beziehen. In der Fremdsprachendidaktik treten diese Strategien häufig als Techniken des „Lernen Lernens" auf. Lern- und Prüfungsstrategien sind Teil der Lernfähigkeit (savoir-apprendre)[6] und dienen dazu, das Lernen und das Prüfungsverhalten zu optimieren. Dabei ist die Bewusstmachung von Lernprozessen, die Reflexion über unterschiedliche Lernwege ebenso wichtig wie die Analyse der Faktoren, die den eigenen Lernprozess beeinflussen:

„Aussagen über Lernziele besagen nichts über die Prozesse, mit deren Hilfe Lernende befähigt werden, in der von ihnen gewünschten Weise zu handeln, oder durch die sie die Kompetenzen aufbauen und entwickeln, die solches Handeln möglich machen. Sie besagen auch nichts über die Maßnahmen, mit deren Hilfe Lehrende die Prozesse des Spracherwerbs und des Sprachenlernens fördern und erleichtern. Eins der vorrangigen Ziele des *Referenzrahmens* ist es, die verschiedenen am Sprachenlernen und -lehren Beteiligten zu ermutigen und zu befähigen, die anderen so klar wie möglich über ihre Ziele und Absichten zu informieren. Ebenso wichtig ist es aber, dass sie auch über die Methoden, die sie benutzen, und über die Resultate, die sie erzielen, informieren können. Es ist daher klar, dass der *Referenzrahmen* sich nicht nur auf die Beschreibung von Kenntnissen, Fertigkeiten und Einstellungen beschränken kann, die Lernende erwerben müssen, wenn sie als kompetente Sprachverwendende agieren wollen, sondern dass er sich auch mit den Prozessen des Spracherwerbs und des Sprachenlernens sowie mit Lehrmethoden befassen muss."[7]

Lern- und Prüfungsstrategien und sprachliche Niveaus

Lern- und Prüfungsstrategien lassen sich keinem bestimmten sprachlichen Niveau zuordnen. Eine Anfängerin in Deutsch kann z. B. über strategische Kompetenzen des Wortschatzlernens verfügen, die sie bereits beim Lernen einer anderen Fremdsprache kennen gelernt hat, umgekehrt kann es aber auch sein, dass für einen bereits fortgeschrittenen Deutschlerner aufgrund eigener Lernerfahrungen hilfreiche Techniken wie „Lerntagebuch schreiben" oder im „Tandem" lernen völlig neu sind. Wie bei den kommunikativen Strategien gilt auch hier, dass bestimmte Strategien und Techniken erst angeeignet, andere dagegen nur aktiviert oder transferiert werden müssen.

Unterschiedliche Strategien: Ziele, Typen, Techniken

Die Einteilung der Lern- und Prüfungsstrategien lässt sich mit der Frage umschreiben: „Wie kann ich vor, während und nach dem Lernen den Erfolg optimieren?" Das Gleiche gilt für Strategien, die man vor, während oder nach einer Prüfung oder einem Test anwendet.

„Profile deutsch" unterscheidet dabei zwischen verschiedenen Strategietypen, wie z. B. Strategien zur Selbstregulierung, affektiven Strategien, Entscheidungsstrategien, Memorierungsstrategien, Problemlösungsstrategien usw. Jeder dieser Strategietypen verfolgt verschiedene Ziele, z. B. das Ziel, *vor* dem Lernen „das Lernen zu planen und einzurichten" oder „den Lernstoff zu organisieren und zu adaptieren".

Um ein Ziel zu erreichen, können verschiedene Strategien angewandt und anhand von konkreten Techniken realisiert werden. Hier findet sich also ein ähnliches Konzept wie bei den kommunikativen Strategien wieder: Die übergeordneten Strategien entsprechen „mentalen Plänen", die verschiedenen Techniken stellen eine Auswahl von „konkreten Anwendungen" zur Verfügung, aus denen je nach Persönlichkeit, sprachlicher und strategischer Kompetenz, Handlungskontext usw. ausgewählt werden kann.

Das oben genannte „um … zu"- Verhältnis weist im Gegensatz zu den kommunikativen Strategien eine Ebene mehr auf und lässt sich folgendermaßen zusammenfassen: Um ein (strategisches) Ziel zu erreichen, stehen meist verschiedene Strategien zur Verfügung. Um eine Strategie umzusetzen, können verschiedene konkrete Techniken angewandt werden:

---

[5] Im Gegensatz zu „Profile deutsch" wird der Begriff „Lernstrategien" in der Fachdidaktik oft als Überbegriff für sämtliche Strategien verwendet (auch auf das Sprachhandeln und auf Fertigkeiten bezogene), z. B. Wolff, Dieter: Lernstrategien: Ein Weg zu mehr Lernerautonomie. www.ualberta.ca/~german/idv/wolff1/htm oder bei: Rampillon, Ute / Zimmermann, Günther (1997): Strategien und Techniken beim Erwerb fremder Sprachen, Hueber, München

[6] Gemeinsamer europäischer Referenzrahmen für Sprachen: lernen, lehren, beurteilen (2001), Langenscheidt, München, S. 108f.

[7] Gemeinsamer europäischer Referenzrahmen für Sprachen: lernen, lehren, beurteilen (2001), Langenscheidt, München, S. 29

	Ziel	⇨	Strategien
Um	das Lernen zu planen und einzurichten	kann ich	persönliche Bedürfnisse und Lernziele bestimmen. Lernform bestimmen. Lernzeiten organisieren.

⇦

	Strategien	⇨	Techniken
Um	persönliche Bedürfnisse und Lernziele zu bestimmen	kann ich	mittelfristige und kurzfristige Ziele festlegen (Was will ich bis zum Ende des Semesters, bis zum nächsten Test beherrschen können?) und in einem Lerntagebuch notieren. bei der Kurseinschreibung in einem Lernvertrag festhalten, welches Diplom ich am Ende des Kurses erreichen will. mich bei einem Kollegen über die sprachlichen Anforderungen für eine neue Stelle informieren.

Die in „Profile deutsch" enthaltenen Prüfungsstrategien folgen genau demselben Schema und können den Lernenden helfen, ihre (erlernten oder erworbenen) Fähigkeiten bei Tests und Prüfungen optimal unter Beweis zu stellen. Da der Umgang mit Lern- und Prüfungsstrategien sowohl im Unterricht als auch im Bereich des autonomen Fremdsprachenlernens eine große Rolle spielt, findet der Benutzer von „Profile deutsch" eine Auswahl von Beispielen aus beiden Bereichen.

Beispiele für den Umgang mit Lern- und Prüfungsstrategien auf der CD-ROM

Die CD-ROM bietet eine Vielzahl von Lern- und Prüfungsstrategien und Techniken, die nicht vollständig sein können und wollen. Der Aufbau folgt den Phasen *vor*, *während* und *nach* dem Lernen bzw. nach der Prüfung. In jeder Phase finden sich Beispiele, die eher dem Lernen in Unterrichts- und Kurssituationen oder eher dem individuellen, autonomen Lernen zugeordnet werden: Die ersten betreffen vor allem den Unterricht (z. B. Lernen in der Gruppe, Partnerarbeiten usw.). Die zweiten eher das Selbstlernen (z. B. zu Hause Filme ansehen, Leute auf der Straße anreden, Lernen im Tandem usw.).

Die Benutzer können je nach Bedürfnissen unterschiedlich vorgehen:
- Sie erhalten bei „Suche über Ziele" die wichtigsten Strategien, die zu einem bestimmten Ziel führen, und gelangen dann in weiterer Folge zu den Techniken.
- Sie steigen bei „Suche über Strategietyp" über die verschiedenen Strategietypen ein und gelangen so zu den zugehörigen Strategien und in weiterer Folge zu den Techniken.
- Sie können über „Suche über Vorgehensweise" direkt über die Strategien einsteigen und die zugehörigen Techniken abfragen.

Nach dem Auffinden der Strategien gilt es, eine für die Lernenden je nach Alter, Lerntyp, eigener Lern- und Prüfungstradition passende Auswahl an geeigneten Techniken zu treffen. Anschließend können die Strategien inklusive der Techniken in die Sammelmappe exportiert und flexibel adaptiert und umformuliert werden.

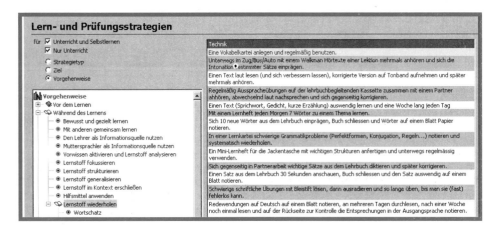

7 Die Arbeit mit der CD-ROM

7.1 Programm installieren

Systemvoraussetzungen

Mindestanforderungen:
- Pentium 166
- 64 MB RAM
- Windows 95/98, Windows Me, Windows NT, Windows 2000, Windows XP
- CD-ROM-Laufwerk
- Bildschirmauflösung: 800x600; empfohlen 1024x768, High-Color
- 60 MB freier Speicherplatz auf Festplatte
- Notepad (empfohlen: Word, Excel)
- Internet Explorer 4.0 oder höher

Installation

1. CD-ROM in das Laufwerk einlegen.
2. Doppelklick auf x:setup.exe (x = Buchstabe Ihres CD-Laufwerks)
   (Die Installation wird automatisch gestartet, falls die entsprechenden Einstellungen aktiviert sind.)
3. Folgen Sie den Anweisungen am Bildschirm. Der Computer startet während der Installation je nach System mehrmals automatisch.
4. Für die Arbeit mit „Profile deutsch" müssen Sie nach der Installation die CD-ROM nicht mehr einlegen.

Für die Installation der Netzwerkversion beachten Sie bitte die Anleitung, die Sie mit der Mehrfach-Lizenz erhalten.

Bildschirmauflösung anpassen

„Profile deutsch" braucht mindestens eine Bildschirmauflösung von 800x600. Empfohlen ist eine Auflösung von 1028x768. Sehen Sie unter der Hilfe zu Windows nach und ändern Sie die Eigenschaften der Anzeige.

Programm entfernen

1. Unter <Start> <Einstellungen> <Systemsteuerung> <Software> <Installieren/Deinstallieren> (bzw. entsprechend der Sprachversion Ihres Windows) „Profile deutsch" wählen.
2. Wählen Sie <Hinzufügen/Entfernen>.
3. Folgen Sie den Anweisungen am Bildschirm.

7.2 Programm starten und beenden

Programm starten

Auf dem Desktop oder unter <Start> <Programme> (oder in Ihrem selbst gewählten Verzeichnis) auf „Profile deutsch" klicken.

Programm beenden

Um das Programm zu beenden, klicken Sie auf das Symbol „Programm beenden" oder auf das Kreuz oben rechts.

7.3 Mit dem Programm arbeiten

7.3.1 Einleitung

„Profile deutsch" ist ein relativ komplexes Programm. Es wird sicher eine gewisse Zeit dauern, bis Sie alle Möglichkeiten ausschöpfen werden. Die Komplexität entsteht dadurch, dass viele Daten und Listen untereinander verknüpft sind, so dass Sie von einer Liste per Mausklick in eine andere Liste springen können und von dort aus in weitere Listen oder wieder zurück. In diesem Kapitel werden erst einmal die Grundfunktionen beschrieben, die Ihnen ermöglichen, die verschiedenen Teile von „Profile deutsch" anzusteuern und Ihre eigene Auswahl zu treffen.

Im Buch bekommen Sie zusätzlich in den einzelnen Kapiteln von „Profile deutsch" (z. B. *Kannbeschreibungen, Thematischer Wortschatz* usw.) Informationen, was Sie mit der CD-ROM machen können. Zu Ihrer Orientierung können Sie auch die Hilfe-Funktion des Programms benutzen. Um die Hilfe aufzurufen, drücken Sie die Funktionstaste <F1> oder Sie benutzen das Menü <Hilfe> <Inhalt>.

Tipp: Öffnen Sie das Programm und verfolgen Sie die Funktionen direkt auf dem Bildschirm, wenn Sie die folgenden Abschnitte lesen.

7.3.2 Der Inhalt der CD-ROM „Profile deutsch"

Die Kapitelstruktur auf der CD-ROM sieht folgendermaßen aus:

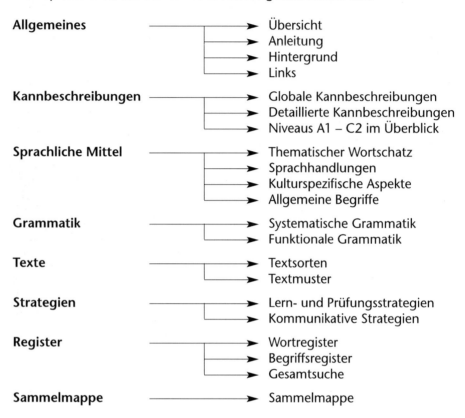

Allgemeines	Übersicht
	Anleitung
	Hintergrund
	Links
Kannbeschreibungen	Globale Kannbeschreibungen
	Detaillierte Kannbeschreibungen
	Niveaus A1 – C2 im Überblick
Sprachliche Mittel	Thematischer Wortschatz
	Sprachhandlungen
	Kulturspezifische Aspekte
	Allgemeine Begriffe
Grammatik	Systematische Grammatik
	Funktionale Grammatik
Texte	Textsorten
	Textmuster
Strategien	Lern- und Prüfungsstrategien
	Kommunikative Strategien
Register	Wortregister
	Begriffsregister
	Gesamtsuche
Sammelmappe	Sammelmappe

Unter „Allgemeines" finden Sie kurze Informationstexte zu den einzelnen Komponenten der CD-ROM, eine Kurzanleitung zum Programm und Hintergrundinformationen zu „Profile deutsch". So können Sie hier zum Beispiel im „Gemeinsamen europäischen Referenzrahmen für Sprachen" direkt etwas nachlesen oder nachschlagen. Die „Links" führen Sie zu ausgewählten Adressen im Internet, die im Zusammenhang mit „Profile deutsch" stehen.

Die anderen Kapitel enthalten verschiedene Listen, die Sie für Ihre Zwecke konsultieren, exportieren und bearbeiten können.

7.3.3 Bildschirmaufbau

Im Folgenden werden die verschiedenen Bildschirmbereiche von oben nach unten beschrieben.

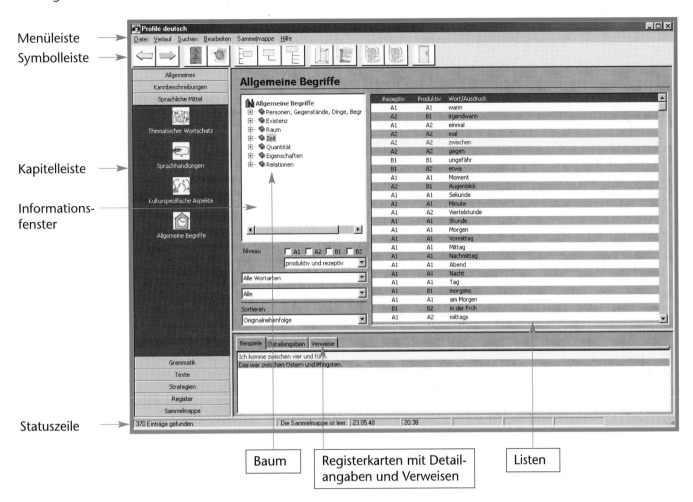

Menüleiste

Symbolleiste

Kapitelleiste

Informations-
fenster

Statuszeile

Baum | Registerkarten mit Detail-angaben und Verweisen | Listen

Menüleiste

Die Menüleiste (horizontal) finden Sie ganz oben auf dem Bildschirm. Hier finden Sie die üblichen Funktionen eines Windows-Programms. Unter <Hilfe> <Inhalt> finden Sie genauere Informationen zur Benutzung des Programms.

Symbolleiste

Die Symbolleiste befindet sich unter der Menüleiste. Damit können Sie navigieren, suchen, kopieren und so weiter. Folgende Funktionen stehen zur Verfügung:

Zurück
Durch Anklicken können Sie auf bereits besuchte Bildschirme zurückblättern.

Vorwärts
Durch Anklicken können Sie auf bereits besuchte Bildschirme vorblättern.

Suche nach ...
Wählen Sie zuerst die Kategorie (Wort/Schlagwort/Begriff/Grammatik). Geben Sie den Suchbegriff ein und schließen Sie mit der Eingabetaste ab oder klicken Sie auf das alphabetische Register und dann auf den Suchbegriff. Mit Doppelklick werden die Fundstellen in der entsprechenden Liste oder im Baum angezeigt.

Volltextsuche

Geben Sie Ihren Suchbegriff oder einen Teil davon ein. Die Fundstellen in der geöffneten Liste werden angezeigt. Die Volltextsuche bezieht sich auf die aktivierte Liste. Wenn Sie alle Listen durchsuchen möchten, dann wählen Sie das Kapitel „Gesamtsuche".

Position im Baum anzeigen

Durch Anklicken werden für das markierte Element in der Liste das Thema im Baum und weitere passende Wörter oder Ausdrücke angezeigt.

Nur erste Ebene anzeigen

Durch Anklicken werden nur die Hauptbegriffe im Baum angezeigt.

Alle Ebenen anzeigen

Durch Anklicken werden alle Begriffe im Baum angezeigt.

Sammelmappe öffnen

Mit diesem Knopf öffnen Sie die Sammelmappe, in der Sie Ihre Auswahl zusammenstellen, bearbeiten, exportieren und speichern können.

In Sammelmappe kopieren

Durch Anklicken werden markierte Elemente in die Sammelmappe für die Weiterbearbeitung kopiert.

Eigenen Eintrag bearbeiten/löschen (gelb)

Durch Anklicken können Sie eigene Einträge bearbeiten.

Neuen Eintrag eingeben (grün)

Durch Anklicken können Sie neue Einträge eingeben.

Programm beenden

Durch Anklicken wird das Programm geschlossen.

Wenn Sie die Maus einige Sekunden auf einem Symbol ruhen lassen, erscheint jeweils ein kurzer Erklärungstext.

Kapitelleiste

Mit der Kapitelleiste (vertikal) wählen Sie die verschiedenen Kapitel aus. Sie finden in der Kapitelleiste acht Kapitel. Durch Klicken auf den grauen Balken (Allgemeines, Kannbeschreibungen, …) öffnen Sie zuerst einmal die zugehörigen Unterkapitel auf blauem Hintergrund. Wenn Sie auf ein Unterkapitel klicken, erscheinen im Informationsfenster auf dem Bildschirm rechts die gewünschten Daten, die Sie weiterbearbeiten können.

Informationsfenster

Im Informationsfenster werden die Daten zum angewählten Kapitel angezeigt. Auf der linken Seite des Informationsfensters können Sie dann zum Beispiel bei den *Allgemeinen Begriffen* oder beim *Thematischen Wortschatz* ein Thema anwählen.

Die Auswahl von detaillierten Daten erfolgt oft über einen sogenannten **Baum**:

Baum

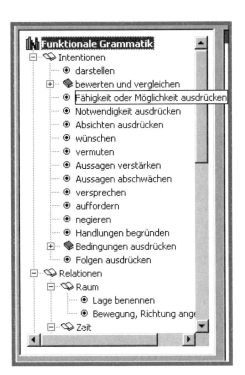

Der Baum zeigt die Gliederung und Struktur eines Kapitels an. Durch Klicken auf einen Ast des Baums werden die dazugehörigen Listen angezeigt.

Durch einfachen Mausklick auf ☐ (oder Doppelklick auf das Symbol „Offenes Buch") werden Kapitel des Baumes geschlossen; durch einfachen Mausklick auf ☐ (oder Doppelklick auf das Symbol „Geschlossenes Buch") wird das Kapitel aufgeklappt und die Unterkapitel werden sichtbar.

Listen

Je nach Auswahl des Kapitels werden auf der rechten Hälfte des Bildschirms die Informationen in Listenform angezeigt. Sie können mit den Filtern und der Sortierfunktion auf der linken Seite eine Auswahl aus den Listen treffen und die Listen nach verschiedenen Kriterien sortieren. Bei Feldern mit viereckigen Kästchen können Sie Kriterien aus- oder abwählen: ☑ bedeutet auswählen, ☐ bedeutet abwählen. Bei Feldern mit einem senkrechten Pfeil ↓ können Sie eine Auswahl nach bestimmten Kriterien treffen, z. B. nur Substantive. Klicken Sie auf den Pfeil und wählen Sie Ihr Auswahlkriterium, rechts werden dann zum Beispiel nur Substantive angezeigt.

Registerkarten

Wenn Sie ein Listenelement anwählen, erscheinen in der unteren Hälfte des Bildschirms oft Beispiele, Detailinformationen, Verweise usw. Diese Zusatzinformationen sind in sogenannten Registerkarten abgelegt:

Registerkarte

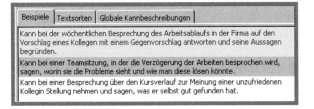

Durch Klicken auf den Kopf der Registerkarte wechseln Sie von einer Karte zur anderen.

Durch Klicken auf die Registerkarte erscheinen die gewünschten Informationen. Wenn es sich um Verweise (blau) handelt, können Sie auf den gewünschten Begriff klicken und Sie kommen in das entsprechende Kapitel.

Statuszeile

Ganz unten finden Sie die Statuszeile. Die Statuszeile zeigt die Anzahl der gefundenen Elemente einer Auswahl oder Suche. Daneben wird der Status der Sammelmappe, das aktuelle Datum und die Uhrzeit angezeigt.

| 370 Einträge gefunden. | Die Sammelmappe ist leer. | 23.05.48 | 20:38 |

Bedeutung der Farben

Blau

Verweise und Verknüpfungen sind blau gekennzeichnet. Durch Mausklick kommen Sie auf das gewünschte Element. So können Sie zum Beispiel bei den detaillierten Kannbeschreibungen in der Registerkarte „Textsorten" direkt zum Textsorten-Kapitel springen.

Rot

Beim thematischen Wortschatz sind die Elemente der Wortfelder und D-A-CH-Fenster hellrot. Diese Wörter haben keine Niveauangabe. Je nach Zielgruppe oder Region kann ein Teil dieser Wörter auf unterschiedlichen Niveaus mitberücksichtigt werden.
Die **fett** geschriebenen Einträge sind Überschriften für Wortfelder bzw. für D-A-CH-Fenster.

Grün

Ihre Einträge, die Sie selber eingeben, sind grün markiert.

Gelb

Gelb unterlegt sind die ausgewählten Elemente.

Fenstergröße anpassen

Die Größe des Fensters, in dem „Profile deutsch" sichtbar ist, können Sie anpassen. Verkleinern oder vergrößern Sie das Fenster, indem Sie mit gedrückter linker Maustaste die untere rechte Ecke des Fensters verschieben. Sie können das ganze Bildschirmfenster maximieren, indem Sie auf den mittleren Knopf ganz oben rechts klicken.
Die Kapitelleiste kann durch Ziehen der vertikalen Trennlinie zwischen Kapitelleiste und Informationsfenster vergrößert oder verkleinert werden. Verändern Sie die Größe mit gedrückter linker Maustaste.
Die Größe der zwei Teile des Informationsfensters kann durch Ziehen der horizontalen Trennlinie zwischen dem oberen und dem unteren Teil verändert werden. Verschieben Sie die Trennlinie mit gedrückter linker Maustaste.

7.4 Funktionen von „Profile deutsch"

Die CD-ROM ermöglicht folgende Grundfunktionen:

WAS		WO	SCHRITT
Suchen Anzeigen Filtern Sortieren Auswählen und Markieren Navigieren	⇨	Globale Kannbeschreibungen Detaillierte Kannbeschreibungen Globale Niveaubeschreibungen Thematischer Wortschatz Sprachhandlungen Soziokulturelle Aspekte Allgemeine Begriffe Systematische Grammatik Funktionale Grammatik Lern- und Prüfungsstrategien Kommunikative Strategien	① Daten am Bildschirm anzeigen
Ablegen Kombinieren	⇨	Sammelmappe	② Daten sammeln
Suchen Auswahl bearbeiten Speichern Öffnen Löschen Exportieren	⇨	Sammelmappe	③ Daten speichern und weiterverarbeiten
eigene Daten eingeben eigene Daten bearbeiten Ausgangszustand wiederherstellen	⇨	Detaillierte Kannbeschreibungen Thematischer Wortschatz Sprachhandlungen Soziokulturelle Aspekte Allgemeine Begriffe Systematische Grammatik Funktionale Grammatik Textsorten Textmuster Lern- und Prüfungsstrategien Kommunikative Strategien	④ „Profile deutsch" ergänzen

Zusätzlich gibt es folgende Funktionen:

WAS		WO	
Suchen	⇨	Volltextsuche in der aktivierten Liste Wortregister Begriffsregister Gesamtsuche	Daten suchen

Im folgenden Abschnitt werden die einzelnen Funktionen und Arbeitsschritte genauer beschrieben.

7.4.1 Daten am Bildschirm anzeigen: Schritt ①

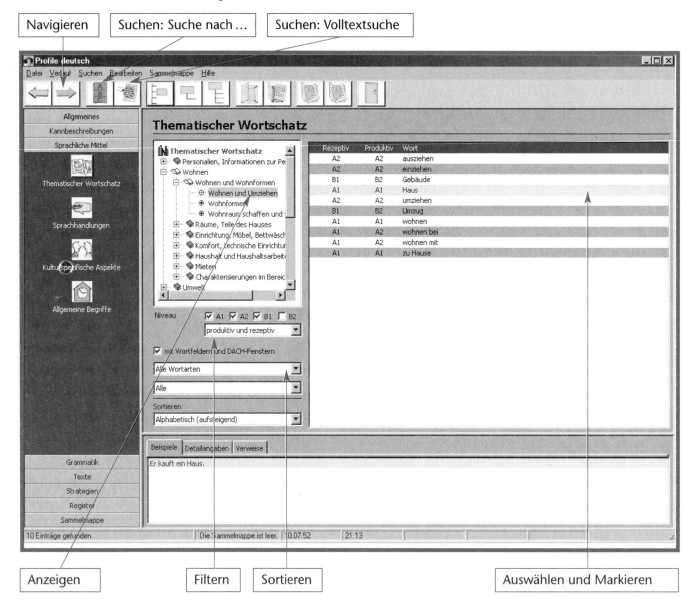

Suchen

Mit der Funktion „Suchen" finden Sie gezielt Einzelinformationen.

In jedem Kapitel können über die Funktion „Suche nach …" direkt bestimmte Einträge gefunden werden, z. B. das Wort „Haus" im *Thematischen Wortschatz*. Sie können dann auf den Knopf „Position im Baum" klicken und es wird angezeigt, zu welchem thematischen Bereich im Baum der markierte Eintrag gehört. Die Volltextsuche zeigt alle Stellen an, wo ein bestimmter Suchbegriff vorkommt, z. B. das Wort „Alltag" in den detaillierten Kannbeschreibungen. Um die Spezialzeichen ä, ö, ü, Ä, Ö, Ü, ß einzugeben, klicken Sie auf den gewünschten Knopf und im Feld erscheint das entsprechende Zeichen.

Anzeigen

Wenn Sie Daten anzeigen wollen, dann wählen Sie im Baum das gewünschte Thema. Je allgemeiner das gewählte Thema ist, je mehr Elemente werden sichtbar. Wenn Sie z. B. im Baum auf „Allgemeine Begriffe" klicken, wird die Gesamtliste angezeigt, wählen Sie das Thema „Raum", bekommen Sie nur die dazu passenden Wörter und Ausdrücke.

Ganz unten links in der Statuszeile wird die Anzahl der gefundenen Elemente angezeigt.

Filtern

Durch Auswahl oder Abwahl einzelner Kriterien können bestimmte Informationen herausgefiltert und somit gezielt ausgewählt werden, z. B. die Kannbeschreibungen für mündliche Rezeption auf Niveau A2 und B1 oder alle Substantive für Niveau A1 zum Thema „Wohnen" (Thematischer Wortschatz). In der Statuszeile unten links wird die Anzahl der gefilterten Elemente angezeigt.

Sortieren

Sie können Listen nach verschiedenen Kriterien sortieren, z. B. die allgemeinen Begriffe zum Thema „Raum" nach Wortarten. Sie können die Listen oft auch nach Niveaus sortieren. Wenn Sie die ursprüngliche Darstellung wieder herstellen wollen, dann wählen Sie die Option „Originalreihenfolge".

Auswählen und Markieren

Die ausgewählten Elemente werden gelb markiert. Sie können in einer Liste durch einfachen Klick ein Element auswählen. Wenn Sie mehrere zusammengehörige Elemente auf einmal auswählen möchten, dann markieren Sie die entsprechenden Elemente mit gedrückter linker Maustaste.

Navigieren

Das Navigieren zwischen den verschiedenen Bildschirmen ermöglicht Ihnen, vor- und zurückzublättern und so Ihre vorhergehende Auswahl wieder zu konsultieren. Wenn Sie z. B. auf einen Verweis klicken, können Sie anschließend an die ursprüngliche Stelle zurückspringen. Folgende Funktionen stehen dafür zur Verfügung:

Zurück

Klicken Sie in der Menüleiste auf oder wählen Sie in der Menüleiste den Befehl <Bearbeiten> <Verlauf> <Zurück>. Sie blättern zurück auf das jeweils vorhergehende Kapitel. Wenn Sie den Befehl mehrmals wiederholen, können Sie mehrere Bildschirmseiten zurückblättern.

Vorwärts

Klicken Sie in der Menüleiste auf oder wählen Sie in der Menüleiste den Befehl <Bearbeiten> <Verlauf> <Vorwärts>. Sie blättern vor auf das jeweils nächste Kapitel.

Verlauf einsehen

Wählen Sie in der Menüleiste den Befehl <Bearbeiten> <Verlauf> <Verlauf einsehen>.
Sie sehen besuchte Bildschirmseiten. Sie können mit einem Klick eine besuchte Seite direkt anwählen.
Mit <Ok> oder <Abbrechen> schließen Sie das Verlaufsfenster.

7.4.2 Daten sammeln, speichern und weiterverarbeiten: Schritt ② und ③

Ablegen in Sammelmappe

Markierte Elemente können in die Sammelmappe abgelegt werden. Klicken Sie dazu auf das Symbol oder auf die rechte Maustaste und wählen Sie <Markierte Elemente in Sammelmappe kopieren> oder wählen Sie in der Menüleiste die Funktion <Bearbeiten> <In Sammelmappe kopieren>. Ihre Auswahl steht so in der Sammelmappe unter dem entsprechenden Kapitel für die Weiterbearbeitung zur Verfügung.

Kombinieren

In der Sammelmappe können Sie durch die Auswahl von Elementen aus verschiedenen Kapiteln Ihre Materialien zusammenstellen, z. B. können Sie zu einer Kannbeschreibung passende Textsorten, Sprachhandlungen und Wörter aus dem *Thematischen Wortschatz* und den *Allgemeinen Begriffen* ablegen. Sie können aber auch nur eine Auswahl von Kannbeschreibungen, die für Ihr Zielpublikum wichtig sind, treffen. In der Statuszeile wird die Anzahl der Elemente in der Sammelmappe angezeigt.

Auswahl bearbeiten

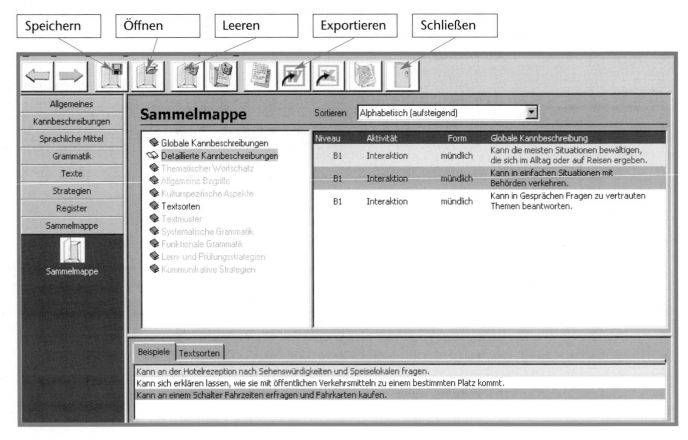

Speichern | Öffnen | Leeren | Exportieren | Schließen

Sammelmappe

Sortieren: Alphabetisch (aufsteigend)

Allgemeines
Kannbeschreibungen
Sprachliche Mittel
Grammatik
Texte
Strategien
Register
Sammelmappe

Sammelmappe

- Globale Kannbeschreibungen
- Detaillierte Kannbeschreibungen
- Thematischer Wortschatz
- Allgemeine Begriffe
- Kulturspezifische Aspekte
- Textsorten
- Textmuster
- Systematische Grammatik
- Funktionale Grammatik
- Lern- und Prüfungsstrategien
- Kommunikative Strategien

Niveau	Aktivität	Form	Globale Kannbeschreibung
B1	Interaktion	mündlich	Kann die meisten Situationen bewältigen, die sich im Alltag oder auf Reisen ergeben.
B1	Interaktion	mündlich	Kann in einfachen Situationen mit Behörden verkehren.
B1	Interaktion	mündlich	Kann in Gesprächen Fragen zu vertrauten Themen beantworten.

Beispiele | Textsorten

Kann an der Hotelrezeption nach Sehenswürdigkeiten und Speiselokalen fragen.
Kann sich erklären lassen, wie sie mit öffentlichen Verkehrsmitteln zu einem bestimmten Platz kommt.
Kann an einem Schalter Fahrzeiten erfragen und Fahrkarten kaufen.

Unpassende Elemente können aus der Sammelmappe wieder entfernt werden. Markieren Sie das zu löschende Element, wählen Sie dann den Befehl <Sammelmappe> <Element entfernen> bzw. das Symbol <Element entfernen> oder klicken Sie auf die rechte Maustaste und wählen Sie den Befehl <Element entfernen>.

Sammelmappe speichern

Der Inhalt einer Sammelmappe kann gespeichert werden, so dass später darauf zurückgegriffen werden kann. Wenn Sie z. B. eine Zusammenstellung von Kannbeschreibungen haben, die als Eingangsvoraussetzungen für einen Kurs dienen, können Sie diese zu einem späteren Zeitpunkt wiederverwenden. Sie können auch unter einem anderen Namen ein Ausgangsprofil abspeichern. Wählen Sie dazu den Befehl <Sammelmappe> <Sammelmappe speichern> oder das entsprechende Symbol auf der Symbolleiste, wählen Sie das Verzeichnis, in dem die Sammelmappe abgelegt werden soll, und geben Sie der Sammelmappe einen Namen. So können Sie für unterschiedliche Bedürfnisse und Funktionen verschiedene Sammelmappen speichern.

Sammelmappe öffnen

Wählen Sie den Befehl <Sammelmappe> <Öffnen> oder klicken Sie auf das entsprechende Symbol auf der Symbolleiste. Suchen Sie die gewünschte Sammelmappe und öffnen Sie die Datei. Nun kann der Inhalt der Sammelmappe verändert und ergänzt werden. Am Schluss speichern Sie die Sammelmappe wieder.

Sammelmappe leeren

Um den Inhalt einer Sammelmappe zu löschen, wählen Sie den Befehl <Sammelmappe> <Sammelmappe leeren>. Es werden nur die Daten der aktuellen Sammelmappe entfernt. Sie können anschließend Ihre Sammelmappe neu füllen.

Exportieren

Die Daten in der Sammelmappe können Sie in einem anderen Programm beliebig weiterbearbeiten. Bevor Sie die Sammelmappe exportieren, können Sie für jedes Kapitel entscheiden, wie viele Informationen Sie weiterverarbeiten wollen. Wählen Sie dazu bei jedem Kapitel die gewünschten Informationen, z. B. beim thematischen Wortschatz können Sie den Wortschatz mit oder ohne Detailangaben bzw. Beispielsatz exportieren. Sie können auch wählen, ob Sie „Alles", ein Kapitel der Sammelmappe oder „Nur markierte Elemente" exportieren wollen.
Sie haben die Möglichkeit, die Sammelmappe in das Textverarbeitungsprogramm Word, in das Tabellenkalkulationsprogramm Excel oder ein beliebiges anderes Textverarbeitungsprogramm zu exportieren. Anschließend können Sie Ihre Auswahl, z. B. eine Wortschatzliste, Ihren eigenen Bedürfnissen anpassen.

„Profile deutsch" ergänzen

„Profile deutsch" ist als offenes System konzipiert, d.h. Sie können Ihre eigenen Daten eingeben, verändern und löschen. Die Einträge, die Sie hinzufügen, erscheinen auf dem Bildschirm in grüner Farbe. – Wenn Sie Ergänzungen machen, verändern Sie die Datenbank, die „Profile deutsch" zu Grunde liegt. Gehen Sie deshalb gezielt vor.

7.4.3 „Profile deutsch" ergänzen: Schritt ④

Eigene Daten eingeben

Folgende Möglichkeiten stehen in den jeweiligen Kapiteln zur Verfügung:

Detaillierte Kannbeschreibungen:	Beispiele verändern und ergänzen
Thematischer Wortschatz:	neue Wörter eingeben
	Wortfelder mit neuen Wörtern ergänzen
	neue Wortfelder anlegen
	D-A-CH-Fenster mit neuen Wörtern ergänzen
	neue D-A-CH-Fenster anlegen
Sprachhandlungen:	neue Sprachhandlungen eingeben
Soziokulturelle Aspekte:	neues Verhalten eingeben
Allgemeine Begriffe:	neue Wörter eingeben
Systematische Grammatik:	neue Beispiele eingeben
Funktionale Grammatik:	neue Beispiele eingeben
Textsorten:	neue Textsorte eingeben
Textmuster:	neues Textmuster eingeben
Lern- und Prüfungsstrategien:	neue Technik eingeben
Kommunikative Strategien:	neue Technik eingeben

Sie können den Befehl entweder direkt über die rechte Maustaste aufrufen oder über das Symbol „Neuen Eintrag eingeben" in der Symbolleiste.
Bei Neueinträgen können Sie auch Ihre eigenen Verweise und Verknüpfungen eingeben.
Bei den Textmustern können Sie Ihre Beschreibung nach Ihren Wünschen formatieren. Wählen Sie mit der rechten Maustaste Schriftart, Schriftfarbe und Stil (fett, kursiv, ..., s. S. 66).

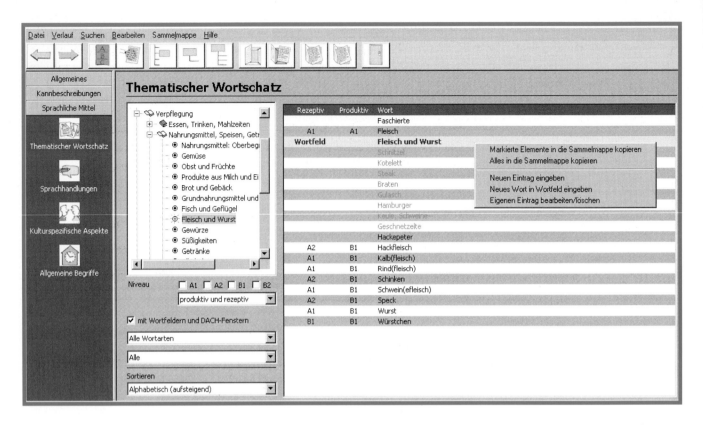

Wenn Sie Daten eingeben oder ändern, öffnet sich jeweils ein spezielles Fenster. Hier ein Beispiel aus dem *Thematischen Wortschatz*:

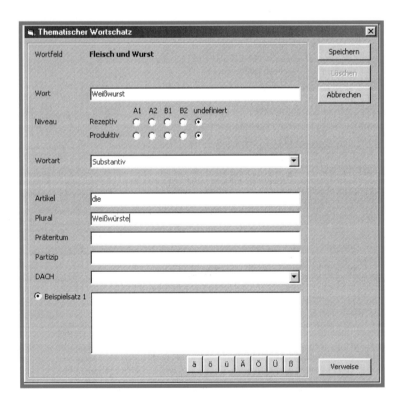

Geben Sie das neue Wort ein. Sie können auch das Niveau bestimmen, Detailangaben und maximal fünf Beispielsätze eingeben.

Wenn Sie das neue Wort mit anderen Listen kombinieren möchten, klicken Sie auf die Schaltfläche <Verweise>. Dann öffnet sich eine Auswahlmöglichkeit von Verweisen:

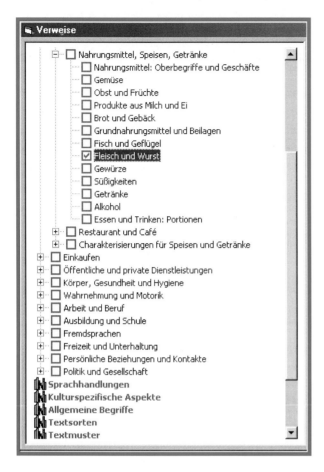

Es wird angezeigt, zu welcher Kategorie das neue Wort gehört: Die „Weißwurst" gehört zu „Fleisch und Wurst". Sie können nun weitere Verknüpfungen wählen, entweder im Kapitel *Thematischer Wortschatz* oder in anderen Kapiteln, z. B. *Sprachhandlungen*. Wir empfehlen Ihnen, sich genau zu überlegen, welche Verknüpfungen wirklich Sinn machen.

Überprüfen Sie die Daten, bevor Sie speichern. Ihr Eintrag erscheint dann in der Liste in grüner Farbe.

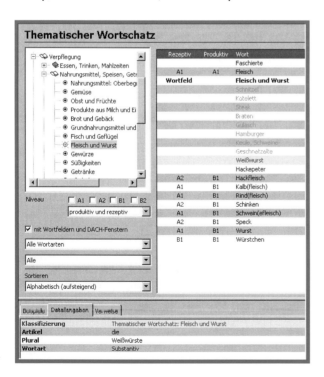

Falls das Wort schon in der Liste existiert, wird eine entsprechende Meldung angezeigt.

Eigene Daten bearbeiten

Die eigenen Einträge können bearbeitet oder wieder gelöscht werden. Suchen Sie den gewünschten Eintrag z. B. über „Suche nach…" oder wählen Sie die Anzeigeoption „Nur eigene Einträge". Markieren Sie das Element. Rufen Sie dann mit der rechten Maustaste den Befehl <eigenen Eintrag bearbeiten/löschen> auf oder wählen Sie das Symbol „eigenen Eintrag bearbeiten/löschen" in der Symbolleiste. Nun können Sie die Angaben ändern oder den ganzen Eintrag löschen. Überprüfen Sie die Daten, bevor Sie speichern bzw. löschen.
Wir empfehlen Ihnen, von Zeit zu Zeit Ihre Datenbank zu reorganisieren. Wählen Sie dann den Befehl <Datei> <Datenbank reorganisieren> und folgen Sie den Anweisungen am Bildschirm.

Ausgangszustand wiederherstellen

Wenn Sie den Urzustand von „Profile deutsch" wiederherstellen wollen, dann installieren Sie das Programm neu. Achtung: Alle Ihre eigenen Einträge werden dabei gelöscht.

7.4.4. Daten suchen

Unter dem Kapitel Register finden sich ein Wort- und ein Begriffsregister. Diese Register versammeln die Einträge in den verschiedenen Kapiteln auf einen Blick. Dies ermöglicht einen kapitelübergreifenden Zugang zu Wörtern oder Begriffen. Das Wortregister und das Begriffsregister geben an, in welchen Kapiteln ein Eintrag überall vorkommt.

Wortregister

Das Wortregister umfasst alle Wort-Einträge, auch Ihre eigenen, aus folgenden Kapiteln:
Thematischer Wortschatz
Sprachhandlungen (Schlagwörter zu Sprachhandlungen)
Allgemeine Begriffe
Grammatik: Systematische Darstellung
Grammatik: Funktionale Darstellung

Das Register gibt einen schnellen Überblick, wo welches Wort vorkommt. Beispiel:

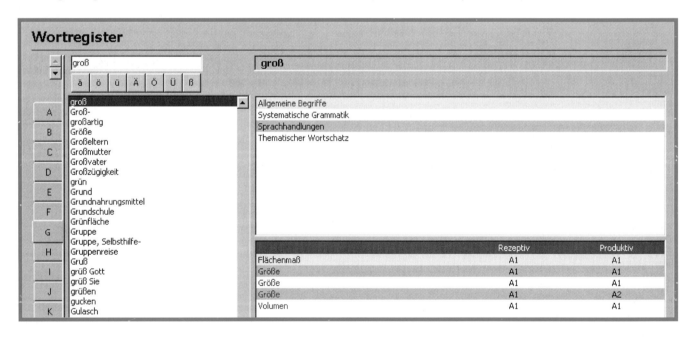

Das Wort „groß" findet sich u.a. bei den *Allgemeinen Begriffen* und beim *Thematischen Wortschatz*. Das jeweilige Unterkapitel zeigt, in welchem Zusammenhang und auf welchem Niveau das Wort in den Listen vorkommt. Durch Klicken auf die blauen Titel kommen Sie direkt in die dazugehörige Liste und können feststellen, welche zusätzlichen Wörter in diesem Unterkapitel sind.

Begriffsregister

Das Begriffsregister umfasst alle Begriffe aus den „Bäumen" (metasprachliche Einträge und „Synonyme") und wichtigen Listen, und zwar aus folgenden Kapiteln:

Kannbeschreibungen (Schlagwörter zu den detaillierten Kannbeschreibungen)

Thematischer Wortschatz	Funktionale Grammatik
Sprachhandlungen	Textsorten
Kulturspezifische Aspekte	Textmuster
Allgemeine Begriffe	Lern- und Prüfungsstrategien
Systematische Grammatik	Kommunikative Strategien

Am Bildschirm sieht das z. B. so aus:

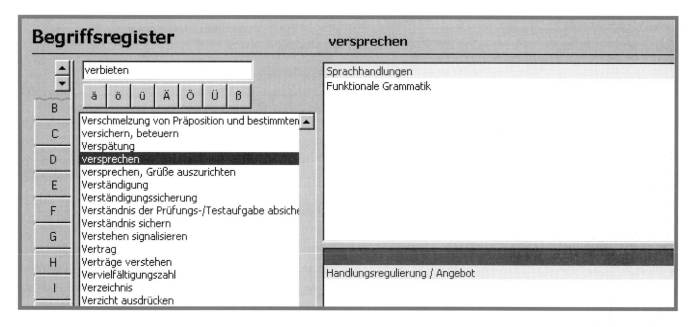

Sie sehen, in welchen Kapiteln „versprechen" verwendet wird. Wenn Sie auf den blauen Eintrag klicken, kommen Sie direkt in das entsprechende Kapitel.

Gesamtsuche

Diese Funktion ermöglicht Ihnen, die ganze Datenbank nach einem beliebigen Wort oder Teil eines Wortes zu durchsuchen. Wenn Sie z. B. wissen möchten, wo „Fremdsprache" vorkommt, werden die verschiedenen Kapitel angezeigt. Wenn Sie auf ein bestimmtes Kapitel klicken, bekommen Sie genauere Angaben. Von hier können Sie per Mausklick dann direkt in die entsprechende Liste springen.

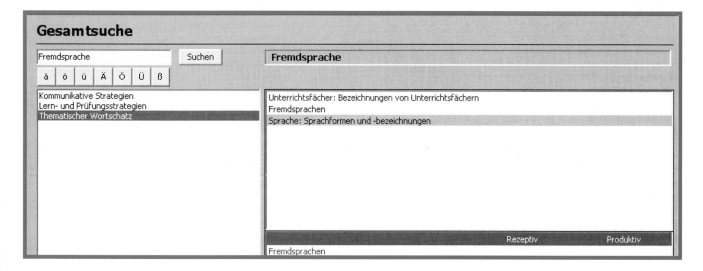

7.5 Das Konzept der Verknüpfungen von „Profile deutsch"

Der Vorteil der CD-ROM im Vergleich zum Buch ist, dass Informationen, die früher neben- und hintereinander aufgereiht werden mussten, heute als Verknüpfungen dargestellt werden können. Im Folgenden wird kurz die interne Verbindung der verschiedenen Kapitel aufgezeigt. Prinzipiell können drei Typen von Verknüpfungen unterschieden werden:

– Verknüpfungen innerhalb eines Kapitels
– Verknüpfungen zwischen den Kapiteln
– Verknüpfungen und Verweise durch Schlagwörter

Diese Verknüpfungen erscheinen entweder als blaue Einträge in einer Liste oder als Registerkarte mit dem Titel „Verweise". Durch einen einfachen Klick auf den blau erscheinenden Verweis werden Sie zu dem entsprechenden Eintrag in einem Kapitel geführt.

7.5.1 Verknüpfungen innerhalb eines Kapitels

Diese Art von Verknüpfungen finden sich beim *Thematischen Wortschatz*, den *Sprachhandlungen*, den *Allgemeinen Begriffen* und bei der systematischen und funktionalen Darstellung der *Grammatik*. So gibt es bei den *Allgemeinen Begriffen* unter dem Kapitel „Richtungsangabe/Zielangabe" den Worteintrag „bis", dort wird auf drei andere Stellen bei den *Allgemeinen Begriffen* verwiesen: „Bewegung, Richtung: Bewegungsrichtung", „Bewegung, Richtung: Bewegung und Transport" und „Bewegung, Richtung: Bewegung und Fortbewegung".

7.5.2 Verknüpfungen zwischen den Kapiteln

Die einzelnen Kapitel sind dort untereinander verknüpft, wo es Sinn macht. Keine direkten Verknüpfungen gibt es zwischen den Strategien und anderen Teilen von „Profile deutsch". Die Kannbeschreibungen sind mit Textsorten, aber nicht mit sprachlichen Komponenten verbunden, da keine Vorgaben und Vorentscheidungen gemacht werden sollen, wie eine bestimmte sprachliche Aufgabe zu lösen ist.

Die verschiedenen Kapitel sind untereinander mehrfach verknüpft. Die folgenden drei Modelle zeigen die Verknüpfungen von „Profile deutsch" aus jeweils einem anderen Blickwinkel:

7.5.3 Verknüpfungen aus dem Blickwinkel der Kannbeschreibungen

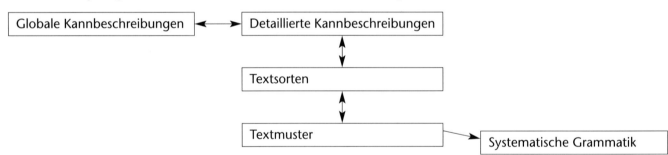

Ein Beispiel: Die *Textsorten* sind mit den *Detaillierten Kannbeschreibungen* (und umgekehrt) und mit den *Textmustern* verknüpft. Von den *Textmustern* gibt es eine Verbindung zu den Textsorten und zur *Systematischen Grammatik*.

7.5.4 Verknüpfungen aus dem Blickwinkel der sprachlichen Mittel

Die sprachlichen Mittel sind untereinander miteinander verknüpft. So gibt es z. B. Verweise aus den *Sprachhandlungen* in die *Allgemeinen Begriffe* und umgekehrt oder vom *Thematischen Wortschatz* in die *Allgemeinen Begriffe*.

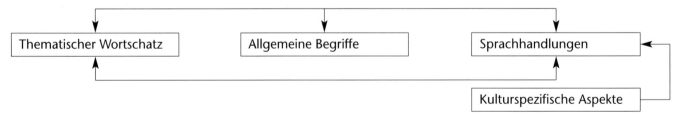

7.5.5 Verknüpfungen aus dem Blickwinkel der Grammatik

Die *Systematische Grammatik* ist mit der *Funktionalen Grammatik* verknüpft . Von dort aus gibt es einen Link zum *Thematischen Wortschatz*, zu den *Sprachhandlungen* und zu den *Allgemeinen Begriffen*.

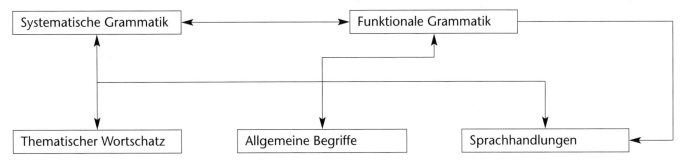

7.5.6 Verknüpfungen und Verweise durch Schlagwörter

Die meisten Listen enthalten zusätzliche Schlagwörter, die eine Auswahl von Elementen nach bestimmten Kriterien zulassen. So können Sie z. B. detaillierte Kannbeschreibungen mit Hilfe der Schlagwörter nach bestimmten sprachlichen Aktivitäten (Informationen geben, Anleitungen verstehen, …) anzeigen. Wenn Sie mit Hilfe von Schlagwörtern suchen wollen, gehen Sie über den Menüpunkt <Suche nach …> und wählen dort den gewünschten Begriff. Schlagwörter ermöglichen Ihnen auch, etwas unter unterschiedlichen Begriffen zu suchen. So können Sie bei den Textsorten z. B. nach der Textsorte „Attest" suchen und werden zu „Bestätigung" geführt.

7.5.7 Anwendungsbeispiele

Als Einstieg in die eigene Recherchier- und Kombinationsarbeit sollen im Folgenden zwei konkrete Beispiele genauer beschrieben werden. Wenn Sie diese durcharbeiten, werden Sie sicher weitere Anwendungsmöglichkeiten für Ihre eigene Praxis entdecken. Auf der CD-ROM finden Sie unter dem Kapitel <Allgemeines> <Anleitung> weitere Vorschläge.

Beispiel 1: Material zusammenstellen und kombinieren

Fragestellung: Welches sind die wichtigsten Wörter für das Niveau A2 aus dem *Thematischen Wortschatz* und den *Allgemeinen Begriffen*, um ein Haus zu beschreiben?

Vorgehensweise:
1. Wählen Sie das Kapitel <Sprachliche Mittel> <Thematischer Wortschatz>.
2. Wählen Sie im Baum „Thematischer Wortschatz" das Thema „Wohnen". Wählen Sie bei „Niveau" die Niveaus „A1" und „A2". – Wenn Sie nur „A2" wählen, werden lediglich die Wörter angezeigt, die auf dem Niveau A2 neu sind. – Wählen Sie dann „produktiv und rezeptiv", so werden die Wörter, die auf den zwei Niveaus sowohl produktiv und rezeptiv sind, angezeigt.
   (Variante: Öffnen Sie den Baum beim Thema „Wohnen" und wählen Sie die zutreffenden Unterthemen aus.)
   Im Informationsfenster rechts finden Sie nun alle Wörter des *Thematischen Wortschatzes* auf dem Niveau A1 und A2 zum Thema „Wohnen" angezeigt.
3. Markieren Sie nun die einzelnen Wörter, die Sie auswählen wollen. Drücken Sie auf die rechte Maustaste und wählen Sie den Befehl <Markiertes Element in Sammelmappe kopieren>. Unten in der Mitte der Statuszeile sehen Sie, wie viele Elemente schon in der Sammelmappe sind.
4. Wiederholen Sie Punkt 3, bis Sie die wichtigsten Wörter des *Thematischen Wortschatzes* zusammengestellt haben.
5. Wählen Sie das Kapitel <Sprachliche Mittel> <Allgemeine Begriffe>.
6. Wählen Sie im Baum „Allgemeine Begriffe" das Thema „Raum". Wählen Sie alle Niveaus ab, bis nur noch „A1" und „A2" und „produktiv und rezeptiv" aktiviert sind.
   (Variante: Öffnen Sie den Baum beim Thema „Raum" und wählen Sie die zutreffenden Unterthemen aus.)
   Im Informationsfenster rechts finden Sie nun alle Wörter des Kapitels „Allgemeine Begriffe" auf dem Niveau A1 und A2 zum Thema „Raum" angezeigt. Markieren Sie nun die einzelnen Wörter, die Sie auswählen wollen.
7. Drücken Sie auf die rechte Maustaste und wählen Sie den Befehl <Markiertes Element in Sammelmappe kopieren>.

8. Öffnen Sie nun die Sammelmappe, indem Sie auf das Symbol <Sammelmappe öffnen> in der Menüleiste oben klicken.
9. Kontrollieren Sie die Elemente in der Sammelmappe. Löschen Sie einzelne Einträge oder ergänzen Sie, falls nötig. Wenn Sie weitere Elemente hinzufügen wollen, gehen Sie in das entsprechende Kapitel zurück und wählen Sie das gewünschte Wort.
10. Speichern Sie die Sammelmappe. Dazu wählen Sie das Symbol oder den Befehl <Sammelmappe> <Sammel-mappe speichern>. Geben Sie der Sammelmappe den Namen „Wortschatz Haus A1–A2".
11. Exportieren Sie den Inhalt der Sammelmappe, indem Sie auf das Symbol „Export nach Word" klicken (wenn Sie das Programm auf Ihrem Computer installiert haben) oder indem Sie auf das Symbol „Export in Textdatei" klicken. Wählen Sie die Option „Alles".
12. Bearbeiten Sie die Wortliste in Ihrem Textverarbeitungsprogramm. Erstellen Sie ein Übungsblatt.

Resultat: Übungsblatt für Lerner, in einem Textverarbeitungsprogramm aufbereitet.

Beispiel 2: Niveau und Lernziele bestimmen

Fragestellung: Wo steht meine Lerngruppe in Bezug auf die sprachliche Aktivität „Interaktion mündlich"? Eher auf A2 oder B1 oder dazwischen?
Vorgehensweise:
1. Wählen Sie das Kapitel <Detaillierte Kannbeschreibungen>.
2. Wählen Sie die sprachliche Aktivität <Interaktion>. Aktivieren Sie <mündlich> bei der Form. Wählen bei den Niveaus das Niveau „A2".
   Im Informationsfenster rechts erscheinen die detaillierten Kannbeschreibungen zur „Interaktion mündlich".
3. Markieren Sie die für Ihre Lerngruppe entscheidenden detaillierten Kannbeschreibungen. Drücken Sie auf die rechte Maustaste und wählen Sie den Befehl <Markiertes Element in Sammelmappe kopieren>. Unten in der Mitte der Statuszeile sehen Sie, wie viele Elemente schon in der Sammelmappe sind.
4. Wählen Sie nun das Niveau B1 und deaktivieren Sie das Niveau A2.
5. Markieren Sie die für Ihre Lerngruppe entscheidenden detaillierten Kannbeschreibungen. Drücken Sie auf die rechte Maustaste und wählen Sie den Befehl <Markiertes Element in Sammelmappe kopieren>.
6. Öffnen Sie nun die Sammelmappe, indem Sie auf das Symbol <Sammelmappe öffnen> in der Menüleiste oben klicken.
7. Kontrollieren Sie die Elemente in der Sammelmappe. Löschen Sie einzelne Einträge oder ergänzen Sie, falls nötig. Sortieren Sie die Kannbeschreibungen nach „Niveau (aufsteigend)".
8. Speichern Sie die Sammelmappe. Dazu wählen Sie den Befehl <Sammelmappe> <Sammelmappe speichern>. Geben Sie der Sammelmappe den Namen „KB IA mündl A2-B1".
9. Exportieren Sie den Inhalt der Sammelmappe, indem Sie auf das Symbol „Export nach Word" klicken (wenn Sie das Programm auf Ihrem Computer installiert haben) oder indem Sie auf das Symbol „Export in Textdatei" klicken. Exportieren Sie nur die Kannbeschreibungen ohne Beispiele und Textsorten.
10. Bearbeiten Sie die Kannbeschreibungen in Ihrem Textverarbeitungsprogramm. Ordnen Sie die Kannbeschrei-bungen nach Ihrem Wunsch, z. B. alle für A2 zusammen, dann alle für B1 oder nach Situationen geordnet und die Niveaus durchmischt. Erstellen Sie eine Checkliste nach etwa folgendem Muster:

Resultat: Checkliste für die Lerngruppe, in einem Textverarbeitungsprogramm aufbereitet.

Raster zur Selbstevaluation

Name: _____ Datum: _____

Lesen Sie die Beschreibungen. Was können Sie auf Deutsch? Markieren Sie mit ☑.

Ich kann …

A2

☐ xxxxxxxxxxxxxxx

☐ yyyyyyyyyyyyyyy

☐ zzzzzzzzzzzzzzz

B1

☐ xxxxxxxxxxxxxxx

☐ yyyyyyyyyyyyyyy

☐ zzzzzzzzzzzzzzz

Wie viele Beschreibungen haben Sie bei

A2: _____

B1: _____?

Erweiterungsmöglichkeiten:
– Grobskala in die Checkliste einbauen.
– Globale Kannbeschreibungen in die Checkliste einbauen.
– Kannbeschreibungen und Beispiele in die Checkliste einbauen.
– Zuerst Beispiele, die für die Zielgruppe relevant sind, eingeben. Dann diese Beispiele in die Checkliste aufnehmen.

8   Globale und detaillierte Kannbeschreibungen mit Beispielen: Listen

8.1   Kannbeschreibungen A1

Globale Kannbeschreibungen: Interaktion mündlich

Kann auf einfache Art kommunizieren, wenn der Partner langsam und klar spricht, zu langsameren Wiederholungen und Umformulierungen bereit ist und jederzeit beim Formulieren hilft.

Kann mit wenigen, einfachen und auswendig gelernten Ausdrücken und Sätzen vertraute Situationen bewältigen, die ganz alltägliche und konkrete Bedürfnisse betreffen, wobei es zu Missverständnissen kommen kann.

Kann in sehr vertrauten Situationen einfache Wörter, alltägliche Ausdrücke und sehr einfache Strukturen anwenden, um auf direkt an ihn/sie gerichtete Fragen zu reagieren, und kann selbst sehr einfache Fragen stellen.

Kann einfache Äußerungen im Allgemeinen so klar aussprechen, dass sie bei genauem Zuhören verstanden werden können, auch wenn ein deutlich erkennbarer fremder Akzent hörbar und manchmal klärendes Nachfragen durch den Kommunikationspartner nötig ist.

Kann mit kurzen, unverbundenen und meist vorgefertigten Äußerungen kommunizieren, wobei er/sie viele Pausen macht, um Begriffe zu suchen oder schwierigere Wörter zu artikulieren.

Kann Äußerungen von Gesprächspartnern aufgrund der Intonation meist als Aussagen, Fragen oder Aufforderungen interpretieren.

Kann in seinen/ihren Äußerungen die Intonation so einsetzen, dass diese meist als Aussagen, Fragen oder Aufforderungen erkannt werden können.

Kann buchstabierte Wörter, im Besonderen Namen oder Adressen, verstehen.

Kann einfache Kontakte aufbauen und erhalten, indem er/sie die einfachsten Formen von Grüßen, Verabschiedungen und Höflichkeitsformeln verstehen und anwenden kann.

Detaillierte Kannbeschreibungen *mit Beispielen:* Interaktion mündlich

Kann einfache Begrüßungen und Verabschiedungen verstehen und diese erwidern.

> *Kann grüßen, wenn sie zu einer Gruppe von Bekannten oder Freunden dazustößt.*

> *Kann bei Arbeitsschluss den Abschiedsgruß einer Kollegin verstehen und mit einer entsprechenden Verabschiedung darauf reagieren.*

> *Kann sich nach einem offiziellen Termin auf einem Amt verabschieden.*

Kann sich selbst und andere vorstellen und reagieren, wenn er/sie vorgestellt wird.

> *Kann in einer Kursgruppe bei der Vorstellungsrunde mit Name, Herkunft, Beruf über sich Auskunft geben.*

> *Kann verstehen, wenn ihr am Arbeitsplatz eine Kollegin vorgestellt wird, und auf die Vorstellung reagieren.*

> *Kann entsprechend reagieren, wenn sie neu zu einer Gruppe hinzukommt und dieser vorgestellt wird.*

Kann nach dem Befinden fragen und auf Informationen dazu reagieren bzw. Fragen danach beantworten.

> *Kann auf die Frage des Chefs „Wie geht's Ihnen?“ antworten.*

> *Kann sich bei einer Freundin erkundigen, wie es ihr geht, und reagieren, wenn er selbst gefragt wird.*

> *Kann beim Zusammentreffen mit den Kolleginnen am Kursort fragen, wie es ihnen geht, und darauf antworten.*

Kann mit einfachen Ausdrücken über Vorlieben und Abneigungen kommunizieren.

Kann einer Bekannten sagen, was ihr Hobby ist, und sie auch fragen, was sie gern macht.

Kann bei einem Treffen mit Kolleginnen mitteilen, welche Musik sie am liebsten hört und welche sie nicht mag.

Kann seine Vorlieben beim Essen nennen, aber auch, was er nicht gern mag.

Kann andere um alltägliche Dinge bitten, verstehen, wenn Dinge verlangt werden, und sich bedanken.

Kann eine Kollegin um einen Stift oder ein Blatt Papier bitten und sich dafür bedanken.

Kann an der Rezeption verstehen, wenn sie um den Pass gebeten wird.

Kann beim Essen um das Brot bitten oder das Brot weitergeben.

Kann auf einfache, direkt an ihn/sie gerichtete Fragen mit einfachen Antworten reagieren.

Kann einer Bekannten, die nachfragt, in welcher Firma er arbeitet, antworten.

Kann reagieren, wenn sie in einer Cafeteria nach ihrer Herkunft und Muttersprache gefragt wird.

Kann einer Kurskollegin sagen, was sie nach dem Kurs macht.

Kann in alltäglichen Situationen elementare Angaben, die auf Zahlen basieren, verstehen und machen.

Kann einfache Einkäufe machen, wenn es möglich ist, durch Zeigen und Gesten auf die gewünschten Waren hinzu-weisen.

Kann im Kursbüro die Telefonnummer angeben, unter der sie am Abend zu erreichen ist.

Kann eine Absprache über einen Termin verstehen und weitergeben (z. B. „Besprechung am Freitag um 10 Uhr").

Kann in alltäglichen Situationen bei Unklarheiten auch mit Hilfe von Gesten um Wiederholung bitten.

Kann eine Kollegin bitten, die Wegbeschreibung zum Schwimmbad zu wiederholen.

Kann den Kursleiter bitten, dass er ihm zeigt, wie die Übung funktioniert, wenn er die Anweisung nicht richtig ver-standen hat.

Kann einen Freund bitten, ihm zu erklären, was ein Wort heißt.

Globale Kannbeschreibungen: Interaktion schriftlich

Kann mit Hilfe des Wörterbuches einfache, meist stichpunktartige schriftliche Mitteilungen zu vertrauten Themen machen, in denen er/sie die wenigen einfachen grammatischen Strukturen und Satzmuster noch nicht sicher anwendet.

Kann kurze, einfache Texte schreiben, die zur Aufrechterhaltung von Sozialkontakten beitragen.

Detaillierte Kannbeschreibungen *mit Beispielen*: Interaktion schriftlich

Kann einfache Formulare und Fragebögen mit Angaben zu seiner/ihrer Person verstehen und ausfüllen.

> *Kann bei der Ankunft im Hotel das Anmeldeformular ausfüllen (z. B. Name, Adresse, Staatsbürgerschaft, Daten).*
>
> *Kann auf einem Fragebogen Angaben zur Person (z. B. Beruf, Alter, Wohnort, Hobbys) machen.*
>
> *Kann bei der Kursanmeldung die bisherige Sprachausbildung (z. B. Kursort, Dauer) in einem Fragebogen angeben.*

Kann persönliche Angaben in schriftlicher Form machen und erfragen.

> *Kann für ein Klassenporträt, das die Partnerklasse erhalten soll, mit einfachen Sätzen über sich schreiben und um einen Briefpartner bitten.*
>
> *Kann sich einem Partner für eine Lernpartnerschaft mit einfachen Mitteln vorstellen und/oder ihn um Angaben über sich selbst bitten.*
>
> *Kann sich beim Einsteigen in einen Chat mit einfachen Mitteln vorstellen und/oder einen Chat-Partner um Informationen bitten.*

Kann ganz einfache Mitteilungen schreiben.

> *Kann eine Notiz schreiben, in der sie sich bei einer Kollegin für die Blumen zum Geburtstag bedankt.*
>
> *Kann einen Arbeitskollegen mit einer kurzen Notiz um einen Termin bitten.*
>
> *Kann in einer einfachen schriftlichen Notiz der Kursleiterin mitteilen, dass er in der nächsten Woche nicht da ist.*

Kann einfache Postkarten oder E-Mails schreiben.

> *Kann einer Freundin eine Glückwunschkarte (z. B. zum Geburtstag) schreiben.*
>
> *Kann eine kurze, einfache Postkarte mit Feriengrüßen schreiben.*
>
> *Kann einem Freund eine kurze E-Mail darüber schreiben, was er gerade macht.*

Globale Kannbeschreibungen: Rezeption mündlich

Kann vertraute alltägliche Ausdrücke und einfache Sätze verstehen, die konkrete Bedürfnisse des täglichen Lebens betreffen, wenn sie deutlich und langsam in Standardsprache gesprochen und wichtige Sachen wiederholt werden.

Kann ihm/ihr bekannte Wörter und sehr einfache Strukturen verstehen, die ihn/sie selbst, die Familie und Dinge aus der unmittelbaren Umgebung betreffen, wenn langsam und klar gesprochen wird.

Kann in langsam und deutlich gesprochenen kurzen Texten, die einen erheblichen Anteil an Internationalismen enthalten und Pausen zum Erfassen der Bedeutung bieten, ihm vertraute Themen verstehen.

Kann Namen, Zahlen, Preise und Zeitangaben verstehen, wenn deutlich gesprochen wird.

Detaillierte Kannbeschreibungen *mit Beispielen*: Rezeption mündlich

Kann im vertrauten Bereich einfache Informationen, die Zeit- und Ortsangaben enthalten, verstehen.

Kann eine einfache Terminmitteilung von Freunden oder Kollegen verstehen (z. B. „Freitag, 10.00 Uhr, Treffen").

Kann eine einfache Mitteilung der Sekretärin über Zeiten, Termine und Räume, in denen ein Kurs abgehalten wird, verstehen.

Kann bei einer Veranstaltung eine Ansage für das Publikum über die genaue Zeit des Beginns verstehen.

Kann in mündlichen Texten häufig gebrauchte Formeln (z. B. für Begrüßungen, Verabschiedungen oder Entschuldigungen) verstehen.

Kann im Fernsehen die Begrüßung der Zuschauer am Anfang der Sendung verstehen.

Kann am Ende eines Radiointerviews die Dank- und Abschiedsformeln verstehen.

Kann verstehen, wenn die Gastgeberin ihre Gäste begrüßt.

Kann in einfachen kurzen Texten, die langsam und deutlich gesprochen werden, internationale Wörter, Namen und Zahlen verstehen.

Kann in einem Sprachlernprogramm verstehen, zu welcher Übung im Begleitheft ein Hörtext gehört und was er damit machen soll.

Kann am Flughafen einen kurzen Aufruf verstehen (z. B. „Herr Bauer zur Information bitte, Herr Bauer!").

Kann die Durchsage „Das Auto mit dem Kennzeichen [eigene Nummer] versperrt eine Einfahrt!" verstehen.

Kann in vertrauten Situationen kurze, einfache und klare Anweisungen verstehen.

Kann die Anweisung des Kursleiters „Schlagen Sie das Buch auf S. 14 auf" verstehen, besonders wenn diese gestisch oder visuell unterstützt wird.

Kann bei einer Computerschulung einfache Anweisungen verstehen (z. B. „Drücken Sie jetzt auf Enter").

Kann eine Kollegin verstehen, die ihm mit einfachen Worten den Weg zu einem vereinbarten Treffpunkt erklärt.

Kann in Nachrichten, vor allem in Fernsehnachrichten, die Namen, Zeit- und Ortsangaben und einen erheblichen Anteil an Internationalismen enthalten, das Thema identifizieren.

Kann als Zuschauer von Fernsehnachrichten die Themen der verschiedenen Beiträge identifizieren.

Kann in einem Bericht zu einem vertrauten Thema in groben Zügen verstehen, welche Information neu ist (z. B. „Putin wurde bei den Wahlen in Russland zum Präsidenten gewählt").

Kann in Sportberichten die Ergebnisse seiner Lieblingssportart verstehen (z. B. „Schalke 04, Borussia Dortmund, 4:1").

Globale Kannbeschreibungen: Rezeption schriftlich

Kann einzelne Wörter und sehr einfache Sätze in einfachen und übersichtlichen alltäglichen Texten verstehen, die konkrete Bereiche und Bedürfnisse des täglichen Lebens betreffen.

Kann in informierenden Texten, die viele Internationalismen enthalten und/oder illustriert sind, das Thema identifizieren und einzelne Informationen verstehen.

Kann Teile von kurzen, einfachen Texten verstehen, wenn er/sie Gelegenheit zu wiederholtem Lesen hat.

Kann Namen, Zahlen, Preise und Zeitangaben sowie einzelne Wörter und sehr einfache Ausdrücke verstehen, wenn der Kontext vertraut ist.

Detaillierte Kannbeschreibungen *mit Beispielen*: Rezeption schriftlich

Kann in knappen, einfachen Texten in geläufigsten Alltagssituationen Namen, Zahlen, Wörter und sehr einfache Strukturen verstehen.

Kann aus dem Informationsblatt für die Hausbewohner entnehmen, wann und wo eine Versammlung stattfindet.

Kann am Arbeitsplatz einen Aushang über den Betriebsausflug (z. B. Termin, Abfahrtszeiten, Zielort) verstehen.

Kann beim Durchblättern von Kursprogrammen Termine, Anzahl und Dauer der Kurseinheiten und den Preis der Kurse verstehen.

Kann den Inhalt von sehr einfachen Informationstexten und listenartigen Darstellungen zu vertrauten Themen erfassen, besonders wenn diese viele internationale Wörter und/oder visuelle Elemente enthalten.

Kann in einem Kinoprogramm einen Film für den Abend aussuchen und Ort und Zeitpunkt des Beginns verstehen.

Kann sich über Produkte, die sie für ihr Hobby braucht, informieren (z. B. über verschiedene Snowboards: Maße, Preis, Qualitätsangaben).

Kann aus einem Fahrplan Abfahrts- und Ankunftszeiten für ein einfaches Reiseziel entnehmen.

Kann aus kurzen informierenden Texten Angaben zu Personen und Orten entnehmen.

Kann in einem Zeitungsartikel Angaben zu Alter, Wohnort und Beschäftigung einer Person verstehen.

Kann als Fußballfan nach einem Spielabend in der Zeitung die Ergebnisse suchen und verstehen.

Kann aus dem Inlay einer CD die wichtigsten biografischen Angaben der betreffenden Musikerin entnehmen.

Kann Wörter und Ausdrücke in öffentlichen Aufschriften, denen man im Alltag oft begegnet, verstehen, besonders wenn sie konventionelle Logos oder Farben enthalten.

Kann wichtige Orientierungsschilder auf der Straße (z. B. „Bahnhof", „Parkplatz") verstehen.

Kann in einem Kaufhaus einzelne Angaben auf den Informationstafeln verstehen (z. B. „Sportartikel", „Lebensmittel", Computerabteilung").

Kann an öffentlichen Orten Schilder wie „Rauchen verboten" verstehen.

Kann kurze, einfache schriftliche Anleitungen verstehen, besonders wenn diese illustriert sind.

Kann kurze, einfache Orientierungshilfen wie „2. Stock rechts, Zimmer 24" verstehen, besonders wenn diese zusätzlich illustriert sind.

Kann auf Medikamenten einfache Anweisungen verstehen (z. B. Menge, Zeit der Einnahme).

Kann die wichtigsten Informationen aus den Sicherheitsvorschriften am Arbeitsplatz verstehen, wenn diese mit Logos illustriert sind.

Kann in bewusst einfach geschriebenen kurzen Postkarten, E-Mails oder Briefen den Anlass oder die Hauptinformation verstehen.

> *Kann Feriengrüße auf einer Postkarte verstehen.*

> *Kann den Anlass einer Postkarte verstehen (z. B. Feiertag, Gratulation, Jahreswechsel etc.).*

> *Kann eine E-Mail, die zu einem Treffen einlädt, verstehen.*

Kann elementare Befehle eines Computerprogramms verstehen.

> *Kann als Benutzer eines Computers Wörter wie „speichern", „löschen", „öffnen", „schließen" verstehen.*

> *Kann im Internetcafé ein E-Mail-Programm benutzen und dabei Angaben wie „Nachricht neu", „Senden", „Empfangen" verstehen.*

> *Kann als Benutzerin eines Sprachlernprogramms auf CD-ROM verstehen, wie sie eine Übung ausdrucken kann.*

Globale Kannbeschreibungen: Produktion mündlich

Kann in vertrauten alltäglichen Situationen kurze, unverbundene und meist vorgefertigte Äußerungen machen, mit vielen Pausen, um Begriffe zu suchen, schwierigere Wörter zu artikulieren oder noch einmal neu zu beginnen.

Kann in konkreten, vertrauten Situationen mit einfachen Wörtern, alltäglichen Ausdrücken und sehr einfachen Strukturen wichtige Informationen über sich selbst und die unmittelbare Umgebung geben.

Kann die Buchstaben des Alphabets und ein begrenztes Repertoire an Wörtern und Wendungen so aussprechen, dass er/sie ohne allzu große Anstrengung verstanden wird.

Kann seine/ihre Äußerungen unter Berücksichtigung von Wort- und Satzakzenten und der Sprechmelodie einigermaßen angemessen einsetzen.

Kann Wörter oder Wortgruppen mit einfachen Konnektoren wie „und", „oder", „und dann" verknüpfen.

Detaillierte Kannbeschreibungen *mit Beispielen*: Produktion mündlich

Kann mit einfachen, meist unverbundenen Ausdrücken sich selbst beschreiben, was er/sie macht und wo er/sie wohnt.

> *Kann im Sprachkurs sagen, woher sie kommt und wo sie jetzt wohnt.*

> *Kann Kolleginnen sagen, was sie beruflich macht und was ihr liebstes Hobby ist.*

> *Kann einem Kollegen sagen, was sie derzeit an einem normalen Tag macht.*

Kann mit einfachen, meist unverbundenen Ausdrücken über sich, andere Personen und die unmittelbare Umgebung sprechen.

> *Kann mit einfachen Ausdrücken und Sätzen ihren Partner beschreiben.*

> *Kann beschreiben, wie die Firma heißt, in der sie arbeitet, und was sie dort macht.*

> *Kann bei einer Party einem anderen Gast sagen, wie groß die eigene Familie ist.*

Kann Zahlen, wichtige Zeit- und Mengenangaben sowie Daten gut verständlich sprechen.

> *Kann die eigene Telefonnummer so deutlich sprechen, dass sie mitgeschrieben werden kann.*

> *Kann auf einem Amt wichtige Angaben wie Geburtsdatum oder Adresse verständlich sagen.*

> *Kann in einem Geschäft wichtige Größenangaben mit einfachen sprachlichen Mitteln nennen.*

Globale Kannbeschreibungen: Produktion schriftlich

Kann kurze, einfache Angaben zur Person und zu ganz alltäglichen und vertrauten Dingen schreiben.

Kann mit Hilfe eines Wörterbuches zu alltäglichen, vertrauten Themen kurze Aufzeichnungen machen.

Kann ihm/ihr bekannte einzelne Wörter und häufig gebrauchte Wendungen einigermaßen korrekt schreiben.

Kann Wörter oder Wortgruppen mit einfachen Konnektoren wie „und", „oder", „und dann" verknüpfen.

Detaillierte Kannbeschreibungen *mit Beispielen*: Produktion schriftlich

Kann Namen, einzelne Wörter und kurze Wortgruppen aufschreiben.

> *Kann Autor, Titel und Preis eines Buches, das er für den Kurs besorgen soll, aufschreiben.*
>
> *Kann in einem Kurs Aufzeichnungen des Lehrers von Tafel, Folie oder Flipchart-Bogen selbst notieren.*
>
> *Kann den Titel einer CD, die ihm von einem Freund empfohlen wird, aufschreiben.*

Kann in sehr vertrauten Bereichen einfache Notizen für sich machen, die Zeit- und Ortsangaben enthalten.

> *Kann für sich einen Lernplan (mit Wochentagen, Daten, Uhrzeit und Aktivitäten) schreiben.*
>
> *Kann sich geänderte Kursräume und Terminänderungen für die folgende Kurswoche von einem Aushang notieren.*
>
> *Kann sich den Termin und die Uhrzeiten für den bevorstehenden Betriebsausflug notieren.*

Kann in Stichpunkten Fakten und Daten aufschreiben, die sich auf alltägliche Aufgaben beziehen.

> *Kann in einfacher Form ihren Reiseplan und ihre Reiseroute notieren.*
>
> *Kann in einer Wohngemeinschaft den Putzplan (z. B. Tage, Namen, Räumlichkeiten) schreiben.*
>
> *Kann sich im Betrieb auf Anweisung der Chefin notieren, welche Seiten er wie oft kopieren soll.*

Kann einfache persönliche Angaben in geschriebener Form machen.

> *Kann mit einfachen Sätzen schreiben, wo und wie er wohnt.*
>
> *Kann über andere Personen schreiben, was diese machen.*
>
> *Kann für eine Vorstellungsrunde im Kurs wichtige persönliche Angaben aufschreiben.*

**Globale Kannbeschreibungen: Sprachmittlung mündlich
aus dem Deutschen**

Kann vereinzelte bekannte Wörter oder Ausdrücke aus häufig gebrauchten, einfachen und kurzen deutschsprachigen Äußerungen zu vertrauten Themen, die langsam und ganz deutlich in Standardsprache gesprochen werden, anderen Personen in der gemeinsamen Sprache weitergeben.

Kann Namen, Zahlen, Preisangaben und sehr einfache Informationen aus einfachen schriftlichen deutschen Texten von unmittelbarem Interesse, die illustriert und einfach strukturiert sind oder viele Internationalismen enthalten, anderen Personen in der gemeinsamen Sprache weitergeben.

**Detaillierte Kannbeschreibungen *mit Beispielen*: Sprachmittlung mündlich
aus dem Deutschen**

Kann aus kurzen deutschsprachigen mündlichen Äußerungen wichtige Informationen, die auf Namen oder Zahlen basieren, anderen Personen in der gemeinsamen Sprache weitergeben.

Kann einer Bekannten an der Hotelrezeption in Berlin die Auskunft der deutschsprachigen Empfangsdame über die Frühstückszeit in der gemeinsamen Sprache weitergeben.

Kann beim Einkaufen in Zürich die Information der deutschsprachigen Verkäuferin über den Preis eines Kleides einer Bekannten in der gemeinsamen Sprache weitergeben.

Kann bei der Einschreibung für einen Deutschkurs im Sekretariat wichtige Informationen zu den Kosten und zum Kursbeginn einem Bekannten in der gemeinsamen Sprache weitergeben.

Kann aus kurzen deutschsprachigen mündlichen Äußerungen ganz einfache, alltägliche und ihm/ihr vertraute Informationen anderen Personen in der gemeinsamen Sprache weitergeben.

Kann auf einer Party einer Freundin einfache Fragen der deutschsprachigen Kollegen zu Herkunft, Wohnort und zur Dauer des Aufenthalts in der gemeinsamen Sprache weitergeben.

Kann in einem Restaurant eine einfache Bemerkung des deutschsprachigen Kellners (z. B. „Mit oder ohne Eis?") einer Kollegin in der gemeinsamen Sprache weitergeben.

Kann in einem Geschäft die Frage des deutschsprachigen Verkäufers nach der Zahlungsart (z. B. „Bezahlen Sie mit Karte?") für einen Kollegen in der gemeinsamen Sprache übersetzen.

Kann einzelne Informationen aus einem kurzen schriftlichen, oft listenartigen deutschsprachigen Text zu vertrauten Themen anderen Personen in der gemeinsamen Sprache weitergeben, wenn der Text einfachen Basiswortschatz, Internationalismen oder visuelle Elemente enthält.

Kann einer neu eingezogenen Mitbewohnerin im Studentenwohnheim wichtige Angaben einer deutschsprachigen schriftlichen Einladung zu einem Sommerfest (z. B. Ort, Tag und Uhrzeit) in der gemeinsamen Sprache weitergeben.

Kann für einen Touristen einzelne einfache Wörter (z. B. Kinder – Eltern – Zug – Restaurant) aus einem deutschsprachigen Reiseprospekt in die gemeinsame Sprache übersetzen.

Kann einfache Begriffe (z. B. Sonne, Regen) der Wettervorhersage aus einer deutschsprachigen Tageszeitung für Bekannte in die gemeinsame Sprache übersetzen.

Globale Kannbeschreibungen: Sprachmittlung mündlich aus einer anderen Sprache

Kann aus einer anderen Sprache häufig gebrauchte Ausdrücke und Strukturen (z. B. „Guten Tag!", „Guten Appetit!", „Bezahlen, bitte!") an Deutschsprachige auf Deutsch weitergeben, wobei der Gesprächspartner beim Formulieren helfen kann.

Kann aus schriftlichen Texten einer anderen Sprache einige wichtige Wörter aus dem Basiswortschatz oder andere Informationen mit Hilfe eines Wörterbuches an Deutschsprachige auf Deutsch weitergeben, wobei aufgrund der Aussprache auch ein klärendes Nachfragen des Partners nötig sein kann.

Detaillierte Kannbeschreibungen *mit Beispielen*: Sprachmittlung mündlich aus einer anderen Sprache

Kann in sehr vertrauten Situationen geläufige mündliche Informationen oder Fragen aus einer anderen Sprache Deutschsprachigen sehr einfach auf Deutsch weitergeben.

> *Kann in einem Restaurant helfen, den Getränkewunsch einer Bekannten (z. B. „Un verre d'eau, s'il vous plaît!") für die deutschsprachige Bedienung auf Deutsch zu übersetzen.*

> *Kann einem deutschsprachigen Touristen die Wegerklärung eines Polizisten mit sehr einfachen Worten (z. B. „rechts", „links") auf Deutsch weitergeben.*

> *Kann in einem Geschäft einem deutschen Touristen behilflich sein und für ihn auf Deutsch den Preis von Waren nennen.*

Kann einfache anderssprachige Informationen von Schildern und Aufschriften Deutschsprachigen in Einzelwörtern auf Deutsch weitergeben.

> *Kann die Aufschrift auf dem Schild einer Geschäftstür (z. B. „fermé") für einen deutschsprachigen Touristen übersetzen.*

> *Kann in einem Restaurant die Aufschrift (z. B. „caballeros") auf der Toilettentür für einen deutschsprachigen Touristen übersetzen.*

> *Kann im Hotel einfache Begriffe auf der Informationstafel (z. B. „breakfast") für einen deutschsprachigen Gast übersetzen.*

8.2 Kannbeschreibungen A2

Globale Kannbeschreibungen: Interaktion mündlich

Kann über vertraute Themen einfach kommunizieren, wenn in Standardsprache gesprochen wird und er/sie von Zeit zu Zeit um Wiederholung oder Umformulierung bitten kann.

Kann mit kurzen, einfachen Ausdrücken, die alltägliche Bedürfnisse betreffen, kommunizieren, wobei die Kommunikation in nicht vertrauten Situationen oft schwierig sein und es zu Missverständnissen kommen kann.

Kann mit einfachen sprachlichen Mitteln alltägliche Situationen mit voraussagbarem Inhalt bewältigen, wird aber die Mitteilung aufgrund des begrenzten Wortschatzes noch sehr beschränken müssen.

Kann mit einfachen sprachlichen Mitteln in vertrauten alltäglichen Situationen kommunizieren, wobei er/sie oft Pausen macht, um nach Wörtern zu suchen.

Kann in Gesprächen über vertraute Themen, in denen langsam und deutlich gesprochen wird, dem Wechsel der Themen folgen und nachfragen bzw. auf Fragen reagieren.

Kann seine/ihre Äußerungen im Allgemeinen so deutlich aussprechen, dass sie meist verstanden werden, auch wenn ein klar erkennbarer fremder Akzent hörbar ist und in seltenen Fällen ein klärendes Nachfragen durch die Kommunikationspartner nötig sein kann.

Kann in seinen/ihren Äußerungen die Intonation so einsetzen, dass Aussagen, Fragen oder Aufforderungen klar zu erkennen sind.

Kann darum bitten, etwas wiederholt oder buchstabiert zu bekommen, und kann dieser Bitte auch selbst nachkommen.

Detaillierte Kannbeschreibungen *mit Beispielen*: Interaktion mündlich

Kann Alltagssituationen in Geschäften oder bei öffentlichen Dienstleistern bewältigen.

> *Kann auf der Post Briefmarken kaufen.*
>
> *Kann beim Bäcker fürs Frühstück mit Freunden verschiedene Brotsorten kaufen.*
>
> *Kann auf der Bank eine Überweisung von ihrem Konto machen.*

Kann einfache Informationen über Reisen und öffentlichen Verkehr einholen.

> *Kann Auskünfte für Bus- oder Zugverbindungen einholen und Tickets besorgen.*
>
> *Kann mit Bezug auf eine Karte oder einen Plan einfache Wegbeschreibungen erfragen und geben.*
>
> *Kann direkt im Hotel oder in einem Tourismusbüro ein Hotelzimmer buchen.*

Kann in vertrauten, alltäglichen Bereichen auf einfache Art und Weise Informationen austauschen.

> *Kann beschränkte Informationen über Familienverhältnisse austauschen.*
>
> *Kann bei einer Kollegin anfragen, ob sie mit einer ganz bestimmten Arbeit schon fertig ist.*
>
> *Kann einem Besucher einfache Informationen über den eigenen Ort geben und auf dessen Fragen antworten.*

Kann in Alltagssituationen Informationen, die wesentlich auf Mengen-, Preis- oder Terminangaben basieren, erfragen und austauschen.

> *Kann in Geschäften mit Bedienung einkaufen und dabei nach Waren und Preisen fragen.*
>
> *Kann etwas zum Essen und Trinken bestellen und um die Rechnung bitten.*
>
> *Kann in einem Kurs nachfragen, ob die Termine in der nächsten Woche gleich bleiben.*

Kann in vertrauten oder alltäglichen Situationen auf einfache Art Bedürfnisse mitteilen.

> *Kann in einem Geschäft, in dem die Waren ausgestellt sind, verlangen, was sie möchte.*
>
> *Kann in einem Kurs der Leiterin mitteilen, dass sie zur Lösung der Aufgabe noch mehr Zeit braucht.*
>
> *Kann am Arbeitsplatz bei einem Problem mit dem Computer eine Kollegin um Hilfe bitten.*

Kann in einem Gespräch einfache Fragen beantworten und auf einfache Aussagen reagieren.

Kann in einem Interview mit einfachen Worten ihre Ausbildung und jetzige Tätigkeit beschreiben.

Kann auf Aussagen einer Kollegin über ihr Heimatland reagieren und selbst einfache Auskünfte über die eigene Heimat geben.

Kann bei der Anmeldung zu einem Kurs die persönlichen Daten nennen und andere relevante Angaben machen.

Kann das Wesentliche kurzer, einfacher und alltäglicher Telefonanrufe verstehen und entsprechend antworten.

Kann am Arbeitsplatz einen Anruf entgegennehmen, in dem eine Terminänderung mitgeteilt wird.

Kann einem Anrufer sagen, dass der Mitbewohner in zwei Stunden wieder da ist.

Kann eine Kollegin, die wegen der gemeinsamen Mittagspause anruft, bitten, dass sie noch 10 Minuten auf ihn wartet.

Kann in verschiedenen alltäglichen Situationen einfache Formen des Grüßens, der Anrede, von Bitten, Entschuldigungen und des Dankens anwenden.

Kann in einem Restaurant die Bedienung höflich rufen und um einen Aschenbecher bitten.

Kann um Entschuldigung bitten, wenn er in einer Besprechung gestört hat.

Kann eine unbekannte Person kurz ansprechen und sich für die Auskunft bedanken.

Kann in einer vertrauten Situation einfache Vorschläge machen und auf Vorschläge reagieren, z. B. zustimmen, ablehnen oder Alternativen vorschlagen.

Kann im Gespräch mit Freunden einen Vorschlag machen, der das Ausgehen am Abend betrifft.

Kann am Arbeitsplatz vorschlagen, in der Mittagspause einmal in ein anderes Lokal zu gehen.

Kann bei einer Projektarbeit sagen, welche Arbeitsschritte in welcher Reihenfolge sie für gut hält.

Kann in einfachen formellen Gesprächen wichtige Informationen verstehen und geben, wenn er/sie direkt danach gefragt wird.

Kann bei einer Besprechung sagen, bis wann sie mit einer Arbeit fertig ist.

Kann bei einer Besprechung verstehen, welche Aufgaben er für die nächste Woche hat, und nachfragen, was er zuerst machen soll.

Kann in einem Gespräch mit der Kursleiterin über den Kursverlauf sagen, welche Aufgaben für ihn besonders schwer waren.

Kann Gefühle wie Angst oder Freude auf sehr einfache Art ausdrücken und bei Nachfragen antworten.

Kann bei seinem Geburtstagsfest sagen, dass er sich über das Geschenk freut.

Kann einer Kollegin sagen, dass er vor der Besprechung mit dem Chef nervös ist.

Kann ihren Kurskollegen sagen, dass die gemeinsame Gruppenarbeit Spaß gemacht hat.

Kann in einem alltäglichen Gespräch auf einfache Art seine/ihre Meinung oder Vorlieben und Abneigungen mitteilen.

Kann ihre Meinung über das Essen äußern und andere nach ihrer Meinung fragen.

Kann erklären, warum sie eine bestimmte Freizeitaktivität nicht machen möchte.

Kann sagen, welche Arbeiten sie in der Firma gern macht und was sie besonders gut kann.

Kann in alltäglichen Situationen bei Unklarheiten die Gesprächspartner um Wiederholung oder Klärung bitten.

Kann den Kursleiter bitten, eine Aufgabenstellung mit einem Beispiel zu erklären.

Kann einen Kollegen bitten, ihm die einzelnen Arbeitsschritte, die er machen muss, noch einmal zu wiederholen.

Kann in einem Gespräch einen Freund bitten, das eben Gesagte zu wiederholen.

Globale Kannbeschreibungen: Interaktion schriftlich

Kann in sehr vertrauten Situationen mit einem ausreichend großen Wortschatz kurze, einfache Mitteilungen mit sehr formelhaften, vorgefertigten Ausdrücken schreiben.

Kann kurze persönliche Texte, die Sozialkontakten dienen und sich in einfacher Form auf Ereignisse und Wünsche beziehen, verstehen und mit einfachen sprachlichen Mitteln darauf reagieren.

Kann einige wichtige orthographische Regeln in häufig gebrauchten Wörtern so anwenden, dass aufgrund der Schreibung nur selten Missverständnisse entstehen.

Detaillierte Kannbeschreibungen *mit Beispielen*: Interaktion schriftlich

Kann kurze, einfache, oft formelhafte Mitteilungen schreiben, die alltägliche Bereiche und Bedürfnisse betreffen.

> *Kann in einer kurzen Notiz einen Kollegen um präzise Auskunft bitten.*

> *Kann einer Wohnungskollegin eine Notiz hinterlassen, in der sie darüber informiert, wann sie zurückkommt.*

> *Kann einer Kontaktperson eine E-Mail oder Faxmitteilung über vereinbarte Termine schicken.*

Kann kurze Informationen zu vertrauten Bereichen einholen und geben.

> *Kann einer Kollegin schriftlich erklären, wo er wohnt und wie man dort hinkommt.*

> *Kann einem Kollegen einen Zettel hinterlegen, auf dem er nachfragt, wo und wie er sich bei der Behörde anmelden muss.*

> *Kann einem im Kurs abwesenden Kollegen die Aufgaben für die nächste Stunde auf einem Notizzettel weitergeben.*

Kann einfache und sehr gebräuchliche Formulare, die persönliche oder berufsbezogene Angaben erfordern, ausfüllen.

> *Kann bei einem erstmaligen Arztbesuch das Formular mit den erforderlichen persönlichen Daten und Versicherungsangaben ausfüllen.*

> *Kann in der Firma ein Standardformular ausfüllen, um Urlaub zu beantragen.*

> *Kann in einem Fragebogen über ihre speziellen Kenntnisse Auskunft geben.*

Kann sehr einfache persönliche Briefe, Postkarten und E-Mails schreiben und darin Persönliches austauschen.

> *Kann eine Freundin mit einer Postkarte zu ihrem Geburtstagsfest einladen.*

> *Kann in einem kurzen Brief einem Kollegen für einen Gefallen danken.*

> *Kann einem Kollegen eine einfache E-Mail mit persönlichen Neuigkeiten schicken.*

Kann in offiziellen Schreiben Gruß-, Anrede-, Bitt- und Dankesformeln anwenden.

> *Kann in einer schriftlichen Anfrage an einen Kursanbieter passende Anrede- und Grußformeln einsetzen.*

> *Kann an seinem Arbeitsplatz eine einfache Bestellung für Büromaterial verfassen.*

> *Kann auf eine Einladung zu einem formellen Anlass reagieren und sich entschuldigen.*

Globale Kannbeschreibungen: Rezeption mündlich

Kann in Standardsprache gesprochene einfache Sätze, häufig gebrauchte Strukturen und Wörter aus wichtigen Alltagsbereichen (z. B. Informationen zu Person und Familie, Einkaufen, lokale Umgebung, Beschäftigung) verstehen.

Kann in Texten, die deutlich und langsam in Standardsprache gesprochen werden und von vertrauten Dingen handeln, die Themen erkennen.

Kann in deutlich gesprochenen Texten zu vertrauten Themen, die Internationalismen enthalten und Pausen zur Erfassung der Bedeutung bieten, einzelne Aussagen verstehen.

Kann in einfachen, kürzeren Texten alltägliche Themen identifizieren und einfache, für persönliche Bedürfnisse wichtige Informationen verstehen.

Detaillierte Kannbeschreibungen *mit Beispielen*: Rezeption mündlich

Kann in vertrauten Situationen einfache sachliche Informationen und Zahlenangaben verstehen.

> *Kann in einem Geschäft mit Bedienung mündlich angegebene Preise verstehen.*
>
> *Kann als Kellner die Standardbestellungen der Gäste verstehen.*
>
> *Kann als Teilnehmerin an einem Kurs die Ankündigung, dass der Kurs in der nächsten Woche entfällt, verstehen.*

Kann die Hauptaussage kurzer, einfacher und eindeutiger Ansagen oder Durchsagen verstehen.

> *Kann beim Autofahren im Radio-Verkehrsfunk verstehen, dass „die Autobahn A 7 gesperrt ist".*
>
> *Kann im Schwimmbad die Durchsage, dass ein Auto (mit Nennung des Kennzeichens) falsch geparkt hat, verstehen.*
>
> *Kann im Kaufhaus die Durchsage, dass in wenigen Minuten geschlossen wird, verstehen.*

Kann in alltäglichen Situationen einfache Anweisungen verstehen.

> *Kann die Beschreibung, wie man einen Weg zu Fuß oder mit öffentlichen Verkehrsmitteln zurücklegt, verstehen.*
>
> *Kann verstehen, was sie mit ihren Kurskolleginnen in einer Teamarbeit machen soll.*
>
> *Kann beim Arzt die Anweisung verstehen, wie oft und in welcher Dosis er ein Medikament einnehmen soll.*

Kann in Gesprächen, die in seiner/ihrer Gegenwart stattfinden, das Thema erkennen, wenn das Gespräch langsam geführt und deutlich Standardsprache gesprochen wird.

> *Kann als zuhörender Gast in einer Familie aus einem Gespräch Informationen über die Familienverhältnisse verstehen.*
>
> *Kann in einem Gespräch zwischen Kolleginnen, bei dem sie als Zuhörerin anwesend ist, das Thema erkennen.*
>
> *Kann bei einem Pausengespräch in der Firma als zufällige Zuhörerin Daten und Fristen für einen Auftrag verstehen.*

Kann kurzen, deutlich gesprochenen Hörtexten über vorhersehbare alltägliche Dinge wesentliche Informationen entnehmen.

> *Kann den Sportnachrichten im Radio ihn interessierende Ergebnisse entnehmen.*
>
> *Kann im Radiowetterbericht die vorausgesagten Temperaturen für den nächsten Tag verstehen.*
>
> *Kann in Radionachrichten nach einer Wahl, die sie interessiert, verstehen, welche Parteien gewonnen und welche verloren haben.*

Kann die Grundaussagen einer Fernsehsendung verstehen, wenn diese durch Bilder oder gespielte Handlungen unterstützt werden.

> *Kann als Zuschauerin von Fernsehnachrichten dem Wechsel der Beiträge folgen und das jeweilige Thema in groben Zügen verstehen.*
>
> *Kann in einer Fernsehnachricht mit Bildern über eine Katastrophe ungefähr verstehen, was passiert ist.*
>
> *Kann in einer Filmszene, in der die Darstellung den Dialog wesentlich unterstützt, Teile des Inhalts verstehen.*

Kann die wichtigsten Fakten einer einfachen Präsentation zu einem vertrauten Thema verstehen, wenn diese visuell und/oder gestisch unterstützt wird.

Kann als Mitarbeiter einer Firma bei einer Präsentation einfache Informationen über die Geschäftsentwicklung verstehen, wenn diese gleichzeitig veranschaulicht werden.

Kann im Flugzeug den Sicherheitsanweisungen des Bordpersonals folgen.

Kann einfache Informationen, die bei einer touristischen Führung gegeben werden, verstehen.

Kann dem Handlungsstrang einer einfachen und alltäglichen Geschichte in groben Zügen folgen.

Kann in einem Bericht über eine Reise verstehen, an welche Orte die Reise geführt hat.

Kann bei einer Führung Teile einer einfachen Geschichte, die zu einer Sehenswürdigkeit erzählt wird, verstehen.

Kann als Zuhörerin eines Märchens in groben Zügen verstehen, an welchen Orten die Geschichte gerade spielt und was passiert.

Globale Kannbeschreibungen: Rezeption schriftlich

Kann die Grundaussage einfacher und übersichtlicher Texte verstehen, die Bereiche und Bedürfnisse des alltäglichen Lebens betreffen.

Kann einfache und in der Form typische Texte über vertraute Themen verstehen, wenn diese großteils aus häufig gebrauchten Wörtern und Strukturen bestehen und/oder einige Internationalismen enthalten.

Kann längeren Texten aus ihn/sie interessierenden Bereichen einzelne Informationen entnehmen.

Detaillierte Kannbeschreibungen *mit Beispielen*: Rezeption schriftlich

Kann in einfachen Alltagstexten spezifische, zu erwartende Informationen auffinden und verstehen.

> *Kann in einer Anzeige eines Supermarktes verstehen, welche Artikel gerade im Sonderangebot sind.*

> *Kann in der Zeitungsvorschau auf ein Musikfestival herausfinden, ob ein Angebot für die eigenen Interessen dabei ist.*

> *Kann der Info-Broschüre einer Sprachschule Einzelheiten über Unterrichtszeiten, Termine und Räume entnehmen.*

Kann in listenartigen Texten zu vertrauten Themen spezifische Informationen auffinden und die gesuchte Information entnehmen.

> *Kann im Branchenverzeichnis des Telefonbuchs eine bestimmte Dienstleistung oder einen Handwerker finden.*

> *Kann aus einem Fahrplan mehrere Fahrtmöglichkeiten zu einem bestimmten Reiseziel heraussuchen.*

> *Kann in einem Katalog gezielt Ersatzteile zu einem ihm vertrauten Gerät auffinden.*

Kann in Texten mit Illustrationen und anderen Wort-Bild-Kombinationen die Hauptinformation verstehen.

> *Kann auf einer Wetterkarte die Prognose mit Hilfe der Legende verstehen.*

> *Kann in der Programmvorschau die Themen von Fernsehsendungen auch mit Hilfe von Abbildungen oder Logos identifizieren.*

> *Kann im Handbuch für ein Faxgerät, das er am Arbeitsplatz benutzt, einen Vorgang (z. B. „Nummern speichern") verstehen.*

Kann kurzen, alltäglichen informierenden Texten wichtige Informationen entnehmen.

> *Kann auf dem Etikett eines Lebensmittels Informationen (z. B. Ablaufdatum, Haltbarkeit und Mengenangaben) verstehen.*

> *Kann in der Apotheke ein Medikament identifizieren, das für alltägliche Beschwerden (z. B. Halsweh, Kopfweh) geeignet ist.*

> *Kann Hinweise verstehen, was für Notdienste es gibt und wie man diese verständigt.*

Kann an öffentlichen Orten häufig vorkommende Schilder und Aufschriften verstehen.

> *Kann am Arbeitsplatz die wichtigsten Hinweise (z. B. „Eintritt nur mit Schutzkleidung") verstehen.*

> *Kann sich auf dem Postamt anhand der dort üblichen Schilder und Aufschriften orientieren.*

> *Kann, wenn sie mit dem Auto unterwegs ist, häufige Hinweisschilder wie „Straße gesperrt" verstehen.*

Kann einfachen, klar formulierten Anzeigen in der Zeitung mit wenigen Abkürzungen wichtige Informationen entnehmen.

> *Kann in Kleinanzeigen die Anzahl der Zimmer, die Größe und den Preis einer Wohnung verstehen.*

> *Kann in Kleinanzeigen die Angebote zu gebrauchten Computern (z. B. Preis, Leistung, Zubehör) verstehen.*

> *Kann in Stellenanzeigen überprüfen, ob für ihren Beruf Angebote enthalten sind.*

Kann kurzen Zeitungsberichten, die stark auf Namen, Zahlen, Überschriften und Bildern aufbauen, wichtige Informationen entnehmen.

Kann nach einem Sportereignis, das ihn interessiert, in der Zeitung die Resultate verstehen.

Kann nach einem Unfall aus der Zeitung entnehmen, was wann wo geschah.

Kann einer Nachricht über ein Jubiläum einer bekannten Person wichtige biografische Angaben und Stationen aus deren Leben entnehmen.

Kann in kurzen, einfach strukturierten Geschichten den Inhalt im Wesentlichen verstehen.

Kann in einer kurzen Geschichte über einen Umzug verstehen, was dabei Besonderes passiert ist.

Kann in einer kurzen Erzählung, die von Erlebnissen in der Kindheit handelt, die wichtigsten Ereignisse verstehen.

Kann in einer kurzen Erzählung über die Schulzeit verstehen, was die Hauptfigur gern gemacht hat und wovor sie Angst hatte.

Kann einfachen Standardbriefen wichtige Informationen entnehmen.

Kann am Arbeitsplatz eine Routinebestellung verstehen, die einfache Angaben enthält.

Kann eine E-Mail verstehen, in der die Reservierung eines Hotelzimmers bestätigt wird.

Kann Lieferscheine und Rechnungen sortieren, ohne sie im Detail zu verstehen.

Kann einfache Anleitungen verstehen, wenn sie schrittweise aufgebaut sind und durch Illustrationen unterstützt werden.

Kann in einem Lehrbuch Arbeitsaufgaben und Anweisungen verstehen, um diese selbstständig ausführen zu können.

Kann einfachen Anleitungen zur Zubereitung von Lebensmitteln (z. B. auf einer Packung Spaghetti) folgen.

Kann mit Hilfe der Anweisungen einen Bargeldautomaten bedienen.

Kann Verträgen Informationen entnehmen, die den Kernbereich (Preise, Fristen, Gültigkeit) betreffen.

Kann einfache Informationen (z. B. die Höhe der monatlichen Miete und die Fälligkeit) aus einem Mietvertrag entnehmen.

Kann den Garantiebedingungen seiner Stereoanlage entnehmen, wie lange die Garantie gilt.

Kann im Arbeitsvertrag die Angaben zur Arbeitszeit verstehen.

Kann einfache Unterlagen oder kurze Berichte zu vertrauten Themen verstehen.

Kann im Bericht über eine Mitarbeiterbesprechung verstehen, was für den Arbeitsablauf wichtig ist.

Kann den Kursunterlagen entnehmen, was an den jeweiligen Terminen schwerpunktmäßig behandelt wird.

Kann im Programm einer Gruppenreise die Stationen der Reise, die Besichtigungen und das Rahmenprogramm verstehen.

Kann bei der Anwendung von Computerprogrammen häufige Befehlsbezeichnungen und einfache Rückmeldungen verstehen.

Kann in einem einfachen Text- oder E-Mail-Programm die Schritte zum Verfassen eines Textes verstehen.

Kann die Arbeitsschritte und Befehle verstehen, um mit einer Lernsoftware arbeiten zu können.

Kann eine Rückmeldung des E-Mail-Programms verstehen (z. B. „Der angewählte Computer reagiert nicht").

Globale Kannbeschreibungen: Produktion mündlich

Kann sich in alltäglichen Situationen mit einfachen sprachlichen Mitteln ausdrücken, wobei er/sie oft Pausen macht, um nach Wörtern zu suchen.

Kann sich mit einfachen Ausdrücken und manchmal mit kurzen Sätzen über alltägliche Aspekte der eigenen Lebensumgebung (z. B. Leute, Orte und Plätze, Arbeits- oder Studienerfahrungen) einigermaßen korrekt äußern.

Kann sich einfach über vertraute Themen und persönliche Interessengebiete mit einem sehr begrenzten Repertoire an Wörtern und einfachen Strukturen äußern.

Kann in seinen/ihren Aussagen meist deutlich machen, was er/sie sagen möchte, und dabei einfache Strukturen einigermaßen korrekt verwenden.

Kann seine/ihre Äußerungen im Allgemeinen verständlich aussprechen, auch wenn ein klar erkennbarer fremder Akzent hörbar ist.

Kann in einfachen Sätzen Satzakzent und Sprechmelodie meist richtig einsetzen und längere Aussagen mit Pausen gliedern.

Kann mit einfachen Signalwörtern wie „zuerst", „dann", „nachher", „später", „zum Schluss" über ein Ereignis in seiner zeitlichen Abfolge berichten.

Kann Ausdrücke und einfache Sätze mit einfachen Konnektoren wie „und", „aber" oder „weil" verbinden.

Detaillierte Kannbeschreibungen *mit Beispielen*: Produktion mündlich

Kann ihm/ihr vertraute Dinge oder Personen in einfacher Form beschreiben.

> *Kann sich selbst und die eigene Familie beschreiben.*
>
> *Kann seine frühere Arbeitsstelle und seine Tätigkeiten beschreiben.*
>
> *Kann beschreiben, wo und wie sie wohnt.*

Kann einfach und kurz von persönlichen Erfahrungen, Ereignissen und eigenen Aktivitäten berichten.

> *Kann den eigenen Ausbildungsweg mit den wichtigsten Stationen schildern.*
>
> *Kann im Unterricht über persönliche Gewohnheiten in der Freizeit berichten.*
>
> *Kann von einem größeren privaten Ereignis (z. B. dem Umzug der Familie) erzählen.*

Kann über alltägliche Dinge auf einfache Weise seine/ihre Meinung äußern.

> *Kann erklären, welche Speisen sie gern mag oder welche sie nicht essen möchte oder darf.*
>
> *Kann sagen, warum sie eine bestimmte Sportart besonders gut findet.*
>
> *Kann sagen, welche Arbeiten sie in der Firma gern macht.*

Kann über Pläne und Absprachen mit anderen in einfacher Form sprechen.

> *Kann einer Arbeitskollegin die geplanten Aktivitäten für das kommende Wochenende schildern.*
>
> *Kann nach einer Besprechung die Vorhaben für die nächste Zeit wiedergeben.*
>
> *Kann in einem Kurs vor einer längeren Kursunterbrechung berichten, welche Pläne sie für die kursfreie Zeit hat.*

Kann mit einfachen sprachlichen Mitteln Vermutungen äußern.

> *Kann auf einem Fest mögliche Gründe äußern, warum ein Freund noch nicht da ist.*
>
> *Kann bei einer Sportübertragung sagen, wie das Spiel seiner Meinung nach ausgeht.*
>
> *Kann gegenüber einer Arbeitskollegin sagen, was sie denkt, wenn die Chefin auffallend gute Laune hat.*

Kann eine kurze Geschichte erzählen, indem er/sie die Einzelheiten in einfacher Form aneinander reiht.

Kann über die wichtigsten Stationen einer Reise in chronologischem Ablauf erzählen.

Kann von einem kurzen Fernsehspot, der ihr gut gefallen hat, erzählen.

Kann eine Episode aus ihrer Schulzeit erzählen, welche Rolle sie dabei gespielt hat und wer dabei war.

Kann verständlich Zahlenangaben machen (z. B. Jahreszahlen, Datumsangaben, wichtige Nummern).

Kann beim Erzählen über seine Stadt Jahreszahlen nennen.

Kann auf einem Amt sein Geburtsdatum mit Ordinalzahlen angeben.

Kann ohne Probleme die Telefonnummer der Firma und die Durchwahl einer Kollegin nennen.

Kann vor Publikum mit kurzen, eingeübten Wendungen etwas vortragen oder ankündigen.

Kann am Abschluss eines Kurses ein paar Abschiedsworte im Namen der Gruppe sagen.

Kann im Rahmen eines Essens oder Umtrunks kurze Dankesworte aussprechen.

Kann in einer Gruppe organisatorische Ansagen machen (z. B. zur Abfahrtszeit oder zum nächsten Treffpunkt).

Kann Basisinformationen über sehr vertraute Themen mit einfachen sprachlichen Mitteln kurz präsentieren.

Kann im Unterricht mit Hilfe einer Landkarte oder eines Posters den eigenen Wohnort vorstellen.

Kann mit Hilfe von Fotos der Gastfamilie kurz von ihrem Alltag zu Hause berichten.

Kann bei einer Besprechung mit Hilfe einer Folie darstellen, wer aus dem Team die einzelnen Teile eines Projektes bearbeitet hat.

Kann mit einfachen Mitteln beschreiben, wie man etwas macht.

Kann erklären, wie man vom Kursort am besten zu einem vereinbarten Treffpunkt kommt.

Kann einer Studienkollegin erklären, welche Dinge sie in den ersten Tagen ihres Gastaufenthaltes erledigen muss.

Kann einem Gast erklären, wie man von einer Telefonzelle aus telefonieren kann.

Globale Kannbeschreibungen: Produktion schriftlich

Kann mit einfachen Ausdrücken und kurzen Sätzen über alltägliche Aspekte der eigenen Lebensumgebung (z. B. Leute, Orte und Plätze, Arbeits- oder Studienerfahrungen) einigermaßen korrekt schreiben.

Kann sich einfach über vertraute Themen und persönliche Interessengebiete mit einem begrenzten Repertoire an Wörtern und Strukturen äußern.

Kann ein Ereignis mit einfachen Signalwörtern wie „zuerst", „dann", „nachher", „später", „zum Schluss" in seiner zeitlichen Abfolge darstellen.

Kann einfache Sätze schreiben und diese mit einfachen Konnektoren wie „und", „aber" oder „weil" verbinden.

Kann einige wichtige orthographische Regeln einigermaßen korrekt anwenden.

Detaillierte Kannbeschreibungen *mit Beispielen*: Produktion schriftlich

Kann vertraute Personen oder Dinge verständlich beschreiben.

> *Kann Personen, die sie gut kennt, beschreiben.*
>
> *Kann beschreiben, was ihr liebstes Hobby ist und was sie dafür braucht.*
>
> *Kann darüber schreiben, wo seine Wohnung liegt und wie sie aussieht.*

Kann alltägliche Aspekte der eigenen Situation mit einfachen Mitteln beschreiben.

> *Kann kurz schriftlich Auskunft über Tätigkeiten am Arbeitsplatz geben.*
>
> *Kann beschreiben, wie oft er einen Kurs besucht, welche Kollegen er dort hat und wie die Kursatmosphäre ist.*
>
> *Kann ihren täglichen Weg zum Arbeits- oder Kursort beschreiben.*

Kann sehr kurze, einfache Beschreibungen über persönliche Erfahrungen, Ereignisse und eigene Aktivitäten machen.

> *Kann einen einfachen erzählenden Text über die vergangenen Ferien schreiben.*
>
> *Kann eine Party mit einfachen Sätzen beschreiben (z. B. was wann wo stattgefunden hat).*
>
> *Kann beschreiben, wie ein besonderes Ereignis (z. B. ein religiöses Fest) gefeiert wird.*

Kann mit Hilfe von Textbausteinen oder Mustern Informationen aus einem vertrauten Bereich aufschreiben.

> *Kann eine Bestellliste für das Büromaterial schreiben, das er an seinem Arbeitsplatz braucht.*
>
> *Kann nach einer Vorlage eine eigene Sprachlernbiografie schreiben, die wichtige Abschnitte und Stationen enthält.*
>
> *Kann mit Hilfe einer Vorlage einen tabellarischen Lebenslauf schreiben.*

Kann über alltägliche Dinge schreiben und dabei auf einfache Weise seine/ihre Meinung ausdrücken.

> *Kann seinen Wohnort beschreiben und dessen Vor- und Nachteile benennen.*
>
> *Kann beschreiben, welches neue Hobby sie hat und was ihr daran gut gefällt.*
>
> *Kann beschreiben, was er an seinem jetzigen Arbeitsplatz nicht gut findet.*

Kann in vertrauten Situationen wichtige Informationen für sich notieren.

> *Kann als Grundlage für eine Besprechung die in der letzten Woche erledigten Arbeiten notieren.*
>
> *Kann einen Einkaufszettel für die täglichen Besorgungen schreiben.*
>
> *Kann für eine Besprechung im Kurs notieren, was ihr bisher leicht oder schwer gefallen ist.*

Kann Pläne und Aufgaben kurz und in einfacher Form aufschreiben.

> *Kann bei einer Teamarbeit die übernommenen Aufgaben aufschreiben.*
>
> *Kann nach einer Besprechung den Arbeitsplan für die nächsten Tage notieren.*
>
> *Kann festhalten, was sie anlässlich eines Besuches bei einer Freundin in einer anderen Stadt machen will.*

Globale Kannbeschreibungen: Sprachmittlung mündlich
aus dem Deutschen

Kann wichtige, erwartbare Informationen aus kurzen mündlichen deutschsprachigen Texten zu alltäglichen und vertrauten Themen, die deutlich in Standardsprache gesprochen werden, in groben Zügen anderen Personen in der gemeinsamen Sprache weitergeben.

Kann eventuell mit Hilfe eines Wörterbuches Hauptinhalte aus einfachen, klar strukturierten schriftlichen deutschen Texten, die konkrete Bereiche und Bedürfnisse des alltäglichen Lebens betreffen, in groben Zügen anderen Personen in der gemeinsamen Sprache weitergeben.

Detaillierte Kannbeschreibungen *mit Beispielen*: Sprachmittlung mündlich
aus dem Deutschen

Kann aus einer kurzen mündlichen deutschsprachigen Äußerung einfache, erwartbare Informationen zu vertrauten Themen anderen Personen in der gemeinsamen Sprache weitergeben.

> *Kann die wichtigsten Punkte einer deutschsprachigen Mitteilung auf dem Anrufbeantworter zu einer Terminverschiebung einer Arbeitskollegin in der gemeinsamen Sprache weitergeben.*

> *Kann einzelne Stationen einer klar strukturierten deutschsprachigen Wegerklärung (z. B. „Zuerst geradeaus, dann bis zur Ampel und dann …") einem Touristen in der gemeinsamen Sprache weitergeben.*

> *Kann einfache Teile einer deutschsprachigen Programmansage (z. B. Beginn, Dauer einer Fernsehsendung) einem Freund in der gemeinsamen Sprache weitergeben.*

Kann aus einer kurzen mündlichen deutschsprachigen Äußerung einfache Informationen über Personen (z. B. Herkunft, Hobbys, Ausbildung) anderen Personen in der gemeinsamen Sprache weitergeben.

> *Kann einen deutschen Bekannten mit einer Freundin bekannt machen und im Gespräch einfache deutschsprachige Informationen (z. B. zu Wohnort, Beruf, Hobby) der Freundin in der gemeinsamen Sprache weitergeben.*

> *Kann einfache deutschsprachige Informationen eines Touristen zu seinen Reiseerfahrungen und -plänen (z. B. wo er war und wohin er möchte) einer Kollegin in der gemeinsamen Sprache weitergeben.*

> *Kann einfache Fragen einer deutschsprachigen Gaststudentin (z. B. „Was studierst du? Wie lange noch? Wie heißt der Professor?") für eine Mitstudentin in die gemeinsame Sprache übersetzen.*

Kann einfache und erwartbare deutschsprachige Wünsche, Anweisungen oder Aufforderungen anderen Personen in der gemeinsamen Sprache weitergeben.

> *Kann auf dem Ausländeramt kurze, einfache Erklärungen eines deutschen Beamten (z. B." Machen Sie zuerst ein Passfoto und dann …") einer Freundin in der gemeinsamen Sprache weitergeben.*

> *Kann im Krankenhaus einfache Anweisungen des deutschsprachigen Krankenpflegers (z. B. wie man die Klingel bedient, wo Rauchen erlaubt ist) seinem verletzten Freund in der gemeinsamen Sprache weitergeben.*

> *Kann auf einer Messe eine Einladung des deutschsprachigen Geschäftspartners einer Arbeitskollegin in der gemeinsamen Sprache weitergeben.*

Kann einige wichtige Informationen aus deutschsprachigen listenähnlichen Texten oder Aufschriften zu vertrauten Themen anderen Personen in der gemeinsamen Sprache weitergeben.

> *Kann in einem Restaurant an der Nordsee wichtige deutsche Begriffe auf der Speisekarte für eine Reisepartnerin in die gemeinsame Sprache übersetzen.*

> *Kann am Bahnhof in München wichtige Informationen aus dem deutschsprachigen Fahrplan für einen Touristen aus seiner Heimat in die gemeinsame Sprache übersetzen.*

> *Kann bei einer Autofahrt häufige Hinweisschilder wie „Straße gesperrt Umleitung über …" für seinen Freund in die gemeinsame Sprache übersetzen.*

Kann einfache Informationen von persönlichem oder allgemeinem Interesse aus schriftlichen deutschsprachigen Texten, die klar strukturiert sind und durch Bilder verdeutlicht werden, anderen Personen in groben Zügen in der gemeinsamen Sprache weitergeben.

> *Kann aus einer deutschsprachigen Zeitschrift die Hauptinformationen einer Nachricht über eine Naturkatastrophe (z. B. Wann? Wo? Wer?) einem Kollegen in groben Zügen in der gemeinsamen Sprache weitergeben.*

> *Kann einfache Informationen einer deutschsprachigen Zeitungsmeldung zum Thema „Basketball" (z. B. Ort, Zeit, Endergebnis) einer Kollegin in der gemeinsamen Sprache weitergeben.*

> *Kann einfache Informationen aus einer deutschsprachigen Fernsehprogrammzeitschrift (z. B. Musikstil, Interpret) einem Besucher aus der Heimat in der gemeinsamen Sprache weitergeben.*

Kann einzelne wichtige Informationen aus einfachen deutschsprachigen Schreiben zu vertrauten Themen anderen Personen in der gemeinsamen Sprache weitergeben.

> *Kann die wichtigsten Informationen aus einem deutschsprachigen Memo zu einem Treffen (z. B. Was? Wer? Warum? Wann? Wo?) einem Arbeitskollegen in der gemeinsamen Sprache weitergeben.*

> *Kann einen Hinweis auf ein Konzert (z. B. Ort, Wochentag und Zeit) in einer deutschsprachigen Newsgroup im Internet einer Kollegin in der gemeinsamen Sprache weitergeben.*

> *Kann Teile eines deutschsprachigen persönlichen Briefes (z. B. familiäre Situation, Fragen nach dem Befinden) einem Kollegen in der gemeinsamen Sprache weitergeben.*

Globale Kannbeschreibungen: Sprachmittlung mündlich
aus einer anderen Sprache

Kann aus mündlichen Texten einer anderen Sprache wichtige Informationen mit einfachen Worten an Deutschsprachige auf Deutsch weitergeben, wobei manchmal auch die Hilfe der Gesprächspartner beim Formulieren nötig ist.

Kann aus schriftlichen Texten einer anderen Sprache, die alltägliche oder vertraute Dinge betreffen, wichtige Informationen mit einem sehr begrenzten Repertoire an Wörtern und einfachen Strukturen, eventuell auch mit Hilfe eines Wörterbuches, an Deutschsprachige auf Deutsch weitergeben, wobei er/sie oft Pausen macht, um nach Wörtern zu suchen.

Detaillierte Kannbeschreibungen *mit Beispielen:* Sprachmittlung mündlich
aus einer anderen Sprache

Kann in alltäglichen Situationen geläufige mündliche Informationen, Fragen oder Wünsche in einer anderen Sprache Deutschsprachigen einfach auf Deutsch weitergeben.

> *Kann beim Einkaufen die Wünsche eines Freundes für die deutschsprachige Verkäuferin mit einfachen Worten auf Deutsch zusammenfassen.*

> *Kann die Anweisungen des Ordnungsdienstes (z. B. den Wagen anders zu parken) einer deutschsprachigen Touristin mit einfachen Worten auf Deutsch weitergeben.*

> *Kann in einem öffentlichen Gebäude beim Empfang einfache Anweisungen des Portiers (z. B. wo man warten soll) einem deutschsprachigen Partner auf Deutsch weitergeben.*

Kann einzelne Teile aus anderssprachigen mündlichen Anweisungen oder Durchsagen Deutschsprachigen mit einfachen Worten auf Deutsch weitergeben.

> *Kann am Bahnhof einzelne Punkte einer anderssprachigen Durchsage (z. B. Zugverspätung) einer deutschsprachigen Geschäftspartnerin auf Deutsch weitergeben.*

> *Kann anderssprachige Anweisungen eines Polizisten zur Reiseroute (z. B. kürzester Weg und Straßenzustand) für einen deutschsprachigen Freund auf Deutsch zusammenfassen.*

> *Kann am Busbahnhof wichtige Informationen einer anderssprachigen Durchsage (z. B. Abfahrtszeit, Nummer seines Busses) einem deutschsprachigen Touristen auf Deutsch weitergeben.*

Kann aus einer anderen Sprache die wichtigsten Informationen aus schriftlichen Texten und Aufschriften von unmittelbarem oder aktuellem Interesse Deutschsprachigen mit einfachen sprachlichen Mitteln auf Deutsch weitergeben.

> *Kann an der Hotelrezeption einzelne Informationen aus einem Prospekt zum Freizeitangebot (z. B. Orts- und Zeitangaben für eine Sportart) einem deutschsprachigen Gast in einfachem Deutsch weitergeben.*

> *Kann beim Essen Informationen auf der Speisekarte zu typischen Gerichten einem deutschsprachigen Geschäftspartner in einfachem Deutsch erklären.*

> *Kann die Hauptinformationen einer Zeitungsmeldung zu einem aktuellen Ereignis einer deutschsprachigen Mitstudentin mit sehr einfachen Worten auf Deutsch weitergeben.*

Kann aus einer anderen Sprache die wichtigsten Inhalte aus formellen und privaten Schreiben Deutschsprachigen mit einfachen Worten auf Deutsch weitergeben.

> *Kann Thema und Grund eines amtlichen Schreibens einer deutschsprachigen Praktikantin in einfachem Deutsch erklären.*

> *Kann am Arbeitsplatz wichtige Teile einer Bestellung per E-Mail einer deutschsprachigen Kollegin in einfachem Deutsch weitergeben.*

> *Kann wichtige Informationen aus einem Schreiben der Universität zu Kurszeiten, Preis und Kursaufbau einer deutschsprachigen Austauschstudentin auf Deutsch weitergeben.*

**Globale Kannbeschreibungen: Sprachmittlung mündlich
zwischen dem Deutschen und einer anderen Sprache**

Kann in einem Gespräch zwischen deutschsprachigen und anderssprachigen Gesprächspartnern einfache Informationen über vertraute Themen in beiden Sprachen wechselseitig weitergeben, wobei er/sie auf Deutsch ganz einfache Wörter und Strukturen verwendet und oft nach Wörtern suchen muss.

**Detaillierte Kannbeschreibungen *mit Beispielen*: Sprachmittlung mündlich
zwischen dem Deutschen und einer anderen Sprache**

Kann in einem Gespräch zwischen deutschsprachigen und anderssprachigen Teilnehmern die wichtigsten Informationen über ein Thema von unmittelbarer Bedeutung in beiden Sprachen wechselseitig sinngemäß weitergeben.

> *Kann in einem Gespräch auf der Straße zwischen einem deutschsprachigen Touristen und einem Einheimischen Fragen und Antworten zu Unterkunfts- und Verpflegungsmöglichkeiten in beiden Sprachen wechselseitig weitergeben.*

> *Kann zwischen einem deutschsprachigen Arzt und einem kranken Kollegen wichtige Fragen und Antworten zur Person und zum Befinden in beiden Sprachen wechselseitig weitergeben.*

> *Kann in einer ersten Begegnung zwischen Kolleginnen und einer deutschsprachigen Austauschstudentin, die neu im Studentenheim eingezogen ist, einfache Fragen und Antworten in beiden Sprachen wechselseitig weitergeben.*

Kann in einem einfachen Gespräch zwischen deutschsprachigen und anderssprachigen Personen einfache Informationen zu Personen (z. B. Herkunft, Hobbys, Ausbildung) in beiden Sprachen wechselseitig weitergeben.

> *Kann auf einem Amt im Gespräch zwischen einer Bekannten und einem deutschsprachigen Beamten einfache Fragen zu Wohnort, Beruf und Arbeit in beiden Sprachen wechselseitig weitergeben.*

> *Kann bei einem Tischgespräch zwischen der deutschsprachigen Gastfamilie und einem Austauschstudenten alltägliche Fragen und Antworten zu Familie, Ausbildung oder Hobby in beiden Sprachen wechselseitig weitergeben.*

> *Kann in einem Gespräch zwischen einer deutschsprachigen Gaststudentin und Mitstudentinnen Fragen und Antworten zu Herkunft und Studium in beiden Sprachen wechselseitig weitergeben.*

8.3 Kannbeschreibungen B1

Globale Kannbeschreibungen: Interaktion mündlich

Kann sich an Alltagsgesprächen beteiligen, falls deutlich gesprochen wird, muss aber manchmal um Wiederholung bestimmter Wörter und Wendungen bitten.

Kann im Allgemeinen seine/ihre Kenntnisse in der deutschen Sprache so korrekt anwenden, dass es trotz deutlicher Einflüsse seiner/ihrer Muttersprache im Bereich der Grammatik und Lexik nicht zu Missverständnissen kommt.

Kann sich in vertrauten alltäglichen Situationen mit einem Repertoire an oft gebrauchten Redefloskeln und Wendungen ziemlich korrekt verständigen.

Kann sich relativ mühelos ausdrücken und kann trotz einiger Formulierungsprobleme, die zu Pausen oder in Sackgassen führen, ohne Hilfe erfolgreich weitersprechen.

Kann mit etwas Mühe einen Großteil des in seiner/ihrer Umgebung Gesagten erfassen, kann es jedoch schwierig finden, sich effektiv an Diskussionen oder Gesprächen mit mehreren deutschsprachigen Gesprächspartnern zu beteiligen, wenn diese ihre Sprache in Sprechtempo und Schwierigkeitsgrad nicht anpassen.

Kann trotz erkennbarer Einflüsse seiner/ihrer Ausgangssprache auf die Aussprache im Deutschen so verständlich sprechen, dass die Gesprächspartner nur von Zeit zu Zeit um Wiederholung bitten müssen.

Kann ein einfaches Gespräch über vertraute oder ihn/sie interessierende Themen beginnen und führen.

Detaillierte Kannbeschreibungen *mit Beispielen*: Interaktion mündlich

Kann Informationen über bekannte Themen oder aus seinem/ihrem Fach- oder Interessengebiet austauschen.

> *Kann kurze telefonische Anfragen zu Produkten oder Arbeitsschritten stellen und beantworten.*
>
> *Kann in einer Gesprächsrunde über eigene Hobbys Auskunft geben und anderen Fragen zu ihren Hobbys stellen.*
>
> *Kann im Unterricht seine Ausbildung beschreiben und andere dazu befragen.*

Kann Gefühle ausdrücken und auf entsprechende Gefühlsäußerungen anderer reagieren.

> *Kann seine Überraschung über einen spontanen Besuch von Freunden ausdrücken.*
>
> *Kann einem Arbeitskollegen erklären, dass er sich von ihm in einer bestimmten Angelegenheit missverstanden fühlt.*
>
> *Kann am Telefon seine Wut über ein Ereignis oder eine Person äußern und auf die Wut eines anderen reagieren.*

Kann seine/ihre Meinung sagen und Vorschläge machen, wenn es darum geht, Probleme zu lösen oder praktische Entscheidungen zu treffen.

> *Kann mit einem Freund am Telefon besprechen, wie sie die gemeinsame Vorbereitung eines Festes organisieren wollen.*
>
> *Kann ihre Meinung dazu äußern, ob ein neues Gerät (z. B. ein Computer) für die Arbeit angeschafft werden soll.*
>
> *Kann in einer Lerngruppe Vorschläge machen, wie die gestellte Aufgabe gelöst werden kann.*

Kann jemanden in einer einfachen Angelegenheit beraten.

> *Kann in seinem Arbeitsbereich einem Kunden ein Gerät (z. B. einen Kopierer) empfehlen.*
>
> *Kann einem Freund zum Kauf eines Kleidungsstücks raten.*
>
> *Kann einem Partner Tipps zum Vokabellernen geben.*

Kann sich über einfache Sachverhalte beschweren.

> *Kann sich beim Hausmeister darüber beschweren, dass das Treppenhaus nicht regelmäßig geputzt wird.*
>
> *Kann sich in einem Lokal über eine falsche Rechnung beschweren.*
>
> *Kann eine beschädigte Lieferung telefonisch reklamieren.*

Kann in einfachen Situationen mit Behörden verkehren.

Kann bei der Polizei einen Diebstahl melden.

Kann ein Visum oder eine Arbeitsgenehmigung beantragen und diesbezügliche Fragen beantworten.

Kann bei einem Amt telefonisch einzelne Informationsschriften anfordern.

Kann in Gesprächen Fragen zu vertrauten Themen beantworten.

Kann in einem Straßeninterview Fragen zu ihren Einkaufsgewohnheiten beantworten.

Kann in einem Vorstellungsgespräch Fragen zur eigenen Ausbildung beantworten.

Kann beim Arzt mit einfachen Worten erklären, was ihm fehlt.

Kann die meisten Situationen bewältigen, die sich im Alltag oder auf Reisen ergeben.

Kann an der Hotelrezeption nach Sehenswürdigkeiten und Speiselokalen fragen.

Kann sich erklären lassen, wie sie mit öffentlichen Verkehrsmitteln zu einem bestimmten Platz kommt.

Kann an einem Schalter Fahrzeiten erfragen und Fahrkarten kaufen.

Kann konkrete Informationen überprüfen und bestätigen.

Kann telefonisch ihren Flug bestätigen.

Kann sich telefonisch einen Liefertermin bestätigen lassen.

Kann sich in einem Gespräch über die Inhalte einer Prüfung rückversichern.

Kann ohne Vorbereitung an Gesprächen über vertraute Themen teilnehmen.

Kann sich unter Freunden an einem Gespräch über ein ihm bekanntes Reiseland beteiligen.

Kann sich am Arbeitsplatz an einem Gespräch über die neue Kantine beteiligen.

Kann sich an einem Unterrichtsgespräch über Unterrichtserfahrungen beteiligen.

Kann an formellen Gesprächen teilnehmen und dabei Ansichten und Meinungen äußern.

Kann seine Meinung über eine Fortbildungsveranstaltung formulieren und andere Ansichten kommentieren.

Kann mit anderen über eine erledigte Arbeit diskutieren.

Kann als Teilnehmer an einem Studentenaustausch dem Betreuer seine Meinung über das Programm mitteilen.

Kann auch nicht alltägliche Situationen in Geschäften oder bei öffentlichen Dienstleistern bewältigen.

Kann in einem Geschäft ein Geschenk umtauschen.

Kann sich auf der Post nach einer verlorenen Sendung erkundigen.

Kann Fragen, die bei einer Kontoeröffnung gestellt werden, beantworten.

Kann relativ flüssig ein Telefonat als Auskunft suchende oder Auskunft gebende Person führen.

Kann gut verständlich einen Notfall telefonisch melden, Fragen dazu beantworten und einfache Anweisungen befolgen.

Kann telefonisch Interesse an einer Wohnung bekunden und Fragen zur Lage der Wohnung stellen.

Kann sich bei einer Behörde telefonisch über die Öffnungszeiten und die Unterlagen, die man mitbringen muss, erkundigen.

Globale Kannbeschreibungen: Interaktion schriftlich

Kann in alltäglichen Situationen mit einem ausreichend großen Wortschatz stichpunktartige Mitteilungen ziemlich korrekt schreiben.

Kann in persönlichen Briefen die Beschreibung von Ereignissen, Gefühlen und Wünschen gut genug verstehen, um regelmäßig mit einem befreundeten Briefpartner korrespondieren zu können.

Kann seine/ihre orthographischen Kenntnisse so korrekt anwenden, dass er/sie kaum Fehler macht, die zu Missverständnissen führen.

Detaillierte Kannbeschreibungen *mit Beispielen*: Interaktion schriftlich

Kann Informationen über bekannte Themen oder Themen aus seinem/ihrem Fach- oder Interessengebiet austauschen.

> *Kann kurze schriftliche Anfragen zu Produkten oder Arbeitsschritten stellen und beantworten.*

> *Kann in einer Newsgroup über eigene Hobbys Auskunft geben und anderen Fragen zu ihren Hobbys stellen.*

> *Kann in einem Brief an einen Bekannten seine Ausbildung beschreiben und den Bekannten zu seiner Ausbildung befragen.*

Kann kurze, einfache Sachinformationen, Aufgaben oder Problemstellungen weitergeben und erklären.

> *Kann per Laufzettel eine Terminänderung weitergeben und den Grund dafür angeben.*

> *Kann per E-Mail einem anderen Kursteilnehmer wichtige Absprachen aus der letzten Stunde weitergeben.*

> *Kann einem Freund per E-Mail weitergeben, was jemand auf den Anrufbeantworter gesprochen hat.*

Kann sich über einfache Sachverhalte beschweren.

> *Kann sich in einem Brief an seinen Vermieter über defekte Zimmer- oder Wohnungseinrichtungen (z. B. kaputte Beleuchtung oder kaputte Kochplatte) beschweren.*

> *Kann sich schriftlich über eine falsch gelieferte Ware beschweren.*

> *Kann per Fax eine zu hohe Rechnung reklamieren.*

Kann in einfachen Situationen mit Behörden verkehren.

> *Kann eine Diebstahlsanzeige aufgeben.*

> *Kann schriftlich ein Visum oder eine Aufenthaltsgenehmigung beantragen und diesbezügliche Formulare ausfüllen.*

> *Kann bei einem Amt schriftlich Informationsmaterial anfordern.*

Kann auf Annoncen und Inserate reagieren und mehr oder genauere Informationen zu den Produkten verlangen.

> *Kann schriftlich weitere Informationen über einen Urlaubsort anfordern.*

> *Kann in einem Brief sein Interesse an einer Wohnung bekunden und Fragen zur Lage der Wohnung stellen.*

> *Kann per E-Mail um Informationen zu verschiedenen Sprachkursen bitten.*

Kann Informationen überprüfen und bestätigen.

> *Kann per E-Mail ihren Flug bestätigen.*

> *Kann in einem Geschäftsbrief Lieferbedingungen bestätigen.*

> *Kann per Fax eine Preisbestätigung bei einer Firma einholen.*

Kann ein einfaches offizielles Schreiben verfassen oder beantworten.

> *Kann einen Antrag auf Befreiung von einer Prüfung stellen.*
>
> *Kann ein Hotelzimmer per Fax reservieren.*
>
> *Kann einem Kunden eine Mahnung schreiben.*

Kann gebräuchliche Formulare ausfüllen.

> *Kann ein Anmeldeformular für einen Feriensprachkurs (z. B. persönliche Angaben, Wünsche für Unterkunft und Kontakte) detailliert ausfüllen.*
>
> *Kann einen Antrag zur Eröffnung eines Bankkontos im Gastland ausfüllen.*
>
> *Kann beim Arzt in einem Formular ankreuzen, welche Krankheiten sie bereits gehabt hat.*

Kann in privater Korrespondenz Gefühle und Neuigkeiten mitteilen, von Ereignissen berichten und nach Neuigkeiten fragen.

> *Kann in einem Chat seine Enttäuschung über ein abgesagtes Konzert mitteilen.*
>
> *Kann in einem persönlichen Brief über einen traurigen Vorfall schreiben oder auf einen solchen Brief antworten.*
>
> *Kann in einer E-Mail eine Freundin nach ihrem Umzug in eine andere Stadt, über ihre neue Wohnung und Arbeit befragen.*

Globale Kannbeschreibungen: Rezeption mündlich

Kann dank eines ausreichend großen Wortschatzes viele Texte zu Themen des Alltagslebens (z. B. Familie, Hobbys, Interessen, Arbeit, Reisen, Tagesereignisse) verstehen.

Kann in alltäglichen Situationen oft gebrauchte Redefloskeln und Wendungen verstehen.

Kann auch in längeren Texten die Hauptaussagen verstehen, wenn deutlich in Standardsprache gesprochen wird und wenn es um vertraute Dinge aus den Bereichen Arbeit, Schule, Freizeit usw. geht.

Kann im Allgemeinen bei längeren Gesprächen, die in seiner/ihrer Gegenwart geführt werden, den Hauptaussagen folgen, sofern deutlich in Standardsprache gesprochen wird.

Detaillierte Kannbeschreibungen *mit Beispielen*: Rezeption mündlich

Kann einfache Informationen von unmittelbarer Bedeutung verstehen.

> *Kann am Telefon einfache Informationen über Ankunftszeiten oder Treffpunkte verstehen.*

> *Kann am Bankschalter verstehen, wann die Kontoauszüge geschickt werden.*

> *Kann im Unterricht Informationen zur Prüfungsvorbereitung oder zu Unterrichtszeiten verstehen.*

Kann Beschreibungen von vertrauten oder ihn/sie persönlich interessierenden Dingen verstehen.

> *Kann bei einer Präsentation eines neuen Produkts die Beschreibung der Neuerungen verstehen.*

> *Kann die Hauptinformationen einer Stadtführung verstehen.*

> *Kann in einem Referat aus seinem eigenen Fachgebiet die Vorgehensweise bei einer Untersuchung verstehen.*

Kann konkrete Anweisungen und Aufträge verstehen.

> *Kann eine telefonische Bestellung mit einfachen Daten (z. B. Menge oder Lieferfrist) entgegennehmen.*

> *Kann im Unterricht Arbeitsaufträge verstehen.*

> *Kann am Arbeitsplatz Aufträge von einem Vorgesetzten verstehen.*

Kann eine Argumentation über ein aktuelles oder vertrautes Thema in groben Zügen erfassen.

> *Kann in einer Diskussion von Arbeitskollegen die Argumente für oder gegen den Zeitausgleich von Überstunden verstehen.*

> *Kann in einer Fernsehdiskussion die Argumente für oder gegen die Erhebung von Gebühren verstehen.*

> *Kann auf einer Mieterversammlung den Argumenten für oder gegen die Einrichtung eines Spielplatzes folgen.*

Kann bei längeren Gesprächen zu ihn/sie interessierenden Themen den Hauptpunkten folgen, sofern deutlich Standardsprache gesprochen wird.

> *Kann in der Mensa einem Gespräch über die Einführung von neuen Prüfungen folgen.*

> *Kann bei einem Gespräch am Arbeitsplatz verstehen, wer für und wer gegen die Einstellung eines neuen Kollegen ist.*

> *Kann im Zugabteil dem Gespräch der Mitreisenden über die Leistungen einer Mannschaft bei den Olympischen Spielen folgen.*

Kann wichtige Einzelinformationen von Radiosendungen über Themen von persönlichem oder allgemeinem Interesse, die in klarer Standardsprache vermittelt werden, verstehen.

> *Kann dem Wetterbericht im Radio entnehmen, ob sie am nächsten Tag segeln gehen kann.*

> *Kann in einer Radiosendung über die Einführung einer Fußgängerzone verstehen, welche für ihn relevanten Änderungen vorgenommen werden.*

> *Kann bei einer Sportübertragung im Radio die wichtigsten Informationen verstehen.*

Kann die Hauptaussagen vieler Fernsehsendungen über Themen von persönlichem oder allgemeinem Interesse, die in klarer Standardsprache vermittelt werden, verstehen.

> *Kann in der „Tagesschau" Meldungen zu Umweltkatastrophen verstehen.*
>
> *Kann in einer Fernsehreportage über ein fremdes Land kulinarische, kulturelle und landschaftliche Besonderheiten erfassen.*
>
> *Kann die Ratschläge gegen eine Erkältung im „Ratgeber Gesundheit" verstehen.*

Kann die Handlung und die Abfolge der Ereignisse in einem Ausschnitt eines Films oder Theaterstücks verstehen, wenn diese stark durch visuelle Elemente unterstützt werden.

> *Kann in einem Western die Motivation für die Taten des Helden verstehen.*
>
> *Kann in einem Theaterstück verstehen, warum eine Frau ihren Partner verlässt.*
>
> *Kann die Handlung und die Informationen zu einem Produkt in einem Werbespot verstehen.*

Kann die generellen Aussagen und die wichtigsten Informationen der meisten Vorträge, von kurzen Reden und kurzen Vorlesungen über bekannte Themen verstehen, wenn diese unkompliziert und klar strukturiert dargestellt werden.

> *Kann bei einer firmeninternen Präsentation die Zielgruppe und die Anwendungsbereiche eines neuen Produkts verstehen.*
>
> *Kann bei einem Fortbildungsseminar im eigenen Fachgebiet die Nutzungsmöglichkeiten einer neuen Technik einschätzen.*
>
> *Kann bei einer Abschiedsfeier die Glückwünsche und Danksagungen der Redner verstehen.*

Kann wichtige Informationen in sprachlich einfachen Ansagen und Mitteilungen verstehen.

> *Kann der telefonischen Kinoansage entnehmen, wann und wo der ihn interessierende Film läuft.*
>
> *Kann am Bahnhof bei guten akustischen Bedingungen eine Durchsage verstehen, in der die Verspätung ihres Zuges mitgeteilt wird.*
>
> *Kann bei einer Kaufhausdurchsage verstehen, wann und in welcher Etage der Sonderverkauf von Küchengeräten stattfindet.*

Kann in einfachen Erzählungen dem Handlungsablauf folgen und die wichtigsten Details verstehen.

> *Kann die Erzählung einer Freundin darüber, wie sie ihren Partner kennen gelernt hat, verstehen.*
>
> *Kann in einer Fernsehdokumentation über einen Schauspieler verstehen, wie dieser zu seinem Beruf gekommen ist.*
>
> *Kann in einem einfachen Kurzkrimi, den sie im Radio hört, verstehen, was zur Lösung des Falles geführt hat.*

Globale Kannbeschreibungen: Rezeption schriftlich

Kann dank eines ausreichend großen Wortschatzes viele Texte zu Themen des Alltagslebens (z. B. Familie, Hobbys, Interessen, Arbeit, Reisen, Tagesereignisse) verstehen.

Kann in alltäglichen Texten oft gebrauchte Wendungen verstehen.

Kann unkomplizierte Texte über Themen, die mit seinen/ihren Fach- oder Interessengebieten in Zusammenhang stehen, ausreichend verstehen.

Detaillierte Kannbeschreibungen *mit Beispielen*: Rezeption schriftlich

Kann längere Texte zu aktuellen Themen oder solchen aus dem eigenen Interessengebiet nach gewünschten Informationen durchsuchen.

> *Kann für ein Kurzreferat im Unterricht verschiedene Zeitungstexte über die politische Situation in Österreich auswerten.*

> *Kann in einem Gesundheitsratgeber nachschlagen, was er gegen häufige Kopfschmerzen tun kann.*

> *Kann sich in Online-Zeitschriften über neueste Musik-CDs und Musikgruppen informieren.*

Kann die wichtigsten Informationen in alltäglichen informierenden Texten verstehen.

> *Kann sich in einem Prospekt von einem Fremdenverkehrsamt über Freizeitangebote informieren.*

> *Kann in einem Werbeschreiben von der Bank die Vorteile der verschiedenen Sparangebote verstehen.*

> *Kann einen Rezeptvorschlag auf einer Lebensmittelverpackung verstehen.*

Kann Beschreibungen von vertrauten oder ihn/sie persönlich interessierenden Dingen und Sachverhalten verstehen.

> *Kann in einem Werbeprospekt eine Produktbeschreibung verstehen.*

> *Kann in einem Reiseführer die Hauptinformationen von Beschreibungen zu einzelnen Sehenswürdigkeiten verstehen.*

> *Kann in Stellenanzeigen die Tätigkeitsbeschreibungen verstehen.*

Kann in einer Geschichte die Handlung verstehen, wenn sie klar gegliedert ist, und erkennen, welche die wichtigsten Personen, Episoden und Ereignisse sind.

> *Kann verschiedene Handlungsstränge in einem Märchen und die Moral am Schluss des Märchens verstehen.*

> *Kann in einer Kurzgeschichte die Beziehungen der Hauptpersonen und ihre Gefühle zueinander verstehen.*

> *Kann in einem Krimi die Handlungsstränge erfassen und den Personen zuordnen.*

Kann in Texten zu aktuellen oder vertrauten Themen die Grundaussagen und wichtige Argumente erfassen.

> *Kann in einem Zeitschriftenartikel über das Rauchen verstehen, welche Faktoren ein Risiko für die Gesundheit sind.*

> *Kann anhand der Kommentare anderer in einer Newsgroup einschätzen, ob ein neues Computerspiel gut ist.*

> *Kann in einem Schreiben des Betriebsrats der Argumentation über die Einführung neuer Arbeitszeiten folgen.*

Kann einfache Standardbriefe verstehen.

> *Kann ein Beschwerdeschreiben eines Nachbarn wegen Ruhestörung im Haus verstehen.*

> *Kann eine Ankündigung zu einer Geschäftsversammlung verstehen.*

> *Kann in einem Brief, in dem sich eine neue Firma vorstellt, verstehen, was diese Firma macht und was sie anbietet.*

Kann in kurzen Berichten oder Zeitungstexten wichtige Fakten und Informationen finden (z. B. Wer was wo gemacht hat).

> *Kann in einer Zeitungsmeldung über einen Banküberfall verstehen, wie sich der Überfall abgespielt hat.*
>
> *Kann in einer kurzen Biografie über einen Schriftsteller die wichtigsten Ereignisse verstehen.*
>
> *Kann in einem Protokoll über eine Geschäftssitzung verstehen, wer mit wem welche Entscheidungen getroffen hat.*

Kann einer einfachen Anleitung folgen.

> *Kann den Beipackzetteln von Medikamenten Informationen über Einnahmezeiten entnehmen.*
>
> *Kann eine Bedienungsanweisung auf einem Fahrscheinautomaten verstehen.*
>
> *Kann in einem Textverarbeitungsprogramm die Hilfefunktion nutzen, um einen Text zu formatieren.*

Kann einfache Anzeigen mit klaren Informationen und wenigen Abkürzungen verstehen.

> *Kann sich in Wohnungsanzeigen über den Preis, die Ausstattung und die Lage einer Wohnung informieren.*
>
> *Kann in einer Stellenanzeige aus ihrem Arbeitsbereich das Firmenprofil, die Anforderungen und die Leistungen des Arbeitgebers verstehen.*
>
> *Kann im Anzeigenteil einer Zeitung eine günstige Waschmaschine mit Garantie finden.*

Kann kurzen verbindlichen Texten, die für die Öffentlichkeit bestimmt sind, relevante Informationen entnehmen.

> *Kann einer Benutzungsordnung für öffentliche Sportanlagen die wichtigsten Verhaltensregeln entnehmen.*
>
> *Kann in einer Verordnung über die Müllentsorgung verstehen, wie der Müll zu trennen ist.*
>
> *Kann in einem Merkblatt der Ausländerbehörde verstehen, welche Dokumente er mitbringen muss und welche einzelnen Schritte zu tun sind.*

Kann die Hauptpunkte von Verträgen des alltäglichen Lebens verstehen.

> *Kann die Zahlungsbedingungen in einem Leasingvertrag verstehen.*
>
> *Kann in einem Mietvertrag verstehen, wie hoch die Kaution ist und wie die Miete zu zahlen ist.*
>
> *Kann in einem Arbeitsvertrag verstehen, welchen Urlaubsanspruch sie hat und wie die Kündigungsfristen sind.*

Kann literarische Texte lesen, die im Wesentlichen auf dem Grundwortschatz und einer einfachen konkreten Handlung basieren.

> *Kann eine Fabel, die in seinem Lehrbuch steht, verstehen.*
>
> *Kann einen Krimi, der für fremdsprachliche Lerner vereinfacht oder für diese geschrieben wurde, verstehen.*
>
> *Kann eine Kurzgeschichte über eine Ballonfahrt verstehen.*

Globale Kannbeschreibungen: Produktion mündlich

Kann sich dank eines ausreichend großen Repertoires an Wörtern und Wendungen und manchmal mit Hilfe von Umschreibungen über die meisten Themen des eigenen Alltagslebens (z. B. Familie, Hobbys, Interessen, Arbeit, Reisen, aktuelle Ereignisse) äußern.

Kann in einer Erzählung Einzelelemente zu einer zusammenhängenden Äußerung verbinden.

Kann in vorhersehbaren vertrauten Situationen seine/ihre Kenntnisse in der deutschen Sprache so anwenden, dass er/sie trotz deutlicher Einflüsse der Muttersprache im Bereich der Grammatik und Lexik gut zu verstehen ist.

Kann ein breites Spektrum einfacher sprachlicher Mittel flexibel einsetzen, um viel von dem, was er/sie sagen möchte, auszudrücken und/oder seine/ihre Aussagen zu variieren.

Kann sich einfach und zusammenhängend über vertraute Themen und persönliche Interessengebiete äußern.

Kann sich relativ fließend und verständlich ausdrücken, wobei er/sie Pausen macht, um die Äußerungen zu planen oder zu korrigieren, vor allem, wenn er/sie längere Zeit frei spricht.

Kann sich trotz mitunter hörbarem fremdem Akzent und gelegentlich falscher Intonation im Allgemeinen klar und verständlich ausdrücken.

Kann seine/ihre Äußerungen mit verschiedenen Konnektoren verbinden, wobei längere Ausführungen aber noch sprunghaft bleiben können.

Detaillierte Kannbeschreibungen *mit Beispielen*: Produktion mündlich

Kann ihm/ihr vertraute oder ihn/sie persönlich interessierende Dinge oder Personen einfach und klar beschreiben.

> *Kann seine Heimatstadt beschreiben.*
>
> *Kann im Freundeskreis ihr neues Zimmer und die Mitbewohner in der Wohngemeinschaft beschreiben.*
>
> *Kann seinen Arbeitsplatz beschreiben.*

Kann Träume, Gefühle und Ziele einfach beschreiben.

> *Kann sagen, was er sich von einem neuen Arbeitsplatz erhofft.*
>
> *Kann beschreiben, wie er sich sein Traumhaus vorstellt.*
>
> *Kann die Ziele beschreiben, die er sich für einen Sprachkurs gesetzt hat.*

Kann seine/ihre Ansichten, Pläne oder Handlungen begründen oder erklären.

> *Kann am Arbeitsplatz die nächsten Arbeitsschritte erklären und deren Abfolge begründen.*
>
> *Kann Freunden seine Urlaubspläne schildern.*
>
> *Kann im Unterricht erklären, warum sie den Kurs besucht.*

Kann ausreichend genau über Erfahrungen und Ereignisse berichten und dabei Reaktionen und Meinungen einbeziehen.

> *Kann nach einem Urlaub in Bhutan erzählen, was er gemacht hat, als sein Rückflug gestrichen wurde.*
>
> *Kann über ein Fußballspiel berichten und seinen Ärger über die schlechte Leistung einer Mannschaft äußern.*
>
> *Kann von einem Vorstellungsgespräch erzählen und dabei eigene Einschätzungen formulieren.*

Kann einfache Informationen von unmittelbarer Bedeutung wiedergeben und deutlich machen, welcher Punkt für ihn/sie am wichtigsten ist.

> *Kann im Unterricht in einem kurzen Referat seine Hobbys vorstellen und dabei deren Vorteile deutlich machen.*
>
> *Kann Informationen über ein Computerspiel geben und die wichtigsten Vor- und Nachteile deutlich machen.*
>
> *Kann in einem kurzen Arbeitsbericht die erledigten Arbeitsschritte darstellen und hervorheben, was noch zu tun ist.*

Kann über Alltagsthemen oder speziellere Themen aus dem eigenen Erfahrungsbereich in verständlicher Weise sprechen und eine Meinung dazu äußern.

> *Kann im Unterricht über Traditionen des Heimatlandes berichten und diese kommentieren.*
>
> *Kann nach einem gemeinsamen Kinobesuch seine Meinung über den Film äußern.*
>
> *Kann Freunden wichtige Merkmale der politischen Situation in seinem Heimatland schildern und seine Meinung dazu äußern.*

Kann unkomplizierte Texte selbstständig zusammenfassen.

> *Kann beim Abendessen unter Freunden die Handlung eines Films zusammenfassend erzählen und sagen, wie er ihm gefallen hat.*
>
> *Kann zur Präsentation des Heimatlandes Informationen aus Werbeprospekten sammeln, die wichtigsten Aspekte zusammenfassen und diese kommentieren.*
>
> *Kann im Arbeitsteam die wichtigsten Punkte einer Produktpräsentation zusammenfassen und diese bewerten.*

Kann eine einfache Geschichte erzählen.

> *Kann Freunden eine landestypische Sage erzählen.*
>
> *Kann eine ihr bekannte Familiengeschichte erzählen.*
>
> *Kann am Arbeitsplatz eine Geschichte vom letzten Betriebsausflug erzählen.*

Kann verständlich Vermutungen anstellen.

> *Kann in der Pause eines Films seine Vermutungen über den Fortgang äußern.*
>
> *Kann nach einer Diskussion über die politische Lage in einem Land einem Freund ihre Vermutungen zur Weiterentwicklung der Situation schildern.*
>
> *Kann ein Foto beschreiben und Vermutungen darüber anstellen, was passiert ist oder wer das Foto wann und in welcher Situation gemacht hat.*

Kann verständlich beschreiben, wie man etwas macht.

> *Kann erklären, wie man seinen Fotoapparat bedient.*
>
> *Kann in einer kurzen Präsentation ihren Arbeitskolleginnen die Bedienung eines ihr bekannten Kopierers erklären.*
>
> *Kann einem Freund die Zubereitung einer Speise erklären, die er schon öfter zubereitet hat.*

Kann in alltäglichen oder vertrauten Situationen einen kurzen eingeübten Text vortragen.

> *Kann bei einer Hochzeit eines Kurskollegen einen musikalischen Beitrag, den man mit den anderen Kursteilnehmern eingeübt hat, ankündigen.*
>
> *Kann einen einfachen Ansagetext für den eigenen Anrufbeantworter auf Band sprechen.*
>
> *Kann eine kurze Abschiedsrede für einen Kollegen halten, in der sie ihm für die Zusammenarbeit dankt und ihm alles Gute wünscht.*

Kann Informationen oder Ideen verständlich vortragen und diese mit einfachen Argumenten stützen.

> *Kann in einem Kurzreferat im Unterricht sein Heimatland vorstellen und kritische Äußerungen zur wirtschaftlichen oder politischen Lage mit Argumenten belegen.*
>
> *Kann in einer kurzen Präsentation seinen Job als Kellner beschreiben und die Abfolge der einzelnen Arbeitsschritte erklären und begründen.*
>
> *Kann bei der Prüfung den Inhalt eines Buches kurz wiedergeben und die Wahl des Buches begründen.*

Kann routinemäßig und flüssig Zahlenangaben machen.

> *Kann bei einer Produktpräsentation Mengenangaben und Jahreszahlen fließend aussprechen.*
>
> *Kann Informationen zur Person (z. B. Geburtsdaten, Telefonnummern) ohne große Probleme wiedergeben.*
>
> *Kann in einer Darstellung seines Heimatlandes Prozentwerte zu unterschiedlichen Aspekten (z. B. Arbeitslosenzahlen) flüssig vortragen.*

Globale Kannbeschreibungen: Produktion schriftlich

Kann dank eines ausreichend großen Repertoires an Wörtern und Wendungen und manchmal mit Hilfe von Umschreibungen über die meisten Themen des eigenen Alltagslebens (z. B. Familie, Hobbys, Interessen, Arbeit, Reisen, aktuelle Ereignisse) schreiben.

Kann in einer schriftlichen Erzählung Einzelelemente zu einem zusammenhängenden Text verbinden.

Kann in vorhersehbaren vertrauten Situationen seine/ihre Kenntnisse in der deutschen Sprache im Allgemeinen korrekt anwenden, wobei Einflüsse seiner/ihrer Muttersprache im Bereich der Grammatik und Lexik aber noch vorkommen.

Kann ein breites Spektrum einfacher sprachlicher Mittel flexibel einsetzen, um viel von dem, was er/sie sagen möchte, auszudrücken und/oder seine/ihre Aussagen zu variieren.

Kann über vertraute Themen und persönliche Interessengebiete einfache, zusammenhängende Texte oder kommentierte Stichwortzettel schreiben.

Kann seine/ihre orthographischen Kenntnisse so korrekt anwenden, dass er/sie wenig Fehler macht.

Kann über ein vertrautes Thema einen gegliederten Text schreiben und die Hauptpunkte deutlich hervorheben.

Kann seine/ihre Texte mit Konnektoren verbinden, wobei längere Ausführungen aber noch sprunghaft bleiben können.

Detaillierte Kannbeschreibungen *mit Beispielen*: Produktion schriftlich

Kann vertraute oder ihn/sie persönlich interessierende Dinge einfach und klar beschreiben.

> *Kann in einer E-Mail einem eingeladenen Gast kurze Erklärungen zum eigenen Wohnort geben.*

> *Kann für eine Schüler- oder Klubzeitung ihre Heimatstadt beschreiben.*

> *Kann in einem Arbeitsbericht ihren Arbeitsplatz beschreiben.*

Kann Träume, Gefühle und Ziele einfach beschreiben.

> *Kann in ihrem Schultagebuch festhalten, was sie beschäftigt und wie sie über dieses Problem denkt.*

> *Kann in einem Schreiben an eine Sprachschule seine Lernziele beschreiben.*

> *Kann in einem Aufsatz ihre Träume beschreiben.*

Kann seine/ihre Ansichten, Pläne oder Handlungen aufzeichnen und begründen oder erklären.

> *Kann einen kurzen Aufsatz über einen Film schreiben und darin seine Ansichten über den Film äußern.*

> *Kann in einem kurzen Arbeitsbericht begründen, warum sie ein Angebot zum Einkauf eines neuen Produkts abgelehnt hat.*

> *Kann in einem persönlichen Brief an einen Freund seine Studienabsichten und -ziele erklären.*

Kann ausreichend genau über Erfahrungen und Ereignisse berichten und dabei Reaktionen und Meinungen beschreiben.

> *Kann in einer Erzählung über eine Reise ihre Erfahrungen wiedergeben und kommentieren.*

> *Kann für eine Schülerzeitung über ein Konzert berichten und ihren Ärger über die schlechte Akustik äußern.*

> *Kann in einem Leserbrief für eine Kurszeitung seine persönlichen Erfahrungen und Eindrücke beim Lesen eines neuen Buches formulieren.*

Kann einfache Informationen von unmittelbarer Bedeutung festhalten und deutlich machen, welcher Punkt für ihn/sie am wichtigsten ist.

> *Kann in einem kurzen Text die für ihn wichtigsten Sehenswürdigkeiten seiner Stadt beschreiben.*

> *Kann in einem Hand-out für ein Referat über ein Buch die ihm wichtigsten Informationen hervorheben.*

> *Kann in einem kurzen Arbeitsbericht die erledigten Arbeitsschritte darstellen und hervorheben, was noch zu tun ist.*

Kann über Alltagsthemen und über speziellere Themen aus dem eigenen Erfahrungsbereich einfache Texte schreiben und darin persönliche Ansichten und Meinungen ausdrücken.

Kann das Bildungssystem ihres Heimatlandes beschreiben und kommentieren.

Kann in einem Aufsatz über seine derzeitige Studiensituation und seine Berufswünsche schreiben.

Kann in einer kurzen Stellungnahme über Maßnahmen für den Umweltschutz schreiben und diese kommentieren.

Kann unkomplizierte Texte selbstständig zusammenfassen.

Kann für seine Urlaubsplanung wichtige Informationen zu einem Ferienort aus dem Internet und aus Prospekten zusammenfassen.

Kann in einem Aufsatz die Ergebnisse einer Umfrage (z. B. zum Thema „Rauchverbot in Restaurants") zusammenfassen.

Kann für einen Kurzbericht zu einem neuen Produkt verschiedene Artikel in unterschiedlichen (Fach-)Zeitschriften auswerten.

Kann über die wichtigsten Einzelheiten eines unvorhergesehenen Ereignisses berichten.

Kann für die Versicherung einen einfachen Unfallbericht verfassen.

Kann seinem Arbeitgeber in einem Kurzbericht schildern, warum er den Rückflug verpasst hat.

Kann in einem Aufsatz beschreiben, wie sie eine Urlaubsreise gewonnen hat.

Kann eine einfache Anzeige verfassen.

Kann bei der Arbeitsuche eine Anzeige verfassen, in der er seine persönlichen Stärken beschreibt und Wünsche formuliert.

Kann beim Verlassen des Gastlandes eine Anzeige verfassen, in der er seine Wohnung anbietet.

Kann am schwarzen Brett eine Suchanzeige für ein Sprachentandem aushängen, in der sie ihre Hobbys und persönlichen Vorlieben beschreibt.

Kann eine einfach strukturierte Geschichte erzählen, indem er/sie die einzelnen Punkte linear aneinander reiht.

Kann eine Erzählung über Erlebnisse bei der ersten Auslandsreise verfassen.

Kann in einem Brief an einen Freund erzählen, was er am vergangenen Wochenende gemacht hat.

Kann für eine Kurszeitung eine fiktive Geschichte über Erfahrungen und Eindrücke von Außerirdischen bei einem Erdenbesuch schreiben.

Kann zu einem vertrauten Thema Notizen machen, die für seinen/ihren späteren Gebrauch ausreichend genau sind.

Kann sich während eines Vortrags über die Schweiz die wichtigsten Informationen in Stichworten notieren.

Kann die wichtigsten Ergebnisse einer Besprechung in Stichworten festhalten.

Kann zur Vorbereitung eines Referats die wichtigsten Informationen aus einem Text notieren.

Globale Kannbeschreibungen: Sprachmittlung mündlich
aus dem Deutschen

Kann wichtige Inhalte und Teile deutschsprachiger Äußerungen zu Themen des Alltagslebens (z. B. Familie, Hobbys, Interessen, Arbeit, Reisen, Tagesereignisse), die langsam und in Standardsprache gesprochen werden, anderen Personen in der gemeinsamen Sprache erklärend weitergeben.

Kann wichtige Inhalte aus mündlichen deutschen Texten über aktuelle oder vertraute Themen, die langsam und in Standardsprache gesprochen werden, anderen Personen in der gemeinsamen Sprache erklärend weitergeben.

Kann eventuell mit Hilfe eines Wörterbuches wichtige Inhalte und Teile schriftlicher deutscher Texte zu Themen des Alltagslebens (z. B. Familie, Hobbys, Interessen, Arbeit, Reisen, Tagesereignisse) anderen Personen in der gemeinsamen Sprache erklärend weitergeben.

Kann eventuell mit Hilfe eines Wörterbuches Meinungen und wichtige Inhalte aus klar strukturierten längeren schriftlichen deutschen Texten, die von persönlichem oder aktuellem Interesse sind, anderen Personen in der gemeinsamen Sprache erklärend weitergeben.

Kann wichtige Punkte einfach strukturierter deutschsprachiger Äußerungen, die von persönlichem oder aktuellem Interesse sind und langsam und in Standardsprache gesprochen werden, für andere Personen in der gemeinsamen Sprache in einfachen Stichworten notieren.

Kann eventuell mit Hilfe eines Wörterbuches wichtige Punkte schriftlicher deutscher Texte, die von persönlichem oder aktuellem Interesse sind, für andere Personen in der gemeinsamen Sprache zusammengefasst in Stichworten notieren.

Detaillierte Kannbeschreibungen *mit Beispielen*: Sprachmittlung mündlich
aus dem Deutschen

Kann wichtige Teile eines längeren mündlichen deutschsprachigen Textes zu vertrauten oder ihn/sie interessierenden Themen anderen Personen in der gemeinsamen Sprache ausreichend genau weitergeben.

> *Kann eine deutschsprachige Nachricht auf dem Anrufbeantworter über die Gründe einer Terminverschiebung einer Arbeitskollegin in der gemeinsamen Sprache weitergeben.*

> *Kann auf der Stadtrundfahrt einige deutschsprachige Informationen zu bestimmten Bauwerken einem Mitreisenden in der gemeinsamen Sprache weitergeben.*

> *Kann am Arbeitsplatz wichtige Informationen eines deutschsprachigen Videobeitrages zu einem neuen Produkt einer Vorgesetzten in der gemeinsamen Sprache weitergeben.*

Kann einfache mündliche deutschsprachige Anweisungen anderen Personen in der gemeinsamen Sprache schrittweise und verständlich weitergeben.

> *Kann die Erklärungen der deutschsprachigen Reiseleiterin, wie sich die Gruppe beim Besuch der Kirche verhalten soll, einer Freundin in der gemeinsamen Sprache weitergeben.*

> *Kann die Erklärung einer deutschsprachigen Vorgesetzten, wie Poststücke zu versenden sind, einer Arbeitskollegin Schritt für Schritt in der gemeinsamen Sprache weitergeben.*

> *Kann bei einem Behördengang die Erklärungen der deutschsprachigen Beamtin, wie und mit welchen Unterlagen ein Antrag einzureichen ist, einer Freundin in der gemeinsamen Sprache weitergeben.*

Kann einige wichtige Informationen aus einem auf Deutsch geführten Gespräch über ein vertrautes Thema anderen Personen in der gemeinsamen Sprache weitergeben.

> *Kann nach einer deutschsprachigen Fernsehdiskussion über Essstörungen die wichtigsten Punkte, die als Ursachen für diese Krankheiten genannt wurden, einer interessierten Kollegin in der gemeinsamen Sprache weitergeben.*

> *Kann die wichtigsten Beiträge einer auf Deutsch geführten Diskussion zum Thema „Sicherheit im Straßenverkehr" einem Bekannten in der gemeinsamen Sprache weitergeben.*

> *Kann für eine Gaststudentin die wichtigsten Argumente einer deutschsprachigen Diskussion gegen die Erhöhung von Studiengebühren in der gemeinsamen Sprache zusammenfassen.*

Kann einfache schriftliche deutschsprachige Anweisungen und Verordnungen anderen Personen in der gemeinsamen Sprache weitergeben.

> *Kann aus einem deutschsprachigen Kochbuch Erklärungen zu den einzelnen Arbeitsschritten eines Rezeptes einer Freundin in der gemeinsamen Sprache weitergeben.*

> *Kann aus einer Zeitschrift eine einfache deutschsprachige Bastelanleitung einem befreundeten Kind Schritt für Schritt in der gemeinsamen Sprache weitergeben.*

> *Kann einem Mitbewohner die wichtigsten Punkte aus der deutschsprachigen Verordnung über die Mülltrennung in der gemeinsamen Sprache weitergeben.*

Kann wichtige Informationen aus listenähnlichen deutschsprachigen Texten zu vertrauten Themen anderen Personen in der gemeinsamen Sprache weitergeben.

> *Kann am Arbeitsplatz die meisten Begriffe des deutschsprachigen Firmenkatalogs einer Kundin in der gemeinsamen Sprache erklären.*

> *Kann viele Begriffe aus einem deutschsprachigen Laborbericht einer Mitstudentin in der gemeinsamen Sprache erklären.*

> *Kann am Arbeitsplatz wichtige Stationen eines deutschsprachigen Lebenslaufes einem Vorgesetzten in der gemeinsamen Sprache weitergeben.*

Kann anderen Personen wichtige Inhalte geläufiger deutschsprachiger Schreiben in der gemeinsamen Sprache weitergeben.

> *Kann wichtige Detailinformationen aus einem persönlichen deutschsprachigen Brief (z. B. genauer Treffpunkt während einer Reise) einer Freundin in der gemeinsamen Sprache weitergeben.*

> *Kann einem Arbeitskollegen wichtige Abschnitte einer deutschsprachigen Offerte in der gemeinsamen Sprache sinngemäß weitergeben.*

> *Kann einem Studienkollegen wichtige Teile eines deutschsprachigen Informationsschreibens zu einem Austauschprogramm in der gemeinsamen Sprache weitergeben.*

Kann wichtige Inhalte aus deutschsprachigen informierenden schriftlichen Texten zu Themen von persönlichem oder allgemeinem Interesse anderen Personen in der gemeinsamen Sprache weitergeben.

> *Kann wichtige Informationen aus einer deutschsprachigen Zeitschrift über die politische Lage in ihrem Land einem Kollegen in der gemeinsamen Sprache weitergeben.*

> *Kann die Hauptinformationen aus einer deutschsprachigen Zeitungsmeldung zum Thema „Sport und Doping" einer Kollegin in der gemeinsamen Sprache weitergeben.*

> *Kann wichtige Informationen aus einem deutschsprachigen Zeitschriftenbeitrag über Studienaustauschmöglichkeiten in Europa einer Freundin in der gemeinsamen Sprache weitergeben.*

Globale Kannbeschreibungen: Sprachmittlung mündlich aus einer anderen Sprache

Kann aus mündlichen Texten einer anderen Sprache zu Themen von persönlichem oder aktuellem Interesse wichtige Aussagen mit einfachen Formulierungen oder mit Hilfe von Umschreibungen an Deutschsprachige auf Deutsch weitergeben, auch wenn er/sie manchmal für präzise Formulierungen die Hilfe der deutschsprachigen Partner braucht.

Kann die wichtigsten Inhalte von schriftlichen Texten einer anderen Sprache, die von persönlichem oder aktuellem Interesse sind, mit einfachen Formulierungen und manchmal mit Hilfe von Umschreibungen an Deutschsprachige auf Deutsch weitergeben, auch wenn er/sie für präzise Formulierungen manchmal die Hilfe der deutschsprachigen Partner oder ein Wörterbuch braucht.

Kann die wichtigsten Aussagen von längeren schriftlichen Texten einer anderen Sprache, die ein Thema aus dem persönlichen Interessengebiet betreffen, mit einfachen Formulierungen oder mit Hilfe eigener Notizen an Deutschsprachige auf Deutsch weitergeben.

Detaillierte Kannbeschreibungen *mit Beispielen*: Sprachmittlung mündlich aus einer anderen Sprache

Kann Deutschsprachigen die wichtigsten Informationen über Dinge und Sachverhalte von unmittelbarer Bedeutung aus anderssprachigen mündlichen Texten vereinfacht und verständlich auf Deutsch weitergeben.

> *Kann im Rahmen eines Austauschprogramms anderssprachige Erklärungen zum Programm und zur Organisation einem deutschsprachigen Gast sinngemäß auf Deutsch weitergeben.*

> *Kann während einer kurzen anderssprachigen Diskussion am Arbeitsplatz die wichtigsten Äußerungen des Chefs für eine deutschsprachige Kollegin sinngemäß auf Deutsch zusammenfassen.*

> *Kann an der Rezeption die anderssprachigen Erklärungen der Auskunftsperson zu bestimmten Sehenswürdigkeiten für deutschsprachige Freunde mit einfachen Worten auf Deutsch zusammenfassen.*

Kann Deutschsprachigen wichtige Informationen einer kurzen mündlichen Durchsage oder Mitteilung in einer anderen Sprache mit einfachen Worten ausreichend genau auf Deutsch weitergeben.

> *Kann im Museum Teile einer anderssprachigen Durchsage (z. B. Dank für den Besuch und Hinweis auf Schließung) einer deutschsprachigen Touristin vereinfacht auf Deutsch weitergeben.*

> *Kann während einer Autofahrt wichtige Einzelheiten einer kurzen anderssprachigen Radiomeldung (z. B. zum Wetter oder zur Verkehrssituation) einem deutschsprachigen Mitreisenden auf Deutsch zusammenfassend weitergeben.*

> *Kann anderssprachige Erklärungen des Kellners zu Menüvorschlägen einem deutschsprachigen Gast auf Deutsch erklären.*

Kann aus schriftlichen informierenden Texten einer anderen Sprache wichtige Inhalte zu Themen von persönlichem oder aktuellem Interesse Deutschsprachigen einfach und verständlich auf Deutsch weitergeben.

> *Kann wichtige Informationen aus einem anderssprachigen Zeitungsartikel über die politische Lage in Europa einem deutschsprachigen Kollegen mit einfachen Worten auf Deutsch weitergeben.*

> *Kann die Hauptinformationen einer anderssprachigen Internetseite zum Thema „Freizeit" (z. B. Rangliste wichtiger Freizeitbeschäftigungen) einer deutschsprachigen Freundin auf Deutsch weitergeben.*

> *Kann an der Hotelrezeption anderssprachige Hintergrundinformationen aus einem Prospekt zum Kulturangebot (z. B. zu Musik- oder Theaterveranstaltungen) einem deutschsprachigen Besucher vereinfacht auf Deutsch weitergeben.*

Kann einfache schriftliche anderssprachige Anweisungen Deutschsprachigen verständlich auf Deutsch weitergeben.

Kann einfache Informationen zu einem Rezept aus einem anderssprachigen Kochbuch (z. B. Zutaten, Mengenangaben und wichtige Arbeitsschritte) einer deutschsprachigen Freundin auf Deutsch weitergeben.

Kann am Arbeitsplatz die wichtigsten Schritte für die korrekte Bedienung des Kopierers aus einer anderssprachigen Bedienungsanleitung einer deutschsprachigen Kollegin auf Deutsch weitergeben.

Kann einzelne Schritte einer schriftlichen anderssprachigen Montageanleitung zu einem Möbelstück einem deutschsprachigen Freund auf Deutsch erklären.

Kann aus einer anderen Sprache wichtige Inhalte geläufiger Schreiben Deutschsprachigen verständlich auf Deutsch weitergeben.

Kann wichtige Abschnitte einer anderssprachigen Offerte von einer Umzugsfirma einer deutschsprachigen Kollegin auf Deutsch weitergeben.

Kann am Arbeitsplatz wichtige Abschnitte einer anderssprachigen amtlichen Vorladung einem deutschsprachigen Kollegen auf Deutsch weitergeben.

Kann einzelne Details einer anderssprachigen persönlichen Einladung zu einer Hochzeit (z. B. Möglichkeiten für Anreise und Übernachtung) einer deutschsprachigen Kollegin auf Deutsch weitergeben.

Globale Kannbeschreibungen: Sprachmittlung mündlich
aus dem Deutschen ins Deutsche

Kann während oder nach einem deutschsprachigen Gespräch zu Themen von persönlichem oder aktuellem Interesse, in dem deutlich Standardsprache gesprochen wird, einzelne Wörter oder Ausdrücke anderen Personen einfach erklärend oder umschreibend auf Deutsch weitergeben.

Kann wichtige Aussagen aus einfachen, informierenden mündlichen deutschen Texten zu Themen von persönlichem oder aktuellem Interesse anderen Personen vereinfacht auf Deutsch weitergeben.

Detaillierte Kannbeschreibungen *mit Beispielen*: Sprachmittlung mündlich
aus dem Deutschen ins Deutsche

Kann in vertrauten Situationen deutschsprachige Erklärungen und Anweisungen für andere Personen auf Deutsch vereinfachen.

> *Kann während oder nach einer Unterrichtsstunde umständliche deutschsprachige Erklärungen des Lehrers (eventuell mit Hilfe von Notizen) einer Studienkollegin auf einfache Weise auf Deutsch weitergeben.*

> *Kann komplizierte deutschsprachige Äußerungen eines Mitschülers während einer Gruppenarbeit einer anderen Mitschülerin vereinfacht auf Deutsch weitergeben.*

> *Kann komplizierte deutschsprachige Erklärungen in einem Reiseprospekt (z. B. in welchen Fällen die Preise reduziert sind) für eine Freundin auf einfache Art auf Deutsch umschreiben.*

Kann wichtige Inhalte deutschsprachiger Fernsehbeiträge oder Filmszenen für andere Personen auf Deutsch vereinfachen.

> *Kann nach einem gemeinsamen Kinobesuch Teile einer deutschsprachigen Szene einer Mitstudentin vereinfacht auf Deutsch weitergeben.*

> *Kann im Studentenheim den Inhalt einer deutschsprachigen Fernsehmeldung an Mitstudentinnen in groben Zügen auf Deutsch weitergeben.*

> *Kann für einen Studienfreund die wichtigsten Stationen eines deutschsprachigen Videoclips über sein Hobby vereinfacht auf Deutsch zusammenfassen.*

Kann wichtige Inhalte deutschsprachiger schriftlicher Texte über vertraute Themen für andere Personen auf Deutsch vereinfachen.

> *Kann wichtige Aussagen eines schriftlichen deutschsprachigen Interviews über ein aktuelles politisches Thema einer Mitbewohnerin im Studentenwohnheim zusammengefasst und vereinfacht auf Deutsch weitergeben.*

> *Kann für einen Mannschaftskollegen einen deutschsprachigen Artikel in einer Sportzeitschrift über eine Krise in einem Fußballverein auf Deutsch vereinfachen.*

> *Kann am Arbeitsplatz bei einem Gespräch über neue Computer wichtige Aussagen auf einfache Art für einen Kollegen auf Deutsch zusammenfassen und weitergeben.*

Globale Kannbeschreibungen: Sprachmittlung mündlich
zwischen dem Deutschen und einer anderen Sprache

Kann in einfachen Gesprächen zwischen deutschsprachigen und anderssprachigen Gesprächspartnern wichtige Fragen und Antworten zu Themen des Alltagslebens (z. B. Familie, Hobbys, Interessen, Arbeit, Reisen, Tagesereignisse) in beiden Sprachen wechselseitig weitergeben, wenn der deutschsprachige Gesprächspartner deutlich in Standardsprache spricht.

Kann in Gesprächen zwischen deutschsprachigen und anderssprachigen Gesprächspartnern wichtige Aussagen mit einfachen Wörtern und manchmal mit Hilfe von Umschreibungen in beiden Sprachen wechselseitig weitergeben, auch wenn der deutschsprachige Partner manchmal klärend nachfragen muss.

Detaillierte Kannbeschreibungen *mit Beispielen*: Sprachmittlung mündlich
zwischen dem Deutschen und einer anderen Sprache

Kann in einem Gespräch zu einem vertrauten Thema zwischen deutschsprachigen und anderssprachigen Teilnehmern die wichtigsten Informationen in beiden Sprachen wechselseitig weitergeben.

> *Kann während des Besuchs einer Ausstellung Fragen und Eindrücke einer Kollegin und eines deutschsprachigen Gastes in beiden Sprachen wechselseitig sinngemäß zusammengefasst weitergeben.*

> *Kann auf einem Fest in einem Gespräch des deutschsprachigen Gastgebers mit einem ausländischen Freund über die Wohnung wichtige Inhalte vereinfacht und in beiden Sprachen wechselseitig weitergeben.*

> *Kann bei einem Gespräch über ihr Heimatland zwischen ihren Eltern, die zu Besuch sind, und einem deutschsprachigen Freund die Äußerungen in beiden Sprachen wechselseitig weitergeben.*

Kann in einem einfachen Gespräch über aktuelle oder ihn/sie interessierende Themen zwischen deutschsprachigen und anderssprachigen Teilnehmern die wichtigsten Informationen in beiden Sprachen wechselseitig weitergeben.

> *Kann in einem Gespräch am Schalter zwischen dem deutschsprachigen Beamten und einem Freund helfen, ein Missverständnis zu klären, indem sie Fragen und Antworten zusammengefasst in beiden Sprachen wechselseitig weitergibt.*

> *Kann während eines kurzen Gesprächs zwischen dem deutschsprachigen Chef und einer neuen Kollegin am Arbeitsplatz die wichtigsten Äußerungen in beiden Sprachen wechselseitig sinngemäß weitergeben.*

> *Kann bei einem Ausflug im Rahmen eines Austauschprogramms Fragen eines Kollegen und Erklärungen der deutschsprachigen Touristenführerin mit einfachen Worten in beiden Sprachen wechselseitig weitergeben.*

Globale Kannbeschreibungen: Sprachmittlung schriftlich
aus dem Deutschen

Kann wichtige Punkte einfach strukturierter deutschsprachiger Äußerungen, die von persönlichem oder aktuellem Interesse sind und langsam und in Standardsprache gesprochen werden, für andere Personen in der gemeinsamen Sprache in einfachen Stichworten notieren.

Kann eventuell mit Hilfe eines Wörterbuches wichtige Punkte schriftlicher deutscher Texte, die von persönlichem oder aktuellem Interesse sind, für andere Personen in der gemeinsamen Sprache zusammengefasst in Stichworten notieren.

Detaillierte Kannbeschreibungen *mit Beispielen*: Sprachmittlung schriftlich
aus dem Deutschen

Kann wichtige Aussagen deutschsprachiger informierender mündlicher Texte zu Themen von persönlichem oder aktuellem Interesse für andere Personen in der gemeinsamen Sprache notieren.

> *Kann wichtige Informationen einer deutschsprachigen Nachrichtensendung über einen Streik im Verkehrswesen und dessen Auswirkungen für eine Kollegin stichwortartig in der gemeinsamen Sprache notieren.*

> *Kann wichtige Argumente einer deutschsprachigen Fernsehsendung über Vorsorge im Gesundheitsbereich für eine interessierte Freundin stichwortartig in der gemeinsamen Sprache notieren.*

> *Kann wichtige Informationen aus einer Informationsveranstaltung über die Benutzung der Bibliothek an einer deutschen Universität für einen Freund stichwortartig in der gemeinsamen Sprache notieren.*

Kann die Hauptpunkte kurzer mündlicher deutschsprachiger Anweisungen, Aufforderungen oder Mitteilungen zu vertrauten Themen für andere Personen in der gemeinsamen Sprache inhaltlich genau notieren.

> *Kann am Telefon wichtige deutschsprachige Informationen zu einem neuen Produkt für eine vom Arbeitsplatz abwesende Kollegin in Stichworten in der gemeinsamen Sprache notieren.*

> *Kann deutschsprachige Informationen im Radio zu einem Konzert (z. B. Ort, Datum, Uhrzeit und Interpreten) für einen Freund in der gemeinsamen Sprache stichwortartig notieren.*

> *Kann im Hotel wichtige deutschsprachige Erklärungen und Hinweise zu einer Stadtbesichtigung für einen Besucher stichwortartig in der gemeinsamen Sprache notieren.*

Kann wichtige Aussagen schriftlicher deutschsprachiger informierender Texte zu Themen von persönlichem oder aktuellem Interesse für andere Personen in der gemeinsamen Sprache notieren.

> *Kann wichtige Informationen eines deutschsprachigen Zeitschriftenartikels zur wirtschaftlichen Situation des Landes für eine Kollegin stichwortartig in der gemeinsamen Sprache notieren.*

> *Kann wichtige Argumente einer deutschsprachigen Zeitungsmeldung für und gegen die Globalisierung für eine Mitstudentin stichwortartig in der gemeinsamen Sprache notieren.*

> *Kann wichtige Informationen einer deutschsprachigen Internetseite über Studienmöglichkeiten an einer deutschen Universität für einen Freund stichwortartig in der gemeinsamen Sprache notieren.*

Kann die Hauptpunkte schriftlicher deutschsprachiger Mitteilungen oder Anweisungen zu vertrauten Themen für andere Personen inhaltlich genau in der gemeinsamen Sprache notieren.

> *Kann die wichtigsten Informationen einer deutschsprachigen Bestellung per Fax für einen Kollegen auf einem Notizzettel in der gemeinsamen Sprache notieren.*

> *Kann die wichtigsten Schritte einer deutschsprachigen Bedienungsanleitung für eine Freundin stichwortartig, aber klar gegliedert in der gemeinsamen Sprache notieren.*

> *Kann die Hauptpunkte eines deutschsprachigen Protokolls (z. B. Anwesende, Entscheidungen, Termine) für eine Arbeitskollegin stichwortartig in der gemeinsamen Sprache notieren.*

**Globale Kannbeschreibungen: Sprachmittlung schriftlich
aus einer anderen Sprache**

Kann aus mündlichen Texten einer anderen Sprache zu Themen von persönlichem oder aktuellem Interesse wichtige Aussagen mit einfachen Formulierungen in Stichworten für Deutschsprachige auf Deutsch notieren.

Kann die wichtigsten Inhalte von schriftlichen Texten einer anderen Sprache, die von persönlichem oder aktuellem Interesse sind, mit einfachen Formulierungen oder mit Hilfe eines Wörterbuches für Deutschsprachige auf Deutsch notieren.

Detaillierte Kannbeschreibungen *mit Beispielen*: **Sprachmittlung schriftlich
aus einer anderen Sprache**

Kann aus einer anderen Sprache die Hauptpunkte mündlicher Anweisungen, Aufforderungen oder Mitteilungen für Deutschsprachige in Stichworten oder vereinfacht auf Deutsch notieren.

> *Kann wichtige Informationen einer anderssprachigen Produktpräsentation für eine deutschsprachige Kollegin in Stichpunkten auf Deutsch notieren.*

> *Kann wichtige Informationen einer längeren anderssprachigen Mitteilung auf dem Anrufbeantworter für eine deutschsprachige Mitbewohnerin auf einem Notizzettel auf Deutsch notieren.*

> *Kann nach einer anderssprachigen Sitzung im Betrieb für einen abwesenden deutschsprachigen Kollegen in Stichworten eine Gesprächsnotiz auf Deutsch notieren.*

Kann aus einer anderen Sprache wichtige Aussagen mündlicher informierender Texte zu Themen von persönlichem oder aktuellem Interesse für Deutschsprachige vereinfacht auf Deutsch notieren.

> *Kann beim Fernsehen für einen deutschsprachigen Arbeitskollegen anderssprachige Angaben zu Reiserouten und Empfehlungen eines Reisemagazins klar gegliedert auf Deutsch notieren.*

> *Kann für deutschsprachige Studienkollegen die wichtigsten Meinungen einer anderssprachigen Podiumsdiskussion über „Essen im Mittelalter" in einem schriftlichen Bericht auf Deutsch zusammenfassen.*

> *Kann für eine erkrankte deutschsprachige Freundin die wichtigsten Inhalte einer anderssprachigen Reportage über ein gemeinsames Hobby schriftlich auf Deutsch zusammenfassen.*

Kann aus einer anderen Sprache wichtige Aussagen aus schriftlichen informierenden Texten zu Themen von persönlichem oder aktuellem Interesse für Deutschsprachige vereinfacht oder in Stichworten auf Deutsch notieren.

> *Kann wichtige Informationen eines anderssprachigen Artikels im Internet zum Thema „Hunger in der Welt" für eine deutschsprachige Kollegin stichwortartig auf Deutsch notieren.*

> *Kann wichtige Argumente aus einer anderssprachigen Zeitschrift zum Thema eines Kurzvortrages für eine deutschsprachige Mitstudentin stichwortartig auf Deutsch notieren.*

> *Kann wichtige Informationen aus einer anderssprachigen Broschüre über Studienmöglichkeiten in Südamerika für einen deutschsprachigen Freund stichwortartig auf Deutsch notieren.*

Kann aus einer anderen Sprache wichtige Teile schriftlicher Mitteilungen, Anweisungen oder Schreiben von persönlichem oder aktuellem Interesse für Deutschsprachige in Stichworten oder vereinfacht auf Deutsch notieren.

> *Kann am Arbeitsplatz die Hauptinformationen einer anderssprachigen Standardbestellung für einen deutschsprachigen Mitarbeiter mit einfachen Worten auf Deutsch notieren.*

> *Kann die wichtigsten Schritte eines traditionellen anderssprachigen Kochrezeptes (z. B. aus einer Zeitschrift) für eine deutschsprachige Freundin mit einfachen Worten auf Deutsch notieren.*

> *Kann mit Hilfe des Wörterbuchs wichtige Teile aus einem anderssprachigen Artikel zu einem persönlichen Interessengebiet für eine deutschsprachige Studienkollegin stichwortartig auf Deutsch notieren.*

8.4 Kannbeschreibungen B2

Globale Kannbeschreibungen: Interaktion mündlich

Kann sich aktiv an längeren Gesprächen über die meisten Themen von allgemeinem Interesse beteiligen und dabei auch selbst die Initiative für Sprecher- oder Themenwechsel übernehmen.

Kann sich in vertrauten Situationen aktiv an informellen Diskussionen beteiligen, indem er/sie Stellung nimmt und einen eigenen Standpunkt meist klar darlegt.

Kann in informellen Diskussionen seine/ihre Gesprächsbeiträge mit einigen komplexen Satzstrukturen gestalten und dabei verschiedene Vorschläge beurteilen, Hypothesen aufstellen oder auf Hypothesen anderer reagieren.

Kann in seinem/ihrem Fach- und Interessengebiet mit einer gewissen Sicherheit eine größere Anzahl von komplexeren Sachinformationen und Ratschlägen verstehen und austauschen.

Kann auf verschiedenste Fragen angemessen reagieren und entsprechend Auskunft geben.

Kann sich so spontan und fließend verständigen, dass ein normales Gespräch mit deutschsprachigen Gesprächspartnern ohne größere Anstrengung auf beiden Seiten gut möglich ist, und kann dabei Fehler, die zu Missverständnissen geführt haben, meist selbst korrigieren.

Kann klar und gut verständlich sprechen, wobei noch Einflüsse der Ausgangssprache auf die Aussprache im Deutschen erkennbar sind, aber die Gesprächspartner müssen nur selten klärend nachfragen.

Kann mit einem ausreichend breiten Spektrum an Redemitteln ein Gespräch beginnen, in Gang halten und beenden, wobei dies möglicherweise nicht immer ganz treffend gelingt.

Kann seine/ihre Gesprächsbeiträge mit einigen komplexen Satzstrukturen gestalten, wobei er/sie manchmal auch erkennbare Pausen macht, um nach Wörtern oder Strukturen zu suchen.

Detaillierte Kannbeschreibungen *mit Beispielen*: Interaktion mündlich

Kann sich in vertrauten Situationen aktiv an Gesprächen und Diskussionen beteiligen und seine/ihre Ansichten mit Erklärungen, Argumenten oder Kommentaren klar begründen und verteidigen.

Kann in einem Gespräch im Freundeskreis über aktuelle politische Ereignisse das Thema auf die Verhältnisse in ihrem Land lenken und vergleichend kommentieren.

Kann in einer Kursgruppe bei einer Diskussion über „Rollenklischees von Mann und Frau" mit Bezug auf den Vorredner für dessen Meinung argumentieren.

Kann in einem Pausengespräch am Arbeitsplatz gegen die fixe Arbeitszeitregelung und für ein flexibleres Modell argumentieren.

Kann verschiedene Gefühle differenziert ausdrücken und auf Gefühlsäußerungen anderer angemessen reagieren.

Kann eine Freundin, die nach einem schweren Unfall einer Angehörigen verzweifelt und ratlos ist, trösten und ihr Mut zusprechen.

Kann einem Bekannten, der eine Prüfung bestanden hat, gratulieren und ihm sagen, wie sehr er sich mit ihm freut.

Kann nach einem Kinobesuch mit einer Freundin über eine sehr bewegende Filmszene sprechen und schildern, was sie dabei empfunden hat.

Kann aktiv zu formellen Diskussionen beitragen, indem er/sie den eigenen Standpunkt begründet und zu Aussagen anderer Stellung nimmt.

Kann bei der wöchentlichen Besprechung des Arbeitsablaufs in der Firma auf den Vorschlag eines Kollegen mit einem Gegenvorschlag antworten und seine Aussagen begründen.

Kann bei einer Teamsitzung, in der die Verzögerung der Arbeiten besprochen wird, sagen, worin sie die Probleme sieht und wie man diese lösen könnte.

Kann bei einer Besprechung über den Kursverlauf zur Meinung einer unzufriedenen Kollegin Stellung nehmen und sagen, was er selbst gut gefunden hat.

Kann eine Angelegenheit oder ein Problem klar darlegen, dabei Vermutungen über Ursachen und Folgen anstellen und die Vor- und Nachteile verschiedener Lösungen gegeneinander abwägen.

Kann bei der Zahnärztin seine Symptome beschreiben, sich von ihr die verschiedenen Behandlungsmöglichkeiten und die Kosten dafür erklären lassen und mit ihr zusammen eine Entscheidung treffen.

Kann als Studentin mit dem Kursleiter Möglichkeiten erörtern, wie sie den Kurs formell abschließen kann, auch wenn sie zum Zeitpunkt des Schlusstests nicht anwesend ist.

Kann in einem Gespräch mit der Chefin die Probleme mit einem Geschäftspartner, der die Absprachen nicht einhält, darlegen und über einen Ausweg aus der Situation beraten.

Kann zum Fortgang einer Arbeit oder eines gemeinsamen Vorhabens beitragen, indem er/sie andere auffordert mitzumachen oder zu sagen, was sie darüber denken.

Kann als Mitglied einer Arbeitsgruppe während eines Seminars eine Vorgehensweise vorschlagen und mit den anderen die Aufgabenverteilung besprechen.

Kann Kurskolleginnen vorschlagen, für die bevorstehende Abschlussprüfung eine Lerngruppe zu organisieren, und eine zögernde Kollegin überreden, auch mitzumachen.

Kann in einer Runde auf den bevorstehenden Geburtstag einer gemeinsamen Freundin verweisen und die anderen dazu ermuntern, sie mit einer spontanen Party zu überraschen.

Kann bei Interessenkonflikten oder Auffassungsunterschieden eine Lösung aushandeln.

Kann in einem Elektrogeschäft über den Umtausch eines defekten Mobiltelefons verhandeln oder zumindest die kostenlose Reparatur verlangen.

Kann mit seinen Mitbewohnern in der Wohngemeinschaft aushandeln, wer am Wochenende zu welchen Zeiten das gemeinsame Auto bekommt.

Kann in einer Auseinandersetzung den Vermieter darauf hinweisen, dass ein Schaden an der Einrichtung schon vor dem Einzug vorhanden war, und mit ihm einen Kompromiss aushandeln.

Kann klare und detaillierte Absprachen machen und getroffene Vereinbarungen bestätigen.

Kann am Telefon mit einem Kunden die Bedingungen für die Lieferung und Zahlung aushandeln.

Kann mit einem Arbeitskollegen besprechen, wie die nächsten Arbeitsschritte verteilt und umgesetzt werden.

Kann in einem Gespräch mit dem Vermieter vor dem Mieten einer Ferienwohnung klären, was unter „die Wohnung sauber geputzt hinterlassen" genau zu verstehen ist.

Kann gezielt Fragen stellen und ergänzende Informationen einholen.

Kann sich bei einer touristischen Führung nach einem Detail, das sie besonders interessiert, erkundigen.

Kann im Anschluss an ein Referat eines Kollegen nachfragen, was mit einem bestimmten Begriff genau gemeint ist.

Kann nach einer Wohnungsbesichtigung durch Fragen an den Vermieter klären, ob die angebotene Unterkunft den eigenen Bedürfnissen entspricht.

Kann auf Fragen im eigenen Fach- oder Interessenbereich detaillierte Antworten geben.

Kann nach der Präsentation der Ergebnisse einer Gruppenarbeit auf die gestellten Fragen reagieren und weitere Informationen geben.

Kann als Fachverkäuferin in einem Fotogeschäft einem Kunden, der Fotos entwickeln lassen will, die Fragen beantworten.

Kann als Fremdenführer Touristen eine schlecht markierte Wanderroute detailliert beschreiben und erklären, auf welche Wegmarkierungen sie besonders achten müssen.

Kann sich an Einrichtungen oder Organisationen wenden und um Rat oder Hilfe bitten.

Kann sich bei einem Problem mit der Autoversicherung an eine Stelle für Konsumentenschutz wenden und sich über das weitere Vorgehen beraten lassen.

Kann sich bei der Studentenvertretung erkundigen, wie die Prüfungsgewohnheiten einer Lehrenden sind und worauf diese besonderen Wert legt.

Kann auf einer Informationsmesse einen Fachberater ansprechen, sich über Möglichkeiten einer bestimmten Berufsausbildung erkundigen und dabei fragen, welche Schritte als Nächstes sinnvoll sind.

Kann anderen Personen Ratschläge oder detaillierte Empfehlungen geben.

Kann einer kleinen Reisegruppe Tipps geben, was sie beim Aufenthalt in ihrer Stadt beachten sollte.

Kann als Koch jemanden bei der Zusammenstellung eines Festmenüs ausführlich beraten.

Kann mit einer Freundin, die in ihrer Firma Probleme mit einer Kollegin hat, besprechen, was sie am besten macht, und ihr einen Tipp aus der eigenen Erfahrung geben.

Kann auch detaillierte Informationen umfassend und inhaltlich korrekt weitergeben.

Kann als Büroangestellte Mitteilungen von Kunden annehmen und an die zuständigen Kollegen weitergeben.

Kann einer Studienkollegin mitteilen, welche Inhalte in der letzten Stunde besprochen worden sind.

Kann sich nach Auskunftsgesprächen bei verschiedenen Autovermietungsfirmen mit seinem Reisepartner darüber austauschen, was das Angebot enthält, was es kostet und was die wichtigsten Bedingungen sind.

Kann im Umgang mit Behörden oder Dienstleistern auch sprachlich komplexere Situationen bewältigen.

Kann auf die schriftliche Mitteilung ihrer Bank, dass sich die Kontobedingungen ändern, am Schalter nachfragen, was die konkreten Auswirkungen in ihrem Fall sind.

Kann sich im Einwohnermeldeamt telefonisch erkundigen, welche Fristen sie einhalten muss und welche Unterlagen sie für eine Aufenthaltsverlängerung vorlegen muss.

Kann als Arbeitssuchende auf dem Arbeitsamt ihre Qualifikation und die Möglichkeiten, unter denen sie eine Stelle annehmen kann, beschreiben.

Kann in einem offiziellen Gespräch oder einem Interview ohne viele Hilfen oder Anstöße der befragenden Person Gedanken ausführen und entwickeln.

Kann in einem Vorstellungsgespräch erklären, warum ihr diese Stelle gut gefällt und welche besondere Eignung sie dafür hat.

Kann in einem Gespräch mit ihrem Tutor auf die Fragen zu ihrem Arbeitsvorhaben antworten und dabei die Ziele ihrer Arbeit genauer beschreiben.

Kann bei einem Straßeninterview über das Konsumverhalten erklären, warum er bestimmte Produkte nicht kauft.

Kann ein Interview führen, sich dabei vergewissern, ob er/sie eine Information richtig verstanden hat, und auf interessante Antworten näher eingehen.

Kann im Rahmen eines Unterrichtsprojekts „Lokalgeschichte des Ortes" Personen um ein Interview bitten und auf einen bestimmten Aspekt genauer eingehen.

Kann für einen Artikel einen österreichischen Touristen zur „Wirtschaftlichen Bedeutung des Tourismus in Österreich" befragen.

Kann für ein Geburtstagsfest Bekannte und Freunde des „Geburtstagskindes" interviewen, welche besonderen Erlebnisse sie mit dieser Person hatten.

Kann auch in Telefongesprächen Bezug auf den Gesprächspartner nehmen und sprachlich komplexere Situationen bewältigen.

Kann in einem Telefonat einer Freundin erzählen, was er gerade Irritierendes erlebt hat, und mit dieser diskutieren, was er jetzt am besten macht.

Kann in der Firma ein Telefonat entgegennehmen, in dem sich ein Kunde beschwert, diesem sagen, dass sie seine Empörung versteht, und erklären, wie es zu diesen Umständen gekommen ist.

Kann als Teilnehmer an einem Austauschprogramm mit den ausländischen Organisatoren telefonisch vereinbaren, wie seine Unterbringung geregelt werden soll.

Globale Kannbeschreibungen: Interaktion schriftlich

Kann über eine Vielzahl von Themen aus dem eigenen Fach- und Interessengebiet klare und detaillierte Mitteilungen für verschiedene Adressaten schreiben.

Kann persönliche und formelle Briefe schreiben und darin deutlich machen, was wichtig ist.

Kann Sachverhalte und Standpunkte schriftlich ausdrücken und sich auf entsprechende Mitteilungen von anderen beziehen.

Kann Orthographie und Interpunktion so korrekt anwenden, dass aus allfälligen Fehlern keine Missverständnisse entstehen.

Detaillierte Kannbeschreibungen *mit Beispielen*: Interaktion schriftlich

Kann in privater Korrespondenz Gefühle, Erlebnisse und persönliche Erfahrungen ausdrücken und entsprechende Mitteilungen der Korrespondenzpartner kommentieren.

> *Kann von unterwegs einer Freundin eine längere E-Mail schreiben, in der er seine bisherigen Erfahrungen und Eindrücke aus dem fremden Land schildert.*

> *Kann in einem Brief an die Schwester auf deren gesundheitliche Probleme eingehen und ihr sagen, was aus der eigenen Sicht im Moment das Beste wäre.*

> *Kann sich in einer E-Mail an eine Freundin für deren Ratschläge bedanken und mitteilen, was ihm am meisten weitergeholfen hat.*

Kann einen formellen Brief schreiben, der über standardisierte Anfragen oder Bestätigungen hinausgeht.

> *Kann sich in einer E-Mail-Anfrage an ein Hotel nach den Einrichtungen und Serviceleistungen für Behinderte erkundigen.*

> *Kann auf die Beschwerde eines Geschäftspartners antworten und in einem Brief erklären, warum die Ware nicht früher geliefert werden konnte.*

> *Kann in ihrem Antrag für einen Studienaufenthalt an einer ausländischen Universität begründen, warum sie im Studentenheim ein Einzelzimmer braucht.*

Kann Schriftwechsel mit Behörden und Dienstleistern im Allgemeinen selbstständig abwickeln.

> *Kann der Krankenversicherung in einem Schreiben mitteilen, dass sie für sechs Monate im Ausland arbeiten wird und für diese Zeit die Versicherung unterbrechen möchte.*

> *Kann nach dem Erhalt der Telefonrechnung per Fax eine genaue Aufschlüsselung nicht näher ausgeführter Rechnungsposten verlangen.*

> *Kann in ihrem Antrag auf Verlängerung der Aufenthaltsgenehmigung darstellen, was sich an den privaten Verhältnissen seit dem letzten Antrag geändert hat.*

Kann komplexe Formulare oder Fragebögen ausfüllen und darin auch freie Angaben formulieren.

> *Kann im Antragsformular für ein Auslandsstipendium ausreichend begründen, warum sie sich für diesen Studienort und dieses Studienprogramm entschieden hat.*

> *Kann in der Evaluation eines Kurses auf einem Beiblatt angeben, dass der Kurs wegen des fehlenden Engagements des Kursleiters sehr ineffizient war.*

> *Kann im Fragebogen eines Hotels eine Beschwerde über den schlampigen Zimmerservice schreiben.*

Kann für andere komplexere Sachverhalte darstellen und seine/ihre Meinung dazu äußern.

> *Kann in der Firma eine interne Mitteilung an die Bereichsleiterin schreiben, in der sie den Stand eines Arbeitsauftrags und die offenen Punkte darlegt.*

> *Kann dem Betriebsrat in einer E-Mail schildern, dass er im letzten Monat unverhältnismäßig viele Überstunden machen musste.*

> *Kann der Kursleiterin in einer E-Mail mitteilen, wo sie mit den Vorbereitungen für ihr Referat steht und wie es aufgebaut ist.*

Kann sich über ein Problem beschweren und dem Ansprechpartner klar machen, welche Zugeständnisse von ihm erwartet werden.

> *Kann bei einer Lieferverzögerung der bestellten Möbel in einem Schreiben an die Geschäftsleitung die Fakten auflisten, die dadurch eingetretenen Umstände beschreiben und einen Preisrabatt einfordern.*

> *Kann als Touristin nach einem Urlaub, in dem das gebuchte Hotel nicht verfügbar war und nur ein Ausweichquartier angeboten wurde, die Fakten darlegen und einen teilweisen Ersatz der Kosten verlangen.*

> *Kann als Mieterin der Hausverwaltung schriftlich mitteilen, dass die Reparaturarbeiten an der Heizung nur mangelhaft durchgeführt wurden, und eine Nachbesserung innerhalb einer bestimmten Frist verlangen.*

Kann zu einem Arbeitspapier oder einem Dossier schriftlich Stellung nehmen und positive oder negative Kritikpunkte kurz aufführen.

> *Kann die Referatsunterlagen einer Studienkollegin durchlesen und darin anmerken, welche Umstellungen und Ergänzungen er für nötig hält.*

> *Kann den Berichtsentwurf einer Arbeitskollegin durch schriftliche Anmerkungen kommentieren und dabei einige Änderungen vorschlagen.*

> *Kann über E-Mail einer Kollegin eine Rückmeldung geben, was er an deren Arbeitspapier für die Projektsitzung gut findet.*

Kann Informationen und Sachverhalte weitergeben und erklären.

> *Kann im Kursbüro die von Teilnehmern berichteten Probleme notieren und an die Chefin weiterleiten.*

> *Kann die wesentlichen Punkte einer Kundenanfrage aufzeichnen und an den Verantwortlichen zur Klärung weitergeben.*

> *Kann einen Anruf für eine abwesende Mitbewohnerin entgegennehmen und ihr schriftlich hinterlegen, dass sich die Absprachen fürs Wochenende geändert haben.*

Kann auch detaillierte Informationen umfassend und inhaltlich korrekt weitergeben.

> *Kann als Büroangestellte Mitteilungen von Kunden annehmen und in Form von Notizen an die zuständigen Kollegen weitergeben.*

> *Kann einer Studienkollegin in einer E-Mail mitteilen, welche Inhalte für den kommenden Test wichtig sind.*

> *Kann nach Auskunftsgesprächen bei verschiedenen Reisebüros seinem Reisepartner eine Zusammenstellung vorlegen, in der die verschiedenen Angebote und Leistungen vergleichend aufgelistet sind.*

Globale Kannbeschreibungen: Rezeption mündlich

Kann die meisten Texte über alltägliche und aktuelle Themen verstehen.

Kann im Allgemeinen auch im Detail verstehen, was zu Themen von allgemeinem Interesse in Standardsprache gesagt wird, auch wenn es in der Umgebung störende Geräusche gibt.

Kann vieles verstehen, was in Gesprächen gesagt wird, die in seiner/ihrer Gegenwart geführt werden, wenn Standardsprache gesprochen wird.

Kann in längeren Texten, die ihn/sie interessieren, nicht nur den Informationsgehalt, sondern auch Standpunkte und Einstellungen der Sprechenden verstehen.

Kann die Hauptaussagen von längeren Redebeiträgen und Vorträgen aus dem eigenen Fach- oder Interessengebiet verstehen und auch komplexerer Argumentation folgen, wenn ihm/ihr das Thema einigermaßen vertraut ist und der Rede- oder Gesprächsverlauf durch explizite Signale gekennzeichnet ist.

Detaillierte Kannbeschreibungen *mit Beispielen*: Rezeption mündlich

Kann komplexe Informationen über alltägliche oder berufsbezogene Themen verstehen.

> *Kann bei der Vorstellung eines neuen Mitarbeiters durch die Chefin verstehen, welche Arbeits- und Verantwortungsbereiche der neue Kollege in Zukunft übernehmen wird.*

> *Kann bei einem Computerproblem die telefonisch durchgegebenen Arbeitsschritte einer Expertin verstehen und ausführen.*

> *Kann auf der Betriebsversammlung die Mitteilungen des Betriebsrats zu den Verhandlungen über neue Arbeitszeitmodelle mit der Firmenleitung verstehen.*

Kann die meisten Informationen in Ansagen und Mitteilungen verstehen.

> *Kann in der U-Bahn die Ansage, dass der nächste Zug aufgrund einer technischen Störung ausfällt und mit erheblichen Verspätungen zu rechnen ist, verstehen.*

> *Kann als Radiozuhörer die Ankündigung verstehen, wer in der nächsten Sendung zu Gast ist und um welches Thema sich das Gespräch drehen wird.*

> *Kann die Auswahlfragen in der Ansage eines automatischen Infotelefons verstehen.*

Kann detaillierte Anweisungen und Aufträge inhaltlich genau verstehen.

> *Kann nach der Behandlung wegen einer Verletzung die Vorschriften der Ärztin betreffend Pflege, Schonung und Einnahme von Medikamenten verstehen.*

> *Kann in der Firma den Arbeitsauftrag für die anstehende Dienstreise verstehen.*

> *Kann am Arbeitsplatz einen Kollegen verstehen, der ihr sagt, nach welchen Richtlinien eine Reise mit der Buchhaltung abgerechnet werden muss.*

Kann längeren Gesprächen zu aktuellen und ihn/sie interessierenden Themen folgen.

> *Kann bei einem Fest dem Gespräch von Gästen über ein neues Computerspiel folgen.*

> *Kann ein Gespräch von Arbeitskollegen über die Umstrukturierung der Firma verstehen.*

> *Kann in der Theaterpause dem Gespräch anderer Zuschauer über die Aufführung folgen.*

Kann im Radio die wesentlichen Informationen aus Nachrichten- und Feature-Sendungen verstehen.

> *Kann in einer Radioreportage den Bericht eines Augenzeugen über einen Unfall im Wesentlichen verstehen.*

> *Kann in einem Radio-Feature über Astrid Lindgren verstehen, wie die Figur der Pippi Langstrumpf entstanden ist und warum diese Figur für die Autorin so wichtig geworden ist.*

> *Kann in einem Bericht über eine Demonstration die unterschiedlichen Wahrnehmungen von Personen und den Kommentar des Reporters verstehen.*

Kann im Fernsehen auch bei anspruchsvolleren Sendungen wie Nachrichten, aktuellen Reportagen, Interviews oder Talkshows die wesentlichen Informationen verstehen.

Kann die Aussagen einer Schauspielerin verstehen, die als Gast einer Talkshow vom Entstehen ihres neuen Films und der Zusammenarbeit mit dem Regisseur erzählt.

Kann als Zuschauerin einer Fernsehdiskussion die allgemeinen Standpunkte und Meinungen der Diskussionsteilnehmer verstehen.

Kann in den Tagesnachrichten die Argumente von Befürwortern und Gegnern eines Gesetzesantrages zur Drogenpolitik verstehen.

Kann in einem Spielfilm oder Theaterstück der Handlung folgen und die meisten Informationen verstehen.

Kann als Zuschauerin eines Spielfilms verstehen, worüber zwei Personen in Streit geraten und was sie sich gegenseitig vorwerfen.

Kann in einem Fernsehfilm die Geschichte, die hinter einer besonderen Beziehung zwischen zwei Personen steht, verstehen, wenn diese in Rückblenden erzählt wird.

Kann als Zuschauer im Theater der wachsenden Verzweiflung einer Figur folgen und verstehen, welche Ängste sie hat.

Kann in seinem/ihrem Fach- oder Interessengebiet die Hauptaussagen von komplexeren Vorträgen, Reden und Präsentationen verstehen, wenn die Thematik nicht ganz neu und der Aufbau klar ist.

Kann bei einer firmeninternen Schulung der Demonstration einer neuen Software-Anwendung folgen und die wesentlichen Änderungen gegenüber dem bisher verwendeten Programm verstehen.

Kann als Teilnehmerin an einer Konferenz einem Vortrag folgen, in dem die Informationen mit Präsentationsunterlagen veranschaulicht werden.

Kann bei einer Rede anlässlich eines Jubiläums verstehen, welche besondere Beziehung zwischen dem Jubilar und dem Festredner besteht und welche Verdienste sich der Jubilar erworben hat.

Kann in einer Diskussion über Themen des eigenen Fach- oder Interessengebiets der Argumentation folgen und die besonders hervorgehobenen Punkte im Detail verstehen.

Kann bei einer Besprechung in der Firma verstehen, worin die Meinungsverschiedenheiten von zwei Kolleginnen zu den Plänen für die nächste Zeit bestehen.

Kann als Teilnehmerin an einem Seminar den Argumenten, die von Kolleginnen in einer Diskussion vorgebracht werden, folgen und die Standpunkte der Diskutantinnen einordnen.

Kann als Hobbysportler einer Diskussion von Kollegen über die Vorzüge des einen oder anderen Sportgeräts folgen.

Kann ausführliche Beschreibungen von Dingen und Sachverhalten, die ihn/sie interessieren, verstehen.

Kann als interessierte Besucherin einer Fachmesse die Funktionsweise eines neuen, dort vorgestellten Haushaltsgerätes verstehen.

Kann eine ehemalige Kollegin verstehen, die ihr am Telefon ihren neuen Arbeitsplatz und Tätigkeitsbereich beschreibt.

Kann als geschichtsinteressierte Teilnehmerin an einer touristischen Stadtführung alle wichtigen Erklärungen zur Entstehung eines Gebäudes und zu den historischen Veränderungen verstehen.

Kann literarischen oder alltäglichen Erzählungen folgen und viele wichtige Details der Geschichte verstehen.

Kann in den Erzählungen einer Kollegin nach dem Urlaub die prägenden Reiseeindrücke und Höhepunkte des Reiseprogramms verstehen.

Kann in einer Runde, in der Anekdoten aus der Schulzeit erzählt werden, verstehen, wie ein Professor seinen Spitznamen bekommen hat.

Kann als Radiozuhörer einer Kurzgeschichte folgen und die Motive der Hauptfigur verstehen.

Globale Kannbeschreibungen: Rezeption schriftlich

Kann Texte aller Art lesen, wobei er/sie Schwierigkeiten mit seltener gebrauchten Wendungen hat.

Kann in komplexeren Texten zu konkreten und abstrakten Themen die Hauptinhalte verstehen und für sich relevante Informationen entnehmen.

Kann in längeren Texten, die ihn/sie interessieren, nicht nur den Informationsgehalt, sondern auch Standpunkte und Einstellungen der Verfasser verstehen.

Detaillierte Kannbeschreibungen *mit Beispielen*: Rezeption schriftlich

Kann in Texten zu alltäglichen oder ihn/sie interessierenden Themen neue Sachverhalte und detaillierte Informationen verstehen.

> *Kann in einem Zeitungsartikel über ein neues Gesetz für den Straßenverkehr erfassen, welche Konsequenzen das für sie hat.*
>
> *Kann in einem Reiseführer die Informationen zur Entstehungsgeschichte einer Stadt oder eines Gebäudes verstehen.*
>
> *Kann in Museen und Ausstellungen Informationstafeln zu den Exponaten verstehen.*

Kann in längeren und komplexeren Texten rasch wichtige Einzelinformationen finden.

> *Kann ein Handbuch zu einem Computerprogramm rasch durchsuchen und für ein bestimmtes Problem die passenden Erklärungen und Hilfen finden und verstehen.*
>
> *Kann ein für ein breites Publikum geschriebenes Sachbuch „Zur Geschichte der Fliegerei" kursorisch lesen, thematisch relevante Abschnitte auswählen und mit Hilfe des Wörterbuchs genau lesen.*
>
> *Kann als Studentin ziemlich rasch erkennen, ob ein Handbuchbeitrag oder Fachartikel nützliche Informationen für die gestellte Aufgabe enthält.*

Kann Artikel und Berichte über diverse aktuelle Themen, in denen der Verfasser eine bestimmte Haltung oder einen Standpunkt vertritt, verstehen.

> *Kann in einem Zeitungsbericht über ein neues Gesetz zur „Verwendung von Mobiltelefonen beim Autofahren" verstehen, welche Punkte für eine neue Regelung sprechen und was die Journalistin davon hält.*
>
> *Kann in einem längeren Zeitschriftenartikel über „Elektrosmog" verstehen, worin die Probleme bestehen und welche Maßnahmen nach Meinung des Autors in Zukunft nötig wären.*
>
> *Kann in einer Rezension eines neuen Krimis von Donna Leon verstehen, was gegenüber anderen Krimis aus der Reihe neu ist und ob sich die Lektüre lohnt.*

Kann in längeren Reportagen zwischen Tatsachen, Meinungen und Schlussfolgerungen unterscheiden.

> *Kann einer längeren Reportage über „Asylpolitik in der EU" faktische Angaben zur Zahl der Anträge, Bearbeitungsdauer und zu Quoten der Anerkennung entnehmen und die daraus abgeleiteten Schlussfolgerungen des Korrespondenten verstehen.*
>
> *Kann in einem Bericht über einen „Humangenetik-Kongress" die verschiedenen Standpunkte zum Einsatz der Forschungsergebnisse von den sachlichen Informationen trennen und die persönliche Ansicht des Autors verstehen.*
>
> *Kann in einer Reportage über ein Radrennen die Informationen zum Rennverlauf und zur Auswertung von Dopingkontrollen verstehen und die Schlussfolgerungen des Journalisten erkennen.*

Kann die meisten Anzeigen zu Themen seines/ihres Fach- oder Interessengebiets verstehen.

> *Kann in den Wohnungsanzeigen einer Tageszeitung die meisten Wörter und Abkürzungen verstehen.*
>
> *Kann in einer Werbeanzeige für eine neue Gesundheitsnahrung verstehen, worin die Wirkung liegen soll.*
>
> *Kann die Stellenanzeigen seines Fachgebiets verstehen.*

Kann in Texten zu Themen aus dem eigenen Fach- oder Interessengebiet Informationen, Argumente oder Meinungen ziemlich vollständig verstehen.

Kann den schriftlichen Bericht eines Kollegen über eine Fortbildungsveranstaltung, an der er als Vertreter der Abteilung teilgenommen hat, verstehen und diesem entnehmen, was der Kollege empfiehlt.

Kann einem Fachartikel über ein neues Analyseverfahren entnehmen, worin die Neuerung liegt, welche Unsicherheiten bestehen und ob sich der Einsatz in der Praxis schon empfiehlt.

Kann in einem Internetartikel über ihre Lieblingsgruppe „Young Gods" verstehen, welche Entwicklung die Gruppe gemacht hat und was die Neuerungen auf ihrer letzten CD sind.

Kann lange, komplexere Anleitungen oder Anweisungen, die über das eigene Fach- oder Interessengebiet hinausgehen, verstehen, wenn schwierige Passagen mehrmals gelesen werden können.

Kann in einer Produktbeschreibung zu seinem neuen Scanner schnell finden und verstehen, was er beim Aufstellen und Installieren beachten muss.

Kann die Gebrauchsanweisung, wie man im Autoradio Sender speichert, verstehen.

Kann im Studienplan Informationen, die sich auf die praktische Durchführung ihres Studiums beziehen, verstehen.

Kann in eher allgemein gehaltenen Verträgen im privaten oder beruflichen Bereich die Hauptpunkte verstehen, den spezifisch rechtlichen Bereich jedoch nur mit Hilfe des Wörterbuchs.

Kann im Mietvertrag des Studentenheims die Rechte und Pflichten der Mieter verstehen.

Kann in den Geschäftsbedingungen der Bank die Konditionen für ein Gehaltskonto (z. B. Gebühren und Zinsen, Rahmen zum Überziehen, Fristen) verstehen.

Kann beim Ausleihen eines Autos die Hauptpunkte des Automietvertrages und der Versicherungsbedingungen verstehen.

Kann in Korrespondenz, die sich auf das eigene Fach- oder Interessengebiet bezieht, die wesentlichen Aussagen verstehen.

Kann in einem Rundschreiben von „Greenpeace" verstehen, wie sich in den letzten Jahren der Schutz der Wale entwickelt hat.

Kann eine E-Mail-Anfrage an ihre Firma, in der es um Sponsoring für eine geplante Veranstaltung geht, verstehen.

Kann als Mitglied der Newsgroup seines Fußballvereins „Schalke 04" die Reaktion der Fans und des Vereins auf das neue Stadion verstehen.

Kann literarische Texte lesen, dabei dem Gang der Gedanken und Geschehnisse folgen und so die Gesamtaussage und viele Details verstehen.

Kann in einer Kurzgeschichte die Beziehung der Personen untereinander verstehen.

Kann in einem kurzen Roman die Handlungsmotive der Personen verstehen.

Kann in einer biografischen Erzählung verstehen, welche Ereignisse aus dem Leben der Hauptfigur für ihre jetzige Situation mitverantwortlich sind.

Globale Kannbeschreibungen: Produktion mündlich

Kann sich zu verschiedenen allgemeinen oder aktuellen Themen klar und detailliert äußern und verfügt über ein ausreichend breites Spektrum an Redemitteln, um einen Standpunkt zu erläutern.

Kann zu vielen Themen aus seinen/ihren Interessengebieten eine Argumentation aufbauen und die einzelnen Argumente aufeinander beziehen.

Kann eine Reihe von Konnektoren und anderen Mitteln der Textverknüpfung anwenden, um seine/ihre Äußerungen zu einem klaren, zusammenhängenden Beitrag zu verbinden, wobei längere Beiträge noch etwas sprunghaft bleiben können.

Kann in mündlichen Ausführungen seine/ihre Kenntnisse in der deutschen Sprache bei relativ guter Beherrschung der Grammatik so anwenden, dass kaum Fehler entstehen, bzw. kann viele Fehler und die meisten Versprecher selbst korrigieren.

Kann sich flüssig und mit einigen komplexen Satzstrukturen gut verständlich ausdrücken, wobei er/sie manchmal erkennbare Pausen macht, um nach Wörtern oder Strukturen zu suchen.

Kann flüssig und so klar und deutlich sprechen, dass zwar Einflüsse der Ausgangssprache auf die Aussprache erkennbar sind, das Verstehen aber kaum beeinträchtigt wird.

Detaillierte Kannbeschreibungen *mit Beispielen*: Produktion mündlich

Kann zu vielen Themen des eigenen Fach- oder Interessengebiets ziemlich klare und detaillierte Beschreibungen geben.

> *Kann als Hobbyfotograf erklären, wie er am liebsten arbeitet und worauf es ihm beim Fotografieren besonders ankommt.*

> *Kann bei einem Mittagessen ihren Arbeitskollegen beschreiben, wie an ihrer früheren Arbeitsstelle die Abläufe organisiert waren.*

> *Kann als Hobbykoch nachvollziehbar erklären, wie er diese Speise gekocht hat und was man dabei auf alle Fälle vermeiden sollte.*

Kann Sachverhalte zu aktuellem oder persönlichem Interesse einigermaßen klar und systematisch erörtern und dabei wichtige Punkte und relevante Details angemessen hervorheben.

> *Kann in einer Plenumsitzung vortragen, was ihre Arbeitsgruppe gemacht hat und worauf die Arbeitsgruppe bei der weiteren Arbeit besonderen Wert legen will.*

> *Kann in einem Gespräch mit Freunden eine längere Erklärung darüber abgeben, was sie bisher am Studienaufenthalt in dieser Stadt besonders lohnend gefunden hat.*

> *Kann einem Gast die aktuelle öffentliche Diskussion über die Vor- und Nachteile eines neuen Stadions darlegen.*

Kann Erfahrungen, Ereignisse und Einstellungen darlegen und dabei seine/ihre Meinung mit Argumenten stützen.

> *Kann in einem Gespräch in der Firma seine Meinung über ein ihm bekanntes Produkt überzeugend darstellen und dabei betonen, was für oder gegen einen Kauf spricht.*

> *Kann bei einer Kurseröffnung beschreiben, warum sie sich zum Kursbesuch entschlossen hat und welche Ziele sie verfolgt.*

> *Kann nach dem Besuch einer Ausstellung im Freundeskreis berichten, was seine Eindrücke sind und warum er die Ausstellung für gelungen und empfehlenswert hält.*

Kann in den meisten Situationen einen kurzen Text relativ spontan und frei vortragen.

> *Kann in einer Arbeitspause ankündigen, dass sie heute nach Arbeitsschluss die Kollegen in ein Lokal um die Ecke einlädt, um einen privaten und noch geheimen Anlass zu feiern.*

> *Kann in einem Kurs den anderen spontan ankündigen, dass sie in einer Theatergruppe mitspielt und sie bald ein Stück aufführen werden.*

> *Kann bei einer Geburtstagsparty mit ein paar Freunden einen kurzen Beitrag für das „Geburtstagskind" machen.*

Kann eine vorbereitete Präsentation gut verständlich vortragen.

Kann in einer Besprechung mit Kollegen den Stand eines Auftrags mit passenden Unterlagen präsentieren.

Kann in einem Referat das Leben und die Karriere eines bekannten Filmschauspielers präsentieren.

Kann in ihrer Kursgruppe mit Hilfe von Fotos präsentieren, wie ein wichtiges Fest in ihrer Kultur gefeiert wird.

Kann Informationen aus längeren Texten zusammenfassend wiedergeben.

Kann als Computerinteressierte Informationen über neue Computerviren, die sie aus einer Newsgroup im Internet bekommen hat, in einem Gespräch zusammenfassen.

Kann in ein Gespräch über einen neuen Film eine Begebenheit einbringen, die sie in einem Interview mit dem Hauptdarsteller gehört hat.

Kann im Kollegenkreis in der Firma berichten, was sie in einem Radiobeitrag über Kinderarbeit gehört hat.

Kann Informationen und Argumente aus verschiedenen Quellen zusammenfassen und kommentiert wiedergeben.

Kann Informationen von mehreren Reisebüros sammeln und darstellen, welches die Vorteile der einzelnen Angebote sind.

Kann als Computerexpertin bei einer Besprechung in der Firma die Stärken und Schwächen von drei verschiedenen Angeboten für eine neue EDV-Ausstattung referieren.

Kann in einer Unterrichtsdiskussion über „Die Rolle der Religion in Österreich“ Argumente und Fakten, die sie im Internet gefunden hat, vorbringen.

Kann Vermutungen über Sachverhalte, Gründe und Folgen anstellen.

Kann im Pausengespräch nach einem Solo-Jackpot im Lotto sagen, was sie mit dem vielen Geld machen würde.

Kann in einem lockeren Gespräch darüber fantasieren, was der Arbeitskollege im Urlaub wohl gerade macht.

Kann in einer Firmenbesprechung sagen, was passieren könnte, wenn eine bestimmte Arbeit nicht rechtzeitig fertig wird.

Kann seine/ihre Gedanken und Gefühle beschreiben.

Kann nach einem längeren Aufenthalt im Ausland ihre gemischten Gefühle beim Abschied beschreiben.

Kann vor einer größeren Prüfung von seiner Nervosität und seinen Angstgefühlen erzählen.

Kann vor einem neuen Lebensabschnitt über ihre Freude, Hoffnung und auch Skepsis sprechen.

Kann eine Geschichte zusammenhängend erzählen.

Kann erzählen, wie er auf seiner letzten Reise Gastfreundschaft erlebt hat.

Kann eine lustige Anekdote mit einem Lehrer aus seiner Schulzeit wiedergeben.

Kann davon erzählen, was ihr bei einem Vorstellungsgespräch passiert ist .

Kann über aktuelle oder abstrakte Themen sprechen und seine/ihre Gedanken und Meinungen dazu äußern.

Kann in einer Gruppe von Kollegen über ein Ereignis in einem anderen Land berichten und dieses aus seiner Sicht kommentieren.

Kann am Arbeitsplatz darüber berichten, wie man ähnliche Situationen in seiner früheren Firma gelöst hat, und die Vorteile dieses Vorgehens begründen.

Kann bei einer Diskussion in der Kursgruppe die Meinung eines politischen Kommentators aus den Fernsehnachrichten kurz wiedergeben und dieser Meinung ihre eigene entgegensetzen.

Kann komplexere Abläufe beschreiben.

Kann ausführlich beschreiben, wie sie Familie und Beruf gleichzeitig organisiert.

Kann in einer kurzen Präsentation seinen Studienkollegen erklären, mit welchen Arbeitsschritten er zu den vorliegenden Ergebnissen gekommen ist.

Kann darstellen, in welchen Schritten sie an ihrem Arbeitsplatz ein anstehendes Projekt bearbeiten möchte.

Globale Kannbeschreibungen: Produktion schriftlich

Kann mit einem relativ umfangreichen Wortschatz längere und detailliertere Texte zu verschiedenen allgemeinen oder aktuellen Themen schreiben und dabei einen bestimmten Standpunkt darlegen.

Kann in Texten zu Themen aus seinem/ihrem Fach- und Interessengebiet eine Argumentation aufbauen und die einzelnen Argumente aufeinander beziehen.

Kann bei relativ guter Beherrschung der Grammatik eine Reihe von Konnektoren und anderen Mitteln der Textverknüpfung anwenden, um seine/ihre Ausführungen zu einem klaren, zusammenhängenden Text zu verbinden, wobei thematische Übergänge dabei aber noch sprunghaft bleiben können.

Kann Orthographie und Interpunktion weitgehend regelkonform anwenden.

Kann in Texten seine/ihre deutschsprachlichen Kenntnisse bei relativ guter Beherrschung der Grammatik so anwenden, dass kaum Fehler entstehen, bzw. kann viele Fehler selbst korrigieren.

Detaillierte Kannbeschreibungen *mit Beispielen*: Produktion schriftlich

Kann über eine Vielzahl von Themen, die ihn/sie interessieren, klare und detaillierte Berichte schreiben.

> *Kann für eine E-Mail an ihre Freunde einen längeren Bericht über eine Reise schreiben.*

> *Kann einen Praxisbericht über die Erfahrungen mit einem neuen Arbeitsgerät schreiben.*

> *Kann für die Kurszeitung einen Bericht über eine Exkursion der Kursgruppe schreiben.*

Kann ein vertrautes Thema systematisch darlegen und dabei entscheidende Punkte angemessen hervorheben sowie die Darlegungen stützende Beispiele anführen.

> *Kann das Beispiel eines „unschuldig Verurteilten" als Stütze ihrer Argumentation in eine Erörterung über die Todesstrafe einbauen.*

> *Kann für die Kurszeitschrift die verschiedenen Argumente für oder gegen die Einführung von Studiengebühren am Beispiel ihrer Studienerfahrungen darstellen.*

> *Kann in einer E-Mail nach einer Reise ihre Reiseeindrücke geordnet schildern und dabei eine Episode in den Mittelpunkt stellen.*

Kann seine/ihre Gedanken und Gefühle beschreiben.

> *Kann zu Beginn eines Kurses, der von einem längeren Auslandsaufenthalt begleitet ist, die Motive, die sie zu diesem Aufenthalt bewogen haben, und ihre Erwartungen für die nächste Zeit beschreiben.*

> *Kann nach einem Bewerbungsgespräch in einer E-Mail beschreiben, welche Bedenken er vor diesem Termin hatte und wie sich sein Gefühl im Verlauf des Gesprächs verändert hat.*

> *Kann nach einem Kinobesuch in einem Brief beschreiben, was bei einer Schlüsselszene des Films in ihr vorgegangen ist.*

Kann in Texten Vermutungen über Sachverhalte, Gründe und Folgen anstellen.

> *Kann einen Bericht schreiben, in dem er seine Vermutungen über den Fortgang eines Projekts darlegt.*

> *Kann in einem Bericht von einer Reise, bei der sie einen Anschlussflug gerade noch erreicht hat, darüber spekulieren, was sonst gewesen wäre.*

> *Kann für den Unterricht in einem Aufsatz Vermutungen über den Fortgang eines Videofilms darlegen.*

Kann von Artikeln oder Beiträgen zu Themen von allgemeinem Interesse eine Zusammenfassung schreiben.

> *Kann aus einer längeren Reportage über „Medikamente im Fleisch" einen kurzen Auszug mit den wichtigsten Informationen machen.*

> *Kann aus einem Handbuch seines Fachgebiets Informationen so herausschreiben und zusammenfassen, dass sie als Lernunterlage dienen können.*

> *Kann aus einem längeren Artikel über Alkoholkonsum eine kurze Unterlage für eine Rollendiskussion im Kurs anfertigen.*

Kann Informationen und Argumente aus verschiedenen Quellen zusammenführen und gegeneinander abwägen.

> *Kann für einen Aufsatz zu einem umstrittenen Thema wie „Gentechnik" Positionen von Befürwortern und Gegnern einander gegenüberstellen.*

> *Kann die Interessengegensätze von Konsumenten und Bediensteten in der Frage der Ladenöffnungszeiten übersichtlich darstellen und ihre eigene Meinung damit stützen.*

> *Kann als Grundlage für eine Besprechung die Informationen zu verschiedenen Produkten bewertend notieren.*

Kann sich während eines Gesprächs oder einer Präsentation im eigenen Fach- oder Interessengebiet Notizen machen.

> *Kann als Zuhörerin eines Referats Notizen über Informationen und Hinweise machen, die für sie besonders wichtig sind.*

> *Kann bei einer Produktpräsentation wesentliche Merkmale mitschreiben, die dieses Produkt von ähnlichen unterscheiden.*

> *Kann in einer Besprechung Notizen machen, die die wesentlichen Absprachen enthalten.*

Kann Erfahrungen und reale oder fiktive Ereignisse detailliert und zusammenhängend beschreiben.

> *Kann auf der Grundlage einiger inhaltlicher Vorgaben einen Zeugenbericht über einen fiktiven Diebstahl schreiben.*

> *Kann in einem Bericht für die Haushaltsversicherung schreiben, wie der Schaden (z. B. Glasbruch) entstanden ist.*

> *Kann in ihrem interkulturellen Tagebuch beschreiben, wie sie Weihnachten in den Schweizer Bergen erlebt hat, und die Eindrücke zu den bisher gemachten Erfahrungen in Beziehung setzen.*

Kann eine zusammenhängende Geschichte schreiben.

> *Kann für ein Unterrichtsspiel „Wahr oder falsch?" eine ungewöhnliche Geschichte aus seinem Familienkreis aufschreiben.*

> *Kann in einen Brief eine Erzählung einbauen, wie er mit Kollegen und Kolleginnen zusammen das „Mittsommernachtsfest" gefeiert hat.*

> *Kann für ein „Kurs-Märchenbuch" ein typisches kurzes Märchen aus ihrer Kultur aufschreiben.*

Kann Anzeigen verfassen, die seine/ihre Interessen oder Bedürfnisse betreffen.

> *Kann eine Wohnungsanzeige schreiben, in der sie die Eigenschaften der gesuchten Wohnung angibt.*

> *Kann im Internet eine Anzeige platzieren, in der sie Anschluss an eine Musikgruppe sucht.*

> *Kann in einem Stellengesuch formulieren, welche Kenntnisse und Erfahrungen er in seinen Arbeitsbereich einbringen kann.*

Kann über aktuelle oder abstrakte Themen schreiben und seine/ihre Gedanken und Meinungen dazu ausdrücken.

> *Kann in einem Aufsatz mögliche Ursachen und Konsequenzen eines aktuellen Konfliktes beschreiben.*

> *Kann in einem Hand-out für eine Mitarbeiterbesprechung ihre Vorschläge und Gedanken für flexiblere Arbeitszeiten im Betrieb darstellen.*

> *Kann in einem Beitrag für eine Newsgroup von Tierschützern festhalten, wie ihrer Meinung nach die Lobby der Agrarindustrie jeden Fortschritt im Tierschutz verhindert.*

Globale Kannbeschreibungen: Sprachmittlung mündlich
aus dem Deutschen

Kann wichtige Inhalte längerer deutschsprachiger Äußerungen in Standardsprache zu Themen von allgemeinem Interesse anderen Personen in der gemeinsamen Sprache zusammenfassend weitergeben.

Kann wichtige Aussagen und Standpunkte komplexerer mündlicher deutscher Texte aus dem eigenen Fach- oder Interessengebiet anderen Personen in der gemeinsamen Sprache zusammenfassend weitergeben.

Kann wichtige Inhalte komplexerer schriftlicher deutscher Texte, in denen die Schreibenden besondere Standpunkte zu Themen von allgemeinem Interesse einnehmen, anderen Personen in der gemeinsamen Sprache zusammenfassend weitergeben.

Kann wichtige Inhalte schriftlicher deutscher Texte aus dem eigenen Fach- oder Interessengebiet anderen Personen in der gemeinsamen Sprache zusammenfassend weitergeben, wobei zur Kontrolle ein Wörterbuch hilfreich sein kann.

Detaillierte Kannbeschreibungen *mit Beispielen*: Sprachmittlung mündlich
aus dem Deutschen

Kann wichtige Inhalte aus längeren mündlichen deutschsprachigen Beiträgen zu aktuellen Themen von allgemeinem Interesse anderen Personen in der gemeinsamen Sprache zusammenfassend weitergeben.

> *Kann einem Freund wichtige Inhalte eines deutschsprachigen Videos zu dessen Hobby in der gemeinsamen Sprache erklärend weitergeben.*

> *Kann während einer deutschsprachigen Fernsehdiskussion wichtige Meinungsäußerungen der Diskussionsteilnehmer einem interessierten Kollegen in der gemeinsamen Sprache weitergeben.*

> *Kann nach einer Nachrichtensendung die unterschiedlichen Standpunkte des deutschen Innenministers und einer Oppositionspolitikerin über die Neuregelung des Asylrechts einer Mitstudentin in der gemeinsamen Sprache weitergeben.*

Kann als Zuhörer von längeren deutschsprachigen Diskussionen zu Themen des eigenen Fach- oder Interessengebiets wichtige Inhalte anderen Personen in der gemeinsamen Sprache weitergeben.

> *Kann als Zuhörerin einer deutschsprachigen Podiumsdiskussion über Fleischkonsum wesentliche Punkte der Diskutanten einer interessierten Kollegin in der gemeinsamen Sprache weitergeben.*

> *Kann auf einer Fachmesse in einer Diskussion unterschiedliche Standpunkte der deutschsprachigen Gesprächsteilnehmer einem Geschäftspartner in der gemeinsamen Sprache vereinfacht weitergeben.*

> *Kann wichtige Inhalte einer längeren deutschsprachigen Diskussion über Werbung im Fernsehen einem Austauschstudenten in der gemeinsamen Sprache zusammengefasst weitergeben.*

Kann wichtige Punkte mündlicher deutschsprachiger Präsentationen und Vorträge aus seinem/ihrem Fachgebiet für andere Personen leicht nachvollziehbar in der gemeinsamen Sprache zusammenfassen.

> *Kann die wichtigsten Inhalte eines deutschsprachigen Vortrages über Trends in der Ernährung einer interessierten Freundin in der gemeinsamen Sprache weitergeben.*

> *Kann die wichtigsten Aussagen eines Referates einer deutschsprachigen Kollegin über „Mehrsprachigkeit in der Erziehung" einer Freundin in der gemeinsamen Sprache weitergeben.*

> *Kann wichtige Aussagen aus einer deutschsprachigen Präsentation über die „Ferienregion Berner Oberland" einer Kollegin in der gemeinsamen Sprache weitergeben.*

Kann wichtige Inhalte aus komplexeren schriftlichen deutschsprachigen informierenden Texten zu aktuellen Themen anderen Personen in der gemeinsamen Sprache zusammenhängend weitergeben.

> *Kann wichtige Informationen aus einer deutschsprachigen Zeitschriftenreportage über ein Wildreservat für eine interessierte Kollegin in der gemeinsamen Sprache mündlich zusammenfassen.*

> *Kann wichtige Informationen eines deutschsprachigen Artikels aus dem Internet über Klimaerwärmung für einen Mitstudenten, der ein Kurzreferat für den Geografieunterricht schreibt, in der gemeinsamen Sprache mündlich zusammenfassen.*

> *Kann Meinungen und unterschiedliche Standpunkte eines deutschsprachigen Zeitungsberichts zum Thema „Passives Rauchen" für eine interessierte Freundin in der gemeinsamen Sprache mündlich zusammenfassen.*

Kann anderen Personen wichtige Inhalte geläufiger deutschsprachiger Schreiben in der gemeinsamen Sprache weitergeben.

> *Kann wichtige Detailinformationen aus einer deutschsprachigen E-Mail (z. B. warum ein Termin abgesagt werden musste) einer Freundin in der gemeinsamen Sprache weitergeben.*

> *Kann die wichtigsten Inhalte einer schriftlichen Anweisung der deutschsprachigen Vorgesetzten an alle in der Abteilung Beschäftigten einer Arbeitskollegin in der gemeinsamen Sprache weitergeben.*

> *Kann einem Freund aus der Fußballmannschaft die Inhalte eines deutschsprachigen Trainingsplans in der gemeinsamen Sprache weitergeben.*

Kann wichtige Inhalte längerer schriftlicher deutschsprachiger Fachtexte aus dem eigenen Fachgebiet anderen Personen in der gemeinsamen Sprache weitergeben.

> *Kann für eine Arbeitskollegin wichtige Inhalte eines deutschsprachigen Artikels aus einer Fachzeitschrift zum Thema „Netzwerk am Arbeitsplatz" in der gemeinsamen Sprache zusammenfassen.*

> *Kann zur Vorbereitung eines gemeinsamen Vortrages wichtige Pro- und Contra-Argumente eines deutschsprachigen Beitrags zur Städteplanung aus dem Internet einem Mitstudenten in der gemeinsamen Sprache zusammenhängend weitergeben.*

> *Kann einer Kollegin im Büro die wichtigen Teile eines deutschsprachigen Handbuchs für ein neues PC-Programm in der gemeinsamen Sprache zusammenhängend weitergeben.*

Allgemeine Kannbeschreibungen: Sprachmittlung mündlich
aus einer anderen Sprache

Kann wichtige Inhalte längerer Äußerungen einer anderen Sprache zu Themen von allgemeinem oder aktuellem Interesse zusammenfassend und gut verständlich an Deutschsprachige auf Deutsch weitergeben.

Kann die Hauptaussagen und wichtige Meinungen komplexer mündlicher Texte einer anderen Sprache zu Themen aus dem eigenen Fach- oder Interessengebiet zusammenfassend und gut verständlich an Deutschsprachige auf Deutsch weitergeben.

Kann wichtige Inhalte schriftlicher Texte einer anderen Sprache zu Themen von allgemeinem oder aktuellem Interesse vereinfacht und gut verständlich an Deutschsprachige auf Deutsch weitergeben.

Kann wichtige Inhalte schriftlicher Texte einer anderen Sprache zu Themen aus dem eigenen Fach- oder Interessengebiet, auch mit Hilfe von eigenen Notizen, ausreichend klar und verständlich an Deutschsprachige auf Deutsch weitergeben.

Detaillierte Kannbeschreibungen *mit Beispielen*: Sprachmittlung mündlich
aus einer anderen Sprache

Kann Deutschsprachigen wichtige Aussagen und Argumente aus anderssprachigen mündlichen Texten und Diskussionsbeiträgen zu aktuellen Themen – eventuell mit Hilfe von Notizen – gut verständlich auf Deutsch weitergeben.

> *Kann wichtige Meinungsäußerungen aus einer anderssprachigen Fernsehdiskussion zu einem aktuellen politischen Ereignis einem deutschsprachigen Besucher vereinfacht auf Deutsch weitergeben.*

> *Kann als Austauschstudent wichtige Inhalte eines Videos über die Geschichte seines Landes abschnittweise seinen deutschsprachigen Mitstudenten auf Deutsch weitergeben.*

> *Kann beim Fernsehen die Standpunkte der Teilnehmer einer anderssprachigen Debatte über gesunde Ernährung einer deutschsprachigen Kollegin auf Deutsch weitergeben.*

Kann Deutschsprachigen detaillierte Inhalte anderssprachiger mündlicher Beiträge zu aktuellen Themen oder aus dem eigenen Fach- oder Interessengebiet – eventuell mit Hilfe von Notizen – gut verständlich auf Deutsch weitergeben.

> *Kann während einer anderssprachigen Nachrichtensendung eine aktuelle Meldung einer deutschsprachigen Kollegin detailliert auf Deutsch weitergeben.*

> *Kann bei einer anderssprachigen Produktpräsentation auf Video wichtige Vor- und Nachteile des Produktes für die deutschsprachige Chefin auf Deutsch mündlich zusammenfassen.*

> *Kann einem neuen, deutschsprachigen Arbeitskollegen anderssprachige Vorschläge und Anweisungen eines Vorgesetzten auf Deutsch weitergeben.*

Kann aus einer anderen Sprache wichtige Inhalte aus schriftlichen komplexen informierenden Texten zu aktuellen Themen Deutschsprachigen gut verständlich auf Deutsch weitergeben.

> *Kann deutschsprachigen Freunden die Empfehlungen einer anspruchsvollen schriftlichen Reportage über ein Land, das als Reiseziel gewählt wurde, auf Deutsch zusammenhängend weitergeben.*

> *Kann seinen deutschsprachigen Mitstudenten detaillierte Informationen eines anderssprachigen Internetartikels zum Thema „Elektronische Musik" auf Deutsch zusammenhängend weitergeben.*

> *Kann einem Besucher aus Deutschland zentrale Inhalte und Standpunkte eines anderssprachigen Zeitungsberichtes zum Thema „Werbung der Tabakindustrie" auf Deutsch zusammenhängend weitergeben.*

Kann aus einer anderen Sprache wichtige Inhalte geläufiger Schreiben Deutschsprachigen verständlich auf Deutsch weitergeben.

> *Kann wichtige Abschnitte aus einer anderssprachigen Hausordnung einer deutschsprachigen Kollegin auf Deutsch weitergeben.*

> *Kann wichtige Inhalte einer anderssprachigen amtlichen Vorladung einem deutschsprachigen Kollegen auf Deutsch weitergeben.*

> *Kann die wichtigsten Punkte einer schriftlichen Programmankündigung eines Festivals und die Einschätzung der auftretenden Künstler einem deutschsprachigen Gast auf Deutsch weitergeben.*

Kann aus einer anderen Sprache wichtige Inhalte oder Standpunkte schriftlicher Beiträge zu aktuellen Themen oder aus dem eigenen Fach- oder Interessengebiet Deutschsprachigen gut verständlich auf Deutsch weitergeben.

> *Kann einer deutschsprachigen Arbeitskollegin im Büro neue Ideen und Vorschläge aus einem anderssprachigen Fachartikel zum Thema „Computergrafik" zusammenhängend auf Deutsch weitergeben.*

> *Kann einem deutschsprachigen Fachkollegen wichtige Pro- und Contra-Argumente eines anderssprachigen Beitrages über Chemotherapie aus einer Fachzeitschrift auf Deutsch weitergeben.*

> *Kann einer deutschsprachigen Kollegin im Büro die wesentlichen Punkte eines anderssprachigen Arbeitsdossiers mit Fachkorrespondenz schrittweise auf Deutsch erklärend weitergeben.*

Globale Kannbeschreibungen: Sprachmittlung mündlich
aus dem Deutschen ins Deutsche

Kann wichtige Aussagen von längeren mündlichen deutschen Texten zu den meisten Themen von allgemeinem oder aktuellem Interesse anderen Personen vereinfachend und erklärend auf Deutsch weitergeben.

Kann wichtige Aussagen und Argumente von komplexeren mündlichen deutschen Texten zu den meisten Themen aus dem eigenen Fach- oder Interessengebiet anderen Personen vereinfachend und erklärend auf Deutsch weitergeben.

Kann wichtige Inhalte und Argumente von komplexeren schriftlichen deutschen Texten zu konkreten und abstrakten Themen anderen Personen vereinfachend und erklärend auf Deutsch weitergeben.

Detaillierte Kannbeschreibungen *mit Beispielen*: Sprachmittlung mündlich
aus dem Deutschen ins Deutsche

Kann die Hauptpunkte aus längeren mündlichen deutschsprachigen Medienberichten zu verschiedenen aktuellen Themen für andere Personen auf Deutsch vereinfachen.

> *Kann die Besprechung eines neu erschienenen Buches in einer deutschsprachigen Fernsehsendung für seine Studienkollegin auf Deutsch vereinfachen.*

> *Kann die zentralen Gedanken einer deutschsprachigen Fernsehreportage über „Ökologie und moderne Technik" für die Mitbewohner im Studentenheim, die nicht so gut Deutsch verstehen, vereinfacht auf Deutsch mündlich zusammenfassen.*

> *Kann kontroverse Standpunkte einer deutschsprachigen Radioreportage über Ausländerpolitik seinen Freunden, die nicht alles verstanden haben, vereinfacht auf Deutsch weitergeben.*

Kann wichtige Inhalte aus längeren mündlichen deutschsprachigen Vorträgen oder Beiträgen aus dem eigenen Fach- oder Interessengebiet für andere Personen auf Deutsch vereinfachen.

> *Kann nach einem Referat über „Geldwäsche" die wichtigsten Standpunkte des deutschsprachigen Redners für interessierte Arbeitskollegen, die nicht alles verstanden haben, vereinfacht auf Deutsch umschreiben.*

> *Kann nach einem Fernsehbeitrag über deutschsprachige Literatur wichtige Gedanken einzelner Referenten für eine Freundin vereinfacht mündlich auf Deutsch zusammenfassen.*

> *Kann nach einem deutschsprachigen Radiovortrag über internationales Recht die Hauptpunkte für einen Berufskollegen mündlich auf Deutsch zusammenfassen.*

Kann komplexere deutschsprachige informierende schriftliche Texte zu aktuellen Themen für andere Personen auf Deutsch vereinfachen.

> *Kann Informationen einer deutschsprachigen Website über deutsche Briefmarken einem Kollegen, der dazu Fragen hat, vereinfacht auf Deutsch weitergeben.*

> *Kann schwer zu verstehende deutschsprachige Informationen eines Fachartikels über das deutsche Gesundheitssystem für eine Kollegin vereinfacht auf Deutsch mündlich zusammenfassen.*

> *Kann die Pro- und Contra-Argumente eines längeren deutschsprachigen Artikels über die deutsche Rechtschreibung einer Kollegin mit einfacheren Worten auf Deutsch erklären.*

Globale Kannbeschreibungen: Sprachmittlung mündlich
zwischen dem Deutschen und einer anderen Sprache

Kann in Gesprächen zu Themen von aktuellem oder allgemeinem Interesse zwischen deutschsprachigen und anderssprachigen Gesprächspartnern für den Gesprächsverlauf relevante Teile in beiden Sprachen wechselseitig einigermaßen angemessen weitergeben.

Kann in Gesprächen über das eigene Fach- oder Interessengebiet zwischen deutschsprachigen und anderssprachigen Gesprächspartnern die Hauptpunkte des Gesprächs in beiden Sprachen wechselseitig weitergeben, auch wenn er/sie bei bestimmten deutschen Formulierungen oder Fachbegriffen klärend nachfragen muss.

Detaillierte Kannbeschreibungen *mit Beispielen:* Sprachmittlung mündlich
zwischen dem Deutschen und einer anderen Sprache

Kann in einem Gespräch über aktuelle oder ihn/sie interessierende Themen zwischen deutschsprachigen und anderssprachigen Teilnehmern wichtige Aussagen oder Meinungen in beiden Sprachen wechselseitig weitergeben.

> *Kann in einem Gespräch zwischen einem deutschsprachigen Gast und seinen Mitbewohnern über Terrorismus die Aussagen in beiden Sprachen wechselseitig weitergeben.*

> *Kann anlässlich eines internationalen Treffens von Studierenden persönliche Wünsche und Vorstellungen der Diskussionsteilnehmer ausreichend genau in beiden Sprachen wechselseitig weitergeben.*

> *Kann während einer Gewerkschaftsversammlung unterschiedliche Standpunkte der deutsch- und anderssprachigen Arbeitnehmer in beiden Sprachen wechselseitig weitergeben.*

Kann in einer fachlichen Diskussion zwischen deutschsprachigen und anderssprachigen Teilnehmern wichtige Inhalte, Standpunkte und Begründungen zusammenfassend in beiden Sprachen wechselseitig weitergeben.

> *Kann in einem Gespräch über ein Thema des Studienfaches die wichtigsten Argumente der Teilnehmer sowie präzisierende Fragen einer Gaststudentin in beiden Sprachen wechselseitig sinngemäß weitergeben.*

> *Kann auf einer Fachmesse in einer Verhandlung unterschiedliche Standpunkte der deutsch- und anderssprachigen Geschäftspartner über Produkt, Preise und Termine in beiden Sprachen wechselseitig weitergeben.*

> *Kann während einer Betriebsbesichtigung von Geschäftspartnern aus anderen Ländern präzise Fragen und Antworten zur Produktion erklärend und zusammenfassend in beiden Sprachen wechselseitig weitergeben.*

Globale Kannbeschreibungen: Sprachmittlung schriftlich aus dem Deutschen

Kann die Hauptaussagen komplexerer mündlicher deutscher Texte aus dem eigenen Fach- oder Interessengebiet für andere Personen in der gemeinsamen Sprache vereinfacht oder mit Stichworten notieren.

Kann wichtige Inhalte komplexerer schriftlicher deutscher Texte aus dem eigenen Fach- oder Interessengebiet für andere Personen in der gemeinsamen Sprache vereinfacht oder mit Stichworten notieren.

Detaillierte Kannbeschreibungen *mit Beispielen*: Sprachmittlung schriftlich aus dem Deutschen

Kann wichtige Aussagen und Meinungen mündlicher deutschsprachiger Beiträge zu aktuellen Themen oder aus dem eigenen Fach- oder Interessengebiet für andere Personen in der gemeinsamen Sprache schriftlich festhalten.

> *Kann die wichtigsten Inhalte eines deutschsprachigen Vortrages über Trends in der Gartenarchitektur für eine erkrankte Arbeitskollegin schriftlich in der gemeinsamen Sprache zusammenfassen.*

> *Kann die wichtigsten Meldungen aus den deutschsprachigen Fernsehnachrichten über einen Militäreinsatz für einen Bekannten in der gemeinsamen Sprache notieren.*

> *Kann die wichtigsten Meinungsäußerungen einer deutschsprachigen Podiumsdiskussion zum Thema „Sponsoring" für ihren Arbeitgeber in einem schriftlichen Kurzbericht in der gemeinsamen Sprache zusammenfassen.*

Kann aus komplexeren schriftlichen deutschsprachigen Texten zu Themen von allgemeinem oder aktuellem Interesse detaillierte Informationen für andere Personen in der gemeinsamen Sprache notieren.

> *Kann die wichtigsten Abschnitte eines deutschsprachigen Mietvertrages für eine Freundin, die in Innsbruck eine Wohnung mieten will, in der gemeinsamen Sprache schriftlich zusammenfassen.*

> *Kann die wichtigsten Abschnitte eines deutschsprachigen Versicherungstextes für einen Freund, der in Deutschland einen Unfall hatte, in der gemeinsamen Sprache schriftlich zusammenfassen.*

> *Kann die wichtigsten Schritte und Anweisungen für eine Diät aus einer deutschsprachigen Zeitschrift für einen kranken Kollegen in der gemeinsamen Sprache notieren.*

Kann wichtige Punkte komplexerer schriftlicher deutschsprachiger Fachtexte aus dem eigenen Fachgebiet für andere Personen in der gemeinsamen Sprache notieren.

> *Kann wichtige Abschnitte eines Artikels aus einer deutschen Fachzeitschrift zur Prüfungsvorbereitung für Mitstudenten in der gemeinsamen Sprache notieren.*

> *Kann zentrale Aussagen eines deutschsprachigen Fachbuches auf Wunsch der Kollegen am Arbeitsplatz in der gemeinsamen Sprache schriftlich festhalten.*

> *Kann Ansichten und Meinungsäußerungen einer deutschsprachigen Internetseite für Teilnehmer einer Newsgroup in der gemeinsamen Sprache schriftlich notieren.*

**Globale Kannbeschreibungen: Sprachmittlung schriftlich
aus einer anderen Sprache**

Kann die Hauptaussagen und wichtige Standpunkte mündlicher Texte einer anderen Sprache aus dem eigenen Fach- oder Interessengebiet mit einfachen Sätzen oder Stichworten für Deutschsprachige auf Deutsch notieren, wobei beim Schreiben ein Wörterbuch zur Kontrolle hilfreich sein kann.

Kann wichtige Inhalte schriftlicher Texte einer anderen Sprache zu Themen von allgemeinem oder aktuellem Interesse mit einfachen Sätzen oder Stichworten für Deutschsprachige auf Deutsch notieren, wobei beim Schreiben ein Wörterbuch zur Kontrolle hilfreich sein kann.

**Detaillierte Kannbeschreibungen *mit Beispielen*: Sprachmittlung schriftlich
aus einer anderen Sprache**

Kann aus einer anderen Sprache wichtige Inhalte mündlicher Beiträge oder Medienberichte zu aktuellen Themen für Deutschsprachige klar strukturiert auf Deutsch notieren.

Kann beim Fernsehen für einen deutschsprachigen Arbeitskollegen Reiserouten und Empfehlungen eines anderssprachigen Reisemagazins klar gegliedert auf Deutsch notieren.

Kann für deutschsprachige Studienkollegen die wichtigsten Meinungen einer anderssprachigen Podiumsdiskussion über „Essen im Mittelalter" in einem schriftlichen Bericht auf Deutsch zusammenfassen.

Kann für eine erkrankte deutschsprachige Freundin die wichtigsten Inhalte einer anderssprachigen Reportage über ein gemeinsames Hobby schriftlich auf Deutsch zusammenfassen.

Kann aus einer anderen Sprache wichtige Inhalte aus schriftlichen komplexen informierenden Texten zu aktuellen Themen für Deutschsprachige gut verständlich auf Deutsch notieren.

Kann für einen deutschsprachigen Freund, der im Ausland einen Unfall hatte, die wichtigsten Abschnitte des Unfallprotokolls in schriftlicher Form auf Deutsch festhalten.

Kann für einen deutschsprachigen Trainingspartner die wichtigsten Schritte eines Trainingsprogramms aus einer anderssprachigen Sportzeitschrift auf Deutsch schriftlich zusammenfassen.

Kann für eine deutschsprachige E-Mail-Freundin wichtige Informationen aus der anderssprachigen Website einer Rockgruppe schriftlich auf Deutsch zusammenfassen.

Kann aus einer anderen Sprache wichtige Inhalte geläufiger Schreiben für Deutschsprachige auf Deutsch festhalten und weitergeben.

Kann alle wichtigen Angaben eines anderssprachigen Auftrags eines Geschäftspartners einer deutschsprachigen Arbeitskollegin schriftlich auf Deutsch weitergeben.

Kann die Inhalte einer anderssprachigen Vorladung bei der Meldebehörde für einen deutschsprachigen Mitbewohner im Studentenheim auf Deutsch notieren.

Kann wichtige Einzelheiten aus einem anderssprachigen Mietvertrag einer deutschsprachigen Kollegin auf Deutsch weitergeben.

Kann aus einer anderen Sprache wichtige Inhalte oder Standpunkte schriftlicher Beiträge zu aktuellen Themen oder aus dem eigenen Fach- oder Interessengebiet für Deutschsprachige gut verständlich auf Deutsch notieren.

Kann für seine deutschsprachigen Berufskollegen im Spital die Hauptargumente eines anderssprachigen Fachbuches über Alternativmedizin in schriftlicher Form auf Deutsch zusammenfassen.

Kann für einen deutschen Brieffreund Ideen und Meinungsäußerungen aus einem anderssprachigen populärwissenschaftlichen Artikel in einer E-Mail schriftlich auf Deutsch zusammenfassen.

Kann für deutschsprachige Studienkollegen die Hauptpunkte eines neuen anderssprachigen Instruktionshandbuches klar strukturiert auf Deutsch zusammenfassen.

9 Sprachhandlungen

Informationsaustausch

Mitteilung
identifizieren, benennen
feststellen, behaupten
    als gegeben, wahr darstellen (Affirmation)
    als nicht gegeben, nicht wahr darstellen (Negation)
    als selbstverständlich darstellen
    als sicher, gewiss darstellen
    als offenbar, augenscheinlich darstellen
    als wahrscheinlich darstellen
    als möglich darstellen
    als unsicher, ungewiss darstellen
    als unwahrscheinlich darstellen
    als unmöglich darstellen
verallgemeinern, generalisieren
beschreiben
erklären
auf etwas aufmerksam machen
an etwas erinnern
berichten
Äußerungen wiedergeben
ankündigen
hypothetisch sprechen
    von eventuellen Sachverhalten sprechen
    von irrealen Sachverhalten sprechen
versichern, beteuern

Frage
Informationen erfragen
sich vergewissern

Antwort
bejahen
verneinen
Auskunft geben als Antwort
Nichtwissen ausdrücken
Antwort verweigern

Ausdruck kognitiver Einstellungen
Wissen ausdrücken
Überzeugung ausdrücken
Glauben ausdrücken
Vermutungen ausdrücken
Zweifel ausdrücken
Nichtwissen ausdrücken

Frage nach kognitiver Einstellung
nach Wissen fragen
nach Überzeugung, Glauben, Vermutungen fragen

Bewertung, Kommentar

Meinungsäußerung
Meinungen, Ansichten ausdrücken
Partei nehmen

Beurteilung von Zuständen, Ereignissen, Handlungen
loben, positiv bewerten
billigen
dankend anerkennen
bagatellisieren, verzeihen
kritisieren, negativ bewerten
missbilligen
Vorwürfe machen, beschuldigen
bedauern

Rechtfertigung
begründen, rechtfertigen
zugeben, eingestehen
sich entschuldigen

Bitte um Stellungnahme
Meinungen erfragen
um Beurteilung bitten
Zustimmung suchen
Rechtfertigung verlangen

Konsens – Dissens
zustimmen, beipflichten
widersprechen
korrigieren
einräumen
einwenden
auf etwas beharren, Einwände zurückweisen
widerrufen

Ausdruck persönlicher Einstellungen und Werthaltungen
Interesse ausdrücken
Wertschätzung ausdrücken
Wunschvorstellungen ausdrücken
Vorliebe ausdrücken
Indifferenz ausdrücken
Geringschätzung, Missfallen ausdrücken
Desinteresse ausdrücken

Frage nach persönlichen Einstellungen und Werthaltungen
nach Interesse fragen
nach Wertschätzung fragen
nach Wunschvorstellungen fragen
nach Vorlieben fragen

Gefühlsausdruck

Sympathie ausdrücken
Mitgefühl ausdrücken
Antipathie ausdrücken
Dankbarkeit ausdrücken
Begeisterung ausdrücken
Freude ausdrücken
Zufriedenheit ausdrücken
Überraschung ausdrücken
Erleichterung ausdrücken
Enttäuschung ausdrücken
Bestürzung ausdrücken
Gelassenheit ausdrücken
Gleichgültigkeit ausdrücken

Resignation ausdrücken
Ratlosigkeit ausdrücken
Hoffnung ausdrücken
Angst, Befürchtung ausdrücken
Kummer ausdrücken
Traurigkeit ausdrücken
Unzufriedenheit ausdrücken
Langeweile ausdrücken
Ungeduld ausdrücken
Verärgerung ausdrücken
Abscheu ausdrücken
Schmerz ausdrücken

Handlungsregulierung

Aufforderung
jemanden auffordern
auffordern zu gemeinsamem Handeln
bitten
um Hilfe bitten
um Hilfe rufen
Wünsche äußern
etwas verlangen, kaufen
bestellen (in Lokalen)
Aufträge geben
gebieten
   anordnen
   verbieten
instruieren
reklamieren
drängen
warnen
drohen
ermuntern
vorschlagen
   auf gemeinsames Handeln bezogen
   auf Handlungen des anderen bezogen
   auf eigene Handlungen bezogen
raten
   einen Rat geben, empfehlen
   abraten
Erlaubnis – Erlaubnisverweigerung
erlauben
dispensieren
Erlaubnis verweigern
Dispens verweigern
Konsultation
um Erlaubnis bitten
um Dispens bitten
um Vorschläge bitten
   auf gemeinsames Handeln bezogen
   auf eigenes Handeln bezogen
um Rat fragen
um Instruktion bitten
Angebot
nach Wünschen fragen
Dinge anbieten

anbieten, etwas zu tun
Hilfe anbieten
einladen
versprechen
Einwilligung – Weigerung
einwilligen
   Reaktion auf allgemeine Aufforderung
   Reaktion auf Bitten oder Wünsche
   Reaktion auf Aufforderung zu gemeinsamem
      Handeln
   Reaktion auf Hilferuf
   Reaktion auf Gebieten
   Reaktion auf Instruieren
   Reaktion auf Drängen
   Reaktion auf Drohen
   Reaktion auf Ermuntern
   Reaktion auf Vorschläge
   Reaktion auf Ratschläge
vereinbaren
Angebote annehmen
   Angebote annehmen allgemein
   Reaktion auf Nachfrage nach Wünschen
   Reaktion auf Anbieten von Dingen
   Reaktion auf Anbieten von Hilfe
   Reaktion auf Einladung
sich weigern
Angebote ablehnen
   Reaktion auf Nachfrage nach Wünschen
   Reaktion auf Anbieten von Dingen
   Reaktion auf Anbieten von Hilfe
   Reaktion auf Einladung
zögern
**Ausdruck handlungsbezogener Einstellungen und
Voraussetzungen**
Intention
   Absicht ausdrücken
   Entschlossenheit ausdrücken
   Unentschlossenheit ausdrücken
   Absichtslosigkeit ausdrücken
   Verzicht ausdrücken
Motivation
   Handlungswunsch ausdrücken
   Präferenz ausdrücken
   Handlungszweck ausdrücken
Realisierbarkeit
   Fähigkeit ausdrücken
   Zuständigkeit, Kompetenz ausdrücken
   Bereitsein ausdrücken
   Machbarkeit ausdrücken
   Nicht-Machbarkeit ausdrücken
   Verhinderung ausdrücken
   Nicht-Zuständigkeit ausdrücken
   Unfähigkeit ausdrücken
Verpflichtung
   auf Verpflichtung hinweisen
   auf Verbote hinweisen
   auf Erlaubtheit hinweisen

Frage nach handlungsbezogenen Einstellungen und Voraussetzungen
Intention
    nach Absicht fragen
    nach Entschlossenheit fragen
Motivation
    nach Handlungswunsch fragen
    nach Präferenz fragen
    nach Handlungszweck fragen
Realisierbarkeit
    nach Fähigkeit fragen
    nach Zuständigkeit fragen
    nach Bereitsein fragen
    nach Machbarkeit fragen
Verpflichtung
    nach Verpflichtung fragen
    nach Erlaubtheit fragen

Soziale Konventionen

Kontaktaufnahme
grüßen
    begrüßen
    zurückgrüßen
über Befinden sprechen
    nach dem Befinden fragen
    auf Frage nach dem Befinden reagieren
vorstellen, sich selbst vorstellen
    sich vorstellen
    jemanden vorstellen
    reagieren, wenn sich jemand vorstellt oder vorge-
        stellt wird
ansprechen
    jemanden ansprechen
    reagieren, wenn man angesprochen wird
eintreten
    um Erlaubnis bitten, eintreten zu dürfen
    jemanden hereinbitten
telefonieren
    sich als Anrufender am Telefon melden
    sich als Angerufener am Telefon melden
Anrede in Briefen
Kontaktbeendigung
Abschied nehmen
    sich verabschieden
    Abschiedsgruß erwidern
Grüße ausrichten
    jemandem Grüße auftragen
    versprechen, Grüße auszurichten
Telefongespräche beenden
    sich am Telefon verabschieden
    Abschiedsgruß am Telefon erwidern
Schluss- und Grußformeln in Briefen
Stabilisierung von Kontakten
Entschuldigungen
    sich entschuldigen
    auf Entschuldigung reagieren

Dank
    sich bedanken
    auf Dank reagieren
Komplimente
    Komplimente machen
    auf Komplimente reagieren
Gratulation
    gratulieren
    auf Gratulation reagieren
Beileid bezeugen
    kondolieren
    auf Kondolation reagieren
Gute Wünsche
    gute Wünsche aussprechen
    auf gute Wünsche reagieren
zuprosten
    jemandem zutrinken
    auf Zutrunk reagieren

Redeorganisation und Verständigungssicherung

Wechselrede
ums Wort bitten
jemanden unterbrechen
anzeigen, dass man weitersprechen will
Aufmerksamkeit des Hörers suchen
das Wort überlassen, übergeben
zum Sprechen auffordern
Zuhören signalisieren
zum Schweigen auffordern
Verständigungssicherung
rückfragen
um Wiederholung bitten
um Buchstabieren bitten
Nicht-Verstehen signalisieren
um sprachliche Erklärungen bitten
    um Erläuterung bitten
    um Übersetzung bitten
um Explizierung, Kommentierung bitten
buchstabieren
Verstehen signalisieren
kontrollieren, ob man akustisch verstanden wird
kontrollieren, ob Inhalt verstanden wird
eigene Äußerung explizieren, kommentieren
Redestrukturierung
Äußerung einleiten
zögern, nach Worten suchen
um Ausdruckshilfe bitten
sich korrigieren
umschreiben
aufzählen
Beispiel geben
Thema wechseln
zusammenfassen
betonen, hervorheben
Äußerung abschließen

10 Allgemeine Begriffe

Personen, Gegenstände, Dinge, Begriffe, …

Referenz auf anwesende Personen (Nominativ)
Referenz auf anwesende Personen (Akkusativ, Dativ)
Einfache Referenz auf Personen, Gegenstände, …
Komplexe Referenz auf Personen, Gegenstände, …
Fragen nach Personen, Gegenständen, …
Spezifizierung von Personen, Gegenständen, …
Unbestimmte Angaben zu Personen, Gegenständen, …
Generalisierung von Personen, Gegenständen, …

Existenz

Sein/Nicht-Sein
Anwesenheit/Abwesenheit
Verfügbarkeit/Nicht-Verfügbarkeit
Vorkommen/Nicht-Vorkommen

Raum

Lage
Ruhezustand
   Ruhezustand allgemein
Ort, Lage
   Unbestimmte Lage
   Gezeigte Lage
   Außen-/Innenlage
   Horizontale/Vertikale Lage
Relative Lage
   Genaue Lage
   Lage in der Nähe/Umgebung
   Lage in Bezug auf einen Ort
   Lage in Bezug auf Himmelsrichtungen
Nähe/Distanz
Bewegung, Richtung
Bewegung und Fortbewegung
Bewegung und Transport
Bewegungsrichtung
   Unbestimmte Richtung
   Bestimmte Richtung
   Bewegungsrichtung horizontal/vertikal
Ziel, Richtung
   Richtungsangabe/Zielangabe
   Lage des Ziels horizontal/vertikal
Herkunft
Weg
Dimensionen, Maße
Größe
Längenmaß
Flächenmaß
Volumen
Gewicht

Zeit

Zeitpunkt, Zeitraum
Unbestimmter Zeitpunkt
Zeitraum/Zeitpunkt
   Sekunde, …, Stunde
   Tag/Tageszeit
   Wochentag, Feiertag
   Monat
   Jahreszeit, Zeitraum
Datum, Uhrzeit
Kontextbezogene Zeitspanne und kontextbezogener
   Zeitpunkt
Vorzeitigkeit
Nachzeitigkeit
Abfolge, Reihenfolge
Gleichzeitigkeit
Zukunftsbezug
Gegenwartsbezug
Vergangenheitsbezug
Ohne Zeitbezug
Frühzeitigkeit/Pünktlichkeit/Verspätung
Frühzeitigkeit/Pünktlichkeit
Verspätung
Zeitdauer
Beginn
Fortdauer, Fortsetzung
Verlauf
Abschluss, Ende
Veränderung/Beständigkeit
Geschwindigkeit
Häufigkeit
Niedrige Frequenz
Hohe Frequenz
Zeitangabe und Häufigkeit
Wiederholung

Quantität

Zahl
Zählbares
Maßangaben
Rechnen
Menge
Gesamtheit
Teilmenge
Grad
Graduierung bei Zahlen
Graduierung bei indefiniten Mengenangaben
Graduierung beim Adjektiv/Adverb

Eigenschaften

Physische Eigenschaften
Form
Temperatur
Farbe
Material
Materialbeschaffenheit
Feuchtigkeit
Sichtbarkeit, Sicht
Hörbarkeit, Geräusch
Geschmack
Geruch
Alter
(Äußerer) Zustand, Verfassung
Personale Eigenschaften
Wissen, Denken
   Wissen
   Kognitive Prozesse
   Kognitive Einstellungen
Gefühl
   Liebe, Zuneigung, Freude, Hass
   Glück, Freude, Zufriedenheit
   Hoffnung, Enttäuschung, Furcht, Angst
   Aufregung, Ärger
Wollen
   Entschluss/Entscheidung
   Absicht
Ausdruck, Sprache
Wertung
Wert, Preis
   Hoher Wert/Preis
   Niedriger Wert/Preis
Qualität allgemein
Ästhetische Qualität
Akzeptabilität
Adäquatheit
Richtigkeit, Wahrheit
Normalität
   Normalität allgemein
   Regel/Regelmäßigkeit
   Ausnahme/Außergewöhnlichkeit
Erwünschtheit
   Wunsch
   Präferenz
   Hoffnung
Nützlichkeit
Wichtigkeit
Notwendigkeit
Möglichkeit
Fähigkeit
Schwierigkeit
Gelingen, Erfolg

Relationen

Handlungs-, Ereignisrelationen
Agens
Objekt
Adressat
Instrument
Art und Weise
Prädikation
Ähnlichkeitsbeziehungen
Identität
Vergleich, Entsprechung, Unterschiedlichkeit
Zugehörigkeit
Besitz
   Besitzer
   Besitzangabe
   Besitzwechsel
Teil – Ganzes
   Gesamtheit
   Teil
Konjunktion
Disjunktion
Inklusion/Exklusion
Inklusion
Exklusion
Opposition, Einschränkung
Kausalität: Grund, Ursache
Frage nach Grund, Ursache
Angabe von Grund, Ursache
Kausalität: Folge, Wirkung
Zweck
Bedingungsverhältnis
Deduktion, Folge

11 Thematischer Wortschatz

Personalien, Informationen zur Person

Name, Anredeform und Dokumente
Vor- und Nachnamen
Buchstabieren und Unterschreiben
Dokumente
Anredeformen
Adresse
Adressenangaben
Stadt
Region
Land
Telekommunikation
Telefon allgemein
Fax und E-Mail
Geburtsdaten
Geburtsdatum und -ort
Alter
Altersangaben
Lebensphasen
Geschlecht
Männlich
Weiblich
Familienstand
Ledig
Verheiratet
Geschieden oder getrennt
Staatsangehörigkeit und Nationalitäten
Staatsangehörigkeit und Staatsbürger
Staatsangehörigkeit in den Ländern D, A, CH
Inland und Ausland
Herkunft
Herkunftsland und -ort
Beruf und Tätigkeit
Berufsangaben
Beruf: Einige Tätigkeiten
Religion
Glauben allgemein
Symbole und Personen der Religion
Religiöse Kultorte
Religiöse Kultfeiern und Handlungen
Religiöse Ämter und Titel
Familie
Enger Familienkreis
Weiterer Familienkreis und Verwandtschaft
Interessen
Interessen, Hobbys, Neigungen
Charakter, Temperament
Charakter und Veranlagung
Charakterzüge und Eigenschaften
Gemütszustände
Äußeres Erscheinungsbild
Aussehen allgemein
Gesicht

Wohnen

Wohnen und Wohnformen
Wohnen und Umziehen
Wohnformen
Wohnraum schaffen und verändern
Räume, Teile des Hauses
Zimmer
Nebenräume
Teile des Raumes
Haus innen
Räume: Geschosse
Haus außen
Einrichtung, Möbel, Bettwäsche
Einrichtung allgemein
Wohn- und Essräume
Schlafräume
Küche
Bad
Nebenräume
Wand und Fenster
Komfort, technische Einrichtungen
Wasser
Heizen
Elektrizität
Elektrisches Licht
Technische Einrichtung: Telefon und Fax
Elektronik: Unterhaltung und Computer
Elektrogeräte: Bedienung
Haushalt und Haushaltsarbeiten
Küchenarbeit
Aufräumen und Putzen
Bodenreinigung
Kleider- und Schuhreinigung
Müll
Haus: Türen und Schlösser
Haus: Öffnen und Schließen
Mieten
Mietformen und -verhältnisse
Mietvertrag, -bedingungen, -kosten
Charakterisierungen im Bereich Wohnen
Charakterisierung der Wohnung
Charakterisierung für Einrichtung und Möbel
Charakterisierung der Wohnlage

Umwelt

Gegend, Stadt, Land
Geographische Bezeichnungen allgemein
Stadt und Industrie
Land und Landwirtschaft
Landschaftsarten
Charakterisierung von Landschaften
Charakterisierung von See und Meer
Naturschutz

Pflanzen, Tiere
Pflanzen allgemein
Blumen
Bäume und Sträucher
Tiere allgemein
Vögel
Fische
Insekten
Haustiere
Wilde Tiere
Klima, Wetter
Klima allgemein
Klima, Wetter: trocken, warm
Klima, Wetter: feucht, kalt
Regen und Schnee
Wetterbericht

Reisen und Verkehr

Orientierung
Frage nach dem Weg
Wegbeschreibung
Fortbewegung und alltägliche Wege
Fortbewegungsarten
Ankommen
Urlaubs- und Ferienreisen
Ferien und Urlaub planen
Reise- und Urlaubsarten
Tourismus und Reisebüro
Sehenswürdigkeiten
Reisewünsche
Öffentlicher Verkehr
Verkehrsteilnehmer und -berufe
Verkehrsmittel benutzen
Öffentliche Verkehrsmittel
Verkehrsmittel: Ein- und Ausstiegsorte
Fahrpläne und Informationen
Fahrkarten und Reservierungen
Gepäck, Transport, Fundsachen
Verkehrsmittel: Erreichen und Verpassen
Verkehr allgemein und privat
Privatverkehr
Auto fahren
Straßen und Plätze
Verkehrsregelung
Verkehrsbedingungen (Unfall, Stau)
Grenzübergang und Ausweispapiere
Zoll
Ausweispapiere und Dokumente
Asylantrag
Auswärts wohnen, Unterkunft
Übernachten auswärts
Übernachtungsmöglichkeiten
Hotel: Reservieren und Anmelden
Hotel: Zimmer und Zimmerservice
Hotel: Personal und Gäste
Hoteleinrichtungen und -räume

Verpflegung

Essen, Trinken, Mahlzeiten
Essen allgemein
Hunger und Durst
Mahlzeiten
Ablauf einer Mahlzeit
Wünsche und Tätigkeiten beim Essen
Nahrungsmittel, Speisen, Getränke
Nahrungsmittel: Oberbegriffe und Geschäfte
Gemüse
Obst und Früchte
Produkte aus Milch und Ei
Brot und Gebäck
Grundnahrungsmittel und Beilagen
Fisch und Geflügel
Fleisch und Wurst
Gewürze
Süßigkeiten
Getränke
Alkohol
Essen und Trinken: Portionen
Restaurant und Café
Essen: auswärts
Gaststätten und Lokale
Gaststätte: Ausstattung und Personal
Charakterisierungen für Speisen und Getränke
Eigenschaften von Speisen und Getränken
Geschmack von Speisen und Getränken
Zubereitung von Speisen und Getränken

Einkaufen

Geschäfte und Einkaufen
Arten von Geschäften
Einkaufen: Vorgänge
Geschäft: Personal und Räume
Geschäft: Verschiedenes
Geschäftszeiten und Mengenangaben
Preise und Geld
Bezahlen
Preisangabe
Geld und Zahlungsmodalitäten
Haushaltsartikel
Geschirr und Porzellan
Gläser und Besteck
Sonstige Haushaltsartikel und Töpfe
Werkzeuge

Kleidung, Accessoires
Kleidung allgemein
Alltags- und Unterbekleidung
Winter- und Oberbekleidung
Freizeit- und Sportbekleidung
Schuhe und Kleidungszubehör
Kleidung: Größen und Anprobieren
Stoffe, Materialien, Kleiderteile
Schmuck
Kleidung: Charakterisierung
Rauchwaren
Zigaretten, Zigarren und Tabak

Öffentliche und private Dienstleistungen

Post
Post allgemein
Post: Tätigkeiten
Postversand
Telekommunikation
Telefon allgemein
Telefon: Tätigkeiten
Fax, Telegramm, Internet
Ämter, Verwaltung, öffentliche Dienstleistungen
Ämter und Behörden allgemein
Ämter: Vorgänge und Dokumente
Ämter und Behörden: Abteilungen
Ausländerbehörde und Konsulat
Zoll und Zollamt
Bank und Geldverkehr
Bank allgemein
Bankgeschäfte und Konto
Kreditwesen
Geld: Zahlen und Sparen
Geldwechsel
Börse und Aktien
Polizei
Polizei allgemein
Verkehr und Verkehrspolizei
Kriminalität und Kriminalpolizei
Not-, Bereitschafts- und Sozialdienste
Not- und Bereitschaftsdienste
Notfälle und Todesarten
Sozialdienste und Beratungen
Auto und Fahrzeug
Reparatur und Pannenhilfe
Tankstelle und Fahrzeugverleih
Dienstleistungen
Handwerk
Friseur- und Kosmetiksalons
Sonstige Dienstleistungen

Körper, Gesundheit und Hygiene

Körper
Körperteile
Kopf und Gesicht
Körper und innere Organe
Physisches und psychisches Befinden, Bedürfnisse
Körperliche Bedürfnisse
Körperliches Befinden
Schlafen
Körper: Besondere Umstände und Gebrechen
Körperpflege und Hygiene
Körperreinigung und -pflege
Gesichtspflege und Schminken
Haare
Kleiderreinigung
Kleidung: Beschaffenheit und Zustand
Gesundheit und Krankheit
Krank und gesund allgemein
Krankheit: Symptome und Begleiterscheinungen
Krankheiten
Unfall und Verletzung
Sucht, Rauchen, Drogen
Medizin und medizinische Versorgung
Medizinische Versorgung allgemein
Medizinisches Personal
Krankenhaus und Operation
Arztpraxis
Apotheke und Medikamente
Krankenversicherung
Krankenkasse und Versicherung

Wahrnehmung und Motorik

Sinnliche Wahrnehmung
Wahrnehmung allgemein
Sinnesorgane: Funktionen
Körperstellung und -bewegung
Körperstellungen
Körperbewegungen
Motorik und Tätigkeiten
Motorische Tätigkeiten
Manuelle Tätigkeiten
Körperliche Tätigkeiten
Handhabung von Geräten

Arbeit und Beruf

Beruf
Beruf allgemein
Berufsbezeichnungen
Berufliche Aufgaben und Tätigkeiten
Charakterisierungen von Arbeit und Beruf
Arbeitsplatz
Arbeitsplatz, -ort und -bereich
Büroausstattung

Arbeitsbedingungen
Arbeitszeiten
Freizeit und Urlaub
Personal und Kollegen
Betriebsklima
Lohn, Versicherungen, Soziales
Lohn und Gehalt
Soziales und Versicherung
Berufsausbildung und Laufbahn
Berufsausbildung
Arbeitssuche und Stellenwechsel
Computer
Computer: Hardware
Computer: Software und Anwendung
Internet und E-Mail

Ausbildung und Schule

Schule und Studium
Schule allgemein
Bildungsweg und Personen
Schulen und Schultypen
Unterricht
Schulaktivitäten
Weiterbildung und Kurse
Universität
Schulutensilien
Unterrichtsfächer
Aktivitäten im Unterricht
Bezeichnungen von Unterrichtsfächern
Prüfungen und Diplome
Tests und Prüfungen
Noten und Diplome

Fremdsprachen

Verständigung
Sprache und Verständigung
Sprachliche Aktivitäten
Sprache
Sprachelemente
Grammatikalische Begriffe
Sprachformen und -bezeichnungen
Sprachen und Bezeichnungen von Sprachen
Spracherwerb und Sprachbeherrschung
Sprachen lernen
Sprachbeherrschung

Freizeit und Unterhaltung

Freizeitbeschäftigung, Interessen, Hobbys
Freizeit allgemein
Hobbys allgemein
Malen, Basteln, Fotografieren
Musizieren
Spielen

Veranstaltungen
Veranstaltungen allgemein
Veranstaltungsarten und Rubriken
Veranstaltungsorte und Zuschauerplätze
Theater, Kino, Konzert
Theater
Kino
Musik und Konzert
Museum, Ausstellungen, Sehenswürdigkeiten
Kunst und Ausstellungen
Fotografie und Film
Skulptur und Architektur
Sport
Sport allgemein
Ballsport
Wassersport
Wintersport
Laufsport und Gymnastik
Wettkämpfe und Ergebnisse
Radio, Fernsehen, Unterhaltungselektronik
Fernsehen und Radio
Sendungen und Rubriken
Unterhaltungselektronik: Geräte
Unterhaltungselektronik: Zubehör
Lektüre und Presse
Literatur und Buch
Presse und Journalismus
Textsorten und Rubriken
Gesellige Anlässe
Ereignisse und Anlässe
Unterhaltung und Tanz
Charakterisierungen für Veranstaltungen und Unterhaltungsaktivitäten
Beschreibungen für Veranstaltungen, Lektüre, Film usw.

Persönliche Beziehungen und Kontakte

Art der persönlichen Beziehung
Beziehung allgemein
Bekanntschaft und Freundschaft
Liebesbeziehung
Liebe und Sexualität
Ehe und Familie
Streit und Konflikt
Einladungen und Verabredungen
Einladen und Besuchen
Verabredungen
Einladungen: Soziales Verhalten und Kommunikation
Korrespondenz
Korrespondenz allgemein
Schreibutensilien
Vereinswesen
Clubs und Vereine

Politik und Gesellschaft

Aktuelles Geschehen
Aktuelles Geschehen und Schlagzeilen
Krieg und Konflikt
Frieden und Konfliktlösung
Gesellschaft
Gesellschaftspolitik
Lebensverhältnisse und Soziales
Wirtschaft
Wirtschaft allgemein
Wirtschaftsbereiche und -zweige
Politik, Staat und Internationales
Politik
Parlament, Regierung, Ministerien
Parteien und politische Richtungen
Wahlen
Militär und Armee
Staat und Nationalität
Internationale Organisationen
Recht
Recht und Gericht
Haft und Strafe

12 Kulturspezifische Aspekte: Übersicht A1–B2

Gefühle

Freude/Begeisterung ausdrücken
> Ausrufe angemessen verwenden

negative Gefühle ausdrücken
> angemessen Missfallen oder Antipathie ausdrücken

positive Gefühle ausdrücken
> angemessen Gefallen oder Sympathie ausdrücken

Wut/Trauer/Schmerz ausdrücken
> Ausrufe angemessen verwenden

Kontaktaufnahme und Kontaktbeendigung

Kontakt aufnehmen
> Begrüßungsformen angemessen verwenden
> jemanden angemessen ansprechen oder reagieren, wenn man angesprochen wird
> angemessen reagieren, wenn man jemandem vorgestellt wird
> sich/jemanden angemessen vorstellen

Kontakt beenden
> Verabschiedungsformen angemessen verwenden

Soziale Kooperation

an einem Gespräch teilnehmen
> ein Gespräch angemessen eröffnen, das Wort ergreifen oder abgeben
> in einem Gespräch angemessen das Thema wechseln
> in einem Gespräch das Rederecht behalten
> in einem Gespräch ein Thema entwickeln und angemessen darstellen
> Planungspausen in der eigenen Rede füllen
> angemessen ein Gespräch beenden
> als Zuhörer aktiv am Gespräch teilnehmen

auf eine Aufforderung reagieren
> ein Angebot oder eine Einladung höflich ablehnen
> ein Angebot oder eine Einladung höflich annehmen

Aussagen abschwächen
> Aussagen in einem Gespräch angemessen abschwächen, indem man gesprächseinleitende Elemente verwendet
> Aussagen in einem Gespräch angemessen abschwächen, indem man rückversichernde Fragen stellt, die dem Gesprächspartner die Möglichkeit geben, zuzustimmen oder zu widersprechen

Gute Wünsche/Komplimente ausdrücken
> jemandem alles Gute wünschen und darauf reagieren

Hilfe annehmen / um Hilfe bitten
> Hilfe anbieten
> angemessen um Hilfe bitten
> Hilfe angemessen annehmen oder ablehnen
> sich rückversichern, dass eine angebotene Hilfe ernst gemeint ist

Kondolieren/Unangenehmes aussprechen
> angemessen unangenehme Nachrichten mitteilen
> jemandem angemessen kondolieren

Korrekturen oder Zweifel anbringen
> Korrekturen an den Äußerungen eines Gesprächspartners angemessen und schonungsvoll anbringen
> sich selber mit einfachen sprachlichen Mitteln korrigieren

Meinungsverschiedenheit äußern
> auch eine gegenteilige Meinung ausdrücken, ohne seinen Gesprächspartner „vor den Kopf zu stoßen"

Missverständnisse vermeiden und klären
> eigene Äußerungen erläutern und eigene Haltungen und Werte verdeutlichen
> auf Nachfragen reagieren, wenn etwas unklar ist
> angemessen nachfragen, wenn etwas unklar ist oder ein Missverständnis vorliegt

sich bedanken
> angemessen auf einen Dank reagieren
> sich angemessen bedanken

sich entschuldigen
> sich angemessen entschuldigen
> angemessen auf eine Entschuldigung reagieren

zu einer Handlung auffordern
> eine Erlaubnis verweigern bzw. etwas verbieten, ohne dabei unhöflich zu sein
> ein Angebot oder eine Einladung angemessen aussprechen

13 Grammatik

13.1 Systematische Darstellung

Text

Textzusammenhang
Kongruenz
Thema – Rhema
Deixis
Pro-Formen
Konnektoren im Text
bestimmter oder unbestimmter Artikel
Wiederholung
semantische Zusammengehörigkeit
Oberbegriff – Unterbegriff
Synonym – Antonym
Namen- und Titelgebung
Rede wiedergeben
direkte Rede
indirekte Rede

Satz

Satzklammer
Verbalklammer
Nominalklammer
Nebensatzklammer
Positionen im Satz
Stellungsfelder
Elemente im Vorfeld
Elemente im Mittelfeld
Elemente im Nachfeld
Negation mit „nicht"
Typen von Sätzen
Hauptsatz
Satzäquivalent
Nebensatz
Verbindung von Sätzen
Satzreihung
Satzgefüge

Syntaktische Einheiten

Satzglied
Ergänzung
Angabe
Attribut
Linksattribut
Rechtsattribut
Gruppen
Nominalgruppe
Adjektivgruppe
Adverbgruppe
Präpositionalgruppe
Partizipialgruppe

Wörter

Verb
Stellung des Verbs
Valenz der Verben
Konjugation
Modalverb
Hilfsverb
reflexives Verb
reziprokes Verb
Verben mit Präfix
Funktionsverbgefüge
Substantiv
Genus
Numerus
Kasus
Adjektiv
Stellung des Adjektivs
Deklination
Steigerung
Valenz der Adjektive
Adverb
Stellung des Adverbs
Temporaladverb
Lokaladverb
Kausaladverb
Pronominaladverb
Artikelwort
Stellung des Artikelworts
bestimmter Artikel
unbestimmter Artikel
Nullartikel
Negationsartikel
Possessivartikel
Demonstrativartikel
Indefinitartikel
Interrogativartikel
Pronomen
Personalpronomen
Possessivpronomen
Demonstrativpronomen
Indefinitpronomen
Interrogativpronomen
Relativpronomen
Reflexivpronomen
Reziprokpronomen
W-Wort
Stellung des W-Worts
Präposition
Stellung der Präposition
Kombination von Präpositionen
Verschmelzung von Präposition und bestimmtem
   Artikel

Rektion der Präpositionen
temporale Präposition
lokale Präposition
modale Präposition
kausale Präposition
finale Präposition
konditionale Präposition
konzessive Präposition
Konnektor
Konjunktor
Subjunktor
Verbindungsadverb
Modalwort
Stellung des Modalworts
Partikel
Stellung der Partikel
Modalpartikel
Gradpartikel
Steigerungspartikel
Vergleichspartikel
Negationspartikel
Dialogpartikel
Zahlwort
Kardinalzahl
Ordinalzahl
Bruchzahl
Einteilungszahl
Wiederholungszahl
Vervielfältigungszahl

Wortbildung

Formen der Wortbildung
Komposition
   beim Substantiv
   beim Adjektiv
   beim Verb
Konversion
Ableitung
   durch Präfixe
   durch Suffixe
Wortkürzung
Abkürzung
Kurzwort
Funktionen der Wortbildung
Wortartwechsel
   ausgehend von einer Wortart
   zu einer Wortart führend
Diminution
Abschwächung
Negation

13.2 Funktionale Darstellung

Intentionen

darstellen
bewerten und vergleichen
   beurteilen
   Gleiches bewerten
   Ungleiches bewerten
   Absolutes bewerten
Fähigkeit oder Möglichkeit ausdrücken
Notwendigkeit ausdrücken
Absichten ausdrücken
wünschen
vermuten
Aussagen verstärken
Aussagen abschwächen
versprechen
auffordern
negieren
Handlungen begründen
Bedingungen ausdrücken
   mögliche Bedingungen
   hypothetische Bedingungen
Folgen ausdrücken

Relationen

Raum
   Lage benennen
   Bewegung, Richtung angeben
Zeit
   Zeitverhältnisse ausdrücken
     Gegenwart ausdrücken
     Vergangenheit ausdrücken
     Zukunft ausdrücken
   Zeitpunkt, Zeitraum angeben
     Zeitloses ausdrücken
     Zeitdauer, Gewohnheit ausdrücken
     Zeitenfolge angeben
       Reihenfolge angeben
       Vorzeitigkeit angeben
       Gleichzeitigkeit angeben
       Nachzeitigkeit angeben
   Häufigkeit ausdrücken
Zugehörigkeit ausdrücken
   Besitz angeben
   Anteile ausdrücken

Dialog

Routine im Dialog
   Fragen und Antworten
   Aussagen verkürzen
Hörersignale
   zustimmen
   Aufmerksamkeit signalisieren
   Rederecht einfordern
   Gesprächsende signalisieren
Sprechersignale
   Rede ankündigen
   Rederecht behalten
   Rederecht abgeben
   Gesprächsende signalisieren

13.3 Grammatik: Übersicht A1 – B2

Die vorliegende Grammatikübersicht enthält ausgewählte Teile der systematischen Grammatikdarstellung. Sie möchte mit Beispielsätzen einen Eindruck vermitteln, welche sprachlichen Phänomene auf welchen Niveaus thematisiert werden können. Eine detaillierte und umfassende Darstellung befindet sich auf der CD-ROM. Die Grammatik in „Profile deutsch" ist eine Zusammenfassung der sprachlichen Mittel aus den Wortschatzlisten unter grammatischen Gesichtspunkten. Es handelt sich hier nicht um eine Erwerbsgrammatik – die Grammatik erhebt also nicht den Anspruch zu benennen, welche Strukturen ein Lerner auf einem bestimmten Niveau fehlerfrei anwenden kann oder können soll.

	A1	A2	B1	B2
Satz **Positionen im Satz**	Satzklammer: *Er **kann** nicht **schwimmen**.* (Modalverben) *Ich **habe** lange **geschlafen**.* (Perfekt) *Wann **kommen** wir in Wien **an**?* (trennbare Verben)		Stellung von Pronomen bei Verben mit zwei Ergänzungen *Wir geben **sie ihm**.*	
Satz	Hauptsatz: *Ich suche die Bahnhofstraße.* (Deklarativsatz) *Wann sehen wir uns?* (W-Frage) *Sind Sie müde?* (Ja/Nein-Frage) *Fahr langsam!* (Imperativsatz)	Hauptsatz: *Streng dich an!* (Imperativsatz mit zweiteiligem Prädikat)	Hauptsatz: *(Einfach nicht zur Arbeit kommen.)* *Das geht doch nicht!* (Exklamativsatz)	Hauptsatz: *Wenn ich das gewusst hätte!* (Desiderativsatz)

	A1	A2	B1	B2
Satz		Nebensatz: *Mach schnell, **dass** wir nicht zu spät kommen.* (dass-Satz) *Der Tisch, **den wir gekauft haben**, war leider kaputt.* (Relativsatz) *Ich rufe nicht an, **weil** ich keine Zeit habe.* (Kausalsatz) ***Wenn** Margit ins Kino geht, bleibe ich (immer) bei den Kindern.* (Temporalsatz, ohne Plusquamperfekt) *Ich weiß nicht, **wo.*** (elliptischer Nebensatz mit W-Wort) *Er hat gesagt, er kommt später.* (uneingeleiteter Nebensatz mit Verb-Zweitstellung)	Nebensatz: *Kann ich Sie bitten, vor dem Weggehen bei mir **vorbeizukommen**?* (Infinitiv mit „zu") *Ich weiß nicht, **woher** er kommt.* (Nebensatz mit einleitendem ob/W-Wort) *Sollte etwas nicht klar sein, stellen Sie einfach Fragen.* (uneingeleiteter Nebensatz mit Verb-Erststellung)	
Satz		Vergleichssatz: *Sie haben einen größeren Garten **als** wir.*	Vergleichssatz: *Machen Sie es doch (so) **wie** ich.* ***Je** schneller, **desto** besser!*	

	A1	**A2**	**B1**	**B2**
Verb Konjugation	<u>Präsens:</u> Ausdruck von Aktuellem, Vergangenem, Gewohnheiten, Zukünftigem, Allgemeingültigem <u>Imperativ:</u> (2. Pers.) Aufforderung, Kontaktsignal *Entschuldigen Sie!* (als feste Wendung) <u>Präteritum:</u> *war, hatte* (1. und 3. Pers.) + Modalverben *(müssen, können, wollen)* <u>Perfekt:</u> einige wichtige Verben der A1-Liste (von *gehen, fahren, nehmen, schlafen, essen, trinken, kommen, machen, ...*) (nicht von *haben* und *sein*)	<u>Partizip II</u> <u>Perfekt</u> <u>Präteritum</u> der Hilfsverben + Modalverben <u>Indikativ</u> zur Redewiedergabe *Er sagt, er kommt.* <u>Konjunktiv II</u> der Höflichkeit von *haben* *Ich hätte gerne...* (als feste Wendung)	<u>Partizip I</u> <u>Präteritum</u> Vergangenes <u>Plusquamperfekt</u> Vorzeitigkeit <u>Futur I:</u> Vermutung, Aufforderung, Ankündigung, Zukünftiges <u>Infinitiv:</u> als Handlungsanleitung, als Aufforderung <u>Konjunktiv II</u> von *haben, sein, werden, können, mögen;* Umschreibung: *würde* + Infinitiv Höflichkeit, Wunsch, Vorschlag, Aufforderung	<u>Futur II</u> <u>Konjunktiv I Gegenwart:</u> indirekte Rede <u>Konjunktiv I Vergangenheit:</u> indirekte Rede <u>Konjunktiv II:</u> irrealer Wunsch, Höflichkeit, Vorschlag, Vermutung, Vorwurf, indirekte Rede Konjunktiv II Vergangenheit von *haben (sein* nur rezeptiv) <u>*werden*-Passiv:</u> Präsens, Präteritum, Perfekt
Verb	<u>Modalverben:</u> *mögen, müssen, können, wollen, nicht dürfen* <u>trennbare Verben</u> der Liste <u>Hilfsverben:</u> *haben, sein*	<u>Modalverben:</u> *dürfen, sollen* <u>Hilfsverben:</u> *werden*	<u>Modalverben:</u> *sollen* für Distanzierung von Äußerungen Dritter *Er **soll** krank sein.* *können* in Vermutungen *Sie **können** im Stau stehen.*	

	A1	A2	B1	B2
Verb **Valenz der Verben**	*Ich bin Lehrerin.* (Subsumptivergänzung) *Ich kann nicht schlafen.* (ohne Ergänzung) *Sie hat blaue Augen.* (Akkusativergänzung) *Er ist in England.* (lokale Situativergänzung) *Ich gehe nach Hause.* (Direktivergänzung) (als feste Wendung) …	*Ich kann Ihnen den Weg zeigen.* (Dativ- und Akkusativergänzung) *Ich habe das Buch ins Regal gestellt.* (Akkusativ- und Präpositionalergänzung) *Das Wetter bleibt schön.* (Qualitativergänzung) *Das ist am Sonntag passiert.* (temporale Situativergänzung) *Er hat lange mit mir gesprochen.* (Präpositionalergänzung) *Ich bin sicher, dass es gut ist.* (Nebensatz als Ergänzung) *Sie geht um acht Uhr schlafen.* (Infinitiv als Ergänzung) …	*Du kannst ihr vertrauen.* (Dativergänzung) … (nach Verben der Liste)	*Ich möchte Sie bitten, keinen Lärm zu machen.* (Nebensatz als Ergänzung) *Ich möchte den Drucker reparieren lassen.* (Infinitiv als Ergänzung) … (nach Verben der Liste)
Substantiv **Deklination**	<u>Genus</u> der Substantive <u>Pluralformen</u> der Substantive aus der Liste <u>Deklination:</u> Nominativ + Akkusativ Dativ als feste Wendung: *in der Schweiz, in der Türkei …*	Deklination: Dativ		<u>Deklination:</u> Genitiv Genitiv bei Eigennahmen: *Gudruns Bruder*

	A1	A2	B1	B2
Adjektiv	prädikativ zur Beschreibung eines Zustands *Das Haus ist **klein**.* adverbial *Er hört **schlecht**.*	attributiv, Deklination nach best., unbest. und Nullartikel – Nominativ + Akkusativ *Das ist **ein schneller** Computer.* *Er hat **eine schwarze** Katze.* *Hast du **die rote** Schüssel?* *Sie haben **gelbe** Blumen.* prädikativ zur Beschreibung eines Prozesses: *Langsam **wird** es **hell**.*	attributiv, Deklination nach best., unbest. und Nullartikel – Dativ *Ich gebe die Bücher einem **alten** Freund.*	attributiv, Deklination nach best., unbest. und Nullartikel – Genitiv *Er konnte während der **langen** Fahrt nicht schlafen.*
Adjektiv Steigerung		Komparativ und Superlativ einiger Adjektive der Listen, z. B. *Das können wir doch **später** machen!* *Er will **lieber** erst morgen kommen.* *In seiner Freizeit geht er **am liebsten** ins Kino.* *Es ist **besser**, wenn er morgen kommt.* ***Am besten** rufst du ihn jetzt gleich an.*	Komparativ und Superlativ der Adjektive in den Listen auch Komparativ von **Adverbien** der Listen (öfter, am öftesten, …)	
Artikelwort Deklination	Deklination: Nominativ + Akkusativ ***Das** Buch ist hier.* *Siehst du **den** Mann?* *Ich fahre mit **dem** Auto.* (als feste Wendung) *Wo geht es hier **zum** Bahnhof.* (als feste Wendung)	Deklination: + Dativ *Ich helfe **der** Frau.* *Wir waren **am** Meer.*	Deklination: + Genitiv *Man sieht nur den Turm **der** Kirche.*	

	A1	A2	B1	B2
Artikelwort	unbestimmter Artikel bestimmter Artikel Nullartikel Negationsartikel Possessivartikel Demonstrativartikel: *der/das/die*	Demonstrativartikel: *dieser* *Wer ist **dieser** Mann?* Indefinitartikel: *alles, viele, etwas, jeder, was* *Auf dem Fest waren **viele** Leute.* *Möchten Sie noch **etwas** Kaffee?* *Wir fahren **jedes** Jahr in die Schweiz.* Interrogativartikel: *welcher, was für ein* ***Welches** Buch kaufst du?*	Demonstrativartikel: *derselbe* ***Dieselbe** Bergtour habe ich auch schon gemacht.* Indefinitartikel: *wenige, ein paar, einige, manche* *Auf dem Fest gestern waren **wenige** Leute.*	Demonstrativartikel: *jener, derjenige, solche* *(Autos mit Katalysatoren?) – **Solche** Autos gibt's jetzt überall.* Indefinitartikel: *irgendein, irgendwelche, sämtliche, mehrere, irgendetwas, irgendwas, nichts* *Sie möchte **irgendetwas** Neues sehen.*
Pronomen Deklination	Personalpronomen Nominativ + Akkusativ ***Ich** wohne in Hamburg.* *Sie kennt **ihn**.* *Wie geht es **dir**?* *(als feste Wendung)*	Deklination: + Dativ *Ich gebe **dir** das Buch.*	Deklination: + Genitiv *Das ist der Wagen **meines** Vaters.*	
Pronomen	Personalpronomen ***Er** kommt heute.* unpersönliches „es" *Wie geht **es**?* *(als feste Wendung)* Demonstrativpronomen: *der/das/die* *(Welcher Mantel ist deiner?) – **Der**.* Indefinitpronomen: *viele, nichts, etwas, …* *Das ist aber **viel**.* Interrogativpronomen: *wer, was, wie viel, …* ***Wer** ist das?* …	Possessivpronomen *Das ist **meine** Schwester.* Demonstrativpronomen: *dieser* *(Welcher Stuhl gefällt dir?) – **Dieser** gefällt mir gut.* Indefinitpronomen: *einer, man, keiner, jeder, jemand, was,* *… Hat **jemand** angerufen?* Interrogativpronomen: *welcher, was für ein* ***Welche** nimmst du?* Relativpronomen: *der/das/die; das, was* *Nimmst du die Bücher, **die** da auf dem Tisch liegen?* ***Das, was** du gesagt hast, stimmt gar nicht.* …	Indefinitpronomen: *mancher, irgendwelche, wenige, …* *Hat sich **irgendwer** gemeldet?* Relativpronomen: *was, wo* *Das ist die Stadt, **wo** wir uns kennen gelernt haben.* …	Demonstrativpronomen: *jener, solche* *(Autos mit Katalysatoren?) – **Solche** gibt's jetzt überall.* Relativpronomen: *wo + Präposition (woher, woraus, …); wer (im verkürzten Relativsatz)* *Das Letzte, **woran** ich mich erinnere, ist …* ***Wer** nicht mitkommen will, kann hier essen.* …

	A1	A2	B1	B2
Präposition temporal	*Am 25. Juli / Am Montag bin ich nicht da.* (als feste Wendung) *(Wie lange bleiben Sie?) – Bis nächsten Dienstag. Ich komme in einer Stunde.* (als feste Wendung) *Ich komme um drei. Ich arbeite von zwei bis sechs. Es ist zwanzig (Minuten) vor acht.* ...	*(Ab wann ist wieder auf?) – Ab Montag. Ich kann nicht bis zum Schluss bleiben. Ich arbeite hier seit drei Jahren. Was machst du an/zu Ostern? Ich komme zwischen vier und fünf.* ...	*Er hat mit 21 geheiratet. Wir haben über einen Monat gewartet. Während des Essens.* ...	*Außerhalb von seiner Arbeitszeit kann er nicht mehr viel machen. Innerhalb der Arbeitszeit kann er viel machen. Von diesem Tag an machte er jeden Morgen Sport.* ...
Präposition lokal	*Sie wohnt am Bahnhofsplatz.* (als feste Wendung) *Ich komme aus England/London. Ich wohne bei meiner Freundin.* (als feste Wendung) *Er wohnt in Paris. Fahren Sie nach Wien / nach Österreich? Zum Bahnhof, bitte.* (als feste Wendung) ...	*Wir fahren jedes Jahr ans Meer. Ich fahre nur bis Stuttgart. Müssen wir durch die Stadt fahren? Er ist gegen die Wand gefahren. Er ist im Bad. Der Schlüssel hängt über der Tür. Ich hänge den Schlüssel über die Tür. Ich komme gerade von meinen Eltern. Gut, ich lege die Zeitung vor die Tür.* ...	*Das Hotel liegt außerhalb der Stadt. Ich wohne neben dem Bahnhof. Er ist da um die Ecke gegangen. Um den See (he)rum stehen überall Zelte.* ...	*Er ging den Fluss entlang / entlang dem Fluss. Die Post ist gegenüber dem Bahnhof / dem Bahnhof gegenüber. Jenseits der Berge ist das Tessin.* ...
weitere Präpositionen	*Ich fahre mit dem Auto.* (als feste Wendung) *Das ist für die Reise.*	*Die Tasche ist aus Leder.* ...	*Er arbeitet genau nach Plan. Das ist nur wegen dir passiert. Ich nehme deine Tasche zum Einkaufen.* ...	*Er fuhr ohne Rücksicht auf andere. Er kann aufgrund einer Erkältung nicht an der Sitzung teilnehmen. Dank deinem Rat geht es ihm jetzt besser. Durch den Unfall kam es zu einer Stauung. Er konnte vor Kopfweh nicht einschlafen. Bei schlechtem Wetter fällt das Konzert aus. Trotz dem Regen / des Regens sind wir spazieren gegangen.* ...

	A1	A2	B1	B2
Konnektor Konjunktor	Wir brauchen noch Butter *und* Brot. Da ist eine Bank. *Und auch* die Post. Nehmen Sie Kaffee *oder* Tee? Heute geht es nicht, *aber* morgen.		*Entweder* sie kommt morgen mit dem Zug *oder* sie kommt nächste Woche mit Waltraud. Ich kann heute nicht kommen, *denn* wir haben Besuch. Er kommt *nicht* heute, *sondern* morgen. …	*Nicht nur* gestern, *sondern auch* heute ist es viel zu kalt. Der Arzt hat *sowohl* heute *als auch* morgen keinen Termin mehr frei. Es war *zwar* schön, *aber* zu kalt. Sie ruft immer wieder an, *jedoch* ohne Erfolg. Es geht *weder* heute *noch* morgen. …
Konnektor Subjunktor		Mach schnell, *dass* wir nicht zu spät kommen. *Wenn* Margit ins Kino geht, bleibe ich (immer) bei den Kindern. *Wenn* es nicht regnet, (dann) können wir gehen. Ich rufe ihn an, *damit* er auch kommt. Ich rufe nicht an, *weil* ich keine Zeit habe. Ich weiß nicht, *wie* man das macht.	Ich weiß noch nicht, *ob* ich heute noch fahre. *Seit* sie ein Kind haben, sehen wir sie leider nur selten. Ich brauche etwas, *um* die Dose aufzu-machen. Sie war *so* krank, *dass* sie zu Hause bleiben musste. Ich muss hingehen, *obwohl* ich keine Lust habe. …	Sie arbeitet viel, *während* er eher faul herumliegt. Wir können los-fahren, *sobald* er Peter angerufen hat. Wir kommen sicher pünktlich, *sofern* kein Stau auf der Autobahn ist. Er machte das Licht aus, *indem* er einfach die Lampe rausnahm. …
Konnektor Verbindungs-adverb	Zuerst waren wir in Berlin, *dann* in Dresden *und dann* …	(Ich war krank.) *Deshalb* konnte ich nicht kommen.	Ich muss morgen früh aufstehen, *darum* gehe ich jetzt nach Hause. Ich war gerade unter der Dusche, *des-wegen* konnte ich nicht ans Telefon. Eigentlich würde ich lieber zu Hause bleiben, *trotzdem* werde ich hingehen. …	Ich hatte immer wieder Ärger mit meiner Internet-adresse, *daher* habe ich jetzt eine neue. (Die Prüfung war nicht leicht.) *Dennoch* hat er es geschafft. Er war nicht da, *folglich* haben wir alles allein gemacht. (Gestern war das Wetter schlecht.) *Dagegen* ist es heute fast schön. …

14 Texte

14.1 Textsorten

Absage
Allgemeine Geschäftsbedingungen
An-/Abmoderation
Anfrage
Ankündigung
Ansage
Antrag
Anweisung des Lehrers
Anweisung im Lehrbuch
Anzeige
Arbeitszeugnis
Artikel
Aufsatz
Aufschrift
Auftrag
Auskunftsgespräch

Bedienungsanleitung
Beipackzettel
Bekanntmachung
Beratungsgespräch
Bericht
Beschwerde
Besprechung
Bestätigung
Bestellung
Bewerbungsgespräch
Bewerbungsschreiben
Bilderrätsel
Bildschirmtext
Bildunterschrift/-überschrift
Biografie
Börsenbericht
Brief (persönlich)

Comic

Diskussion
Dokumentarfilm
Durchsage

Einladung
Eintrittskarte
Erzählung
Etikett

Fahrkarte
Fahrplan
Feature
Flugblatt
Formular
Fragebogen
Führung

Garantiebedingung
Gebet

Gedicht
Gesetz
Gespräch (am Arbeitsplatz)
Gewinnspiel
Grammatik
Grammatikregel

Handout
Horoskop
Hörspiel

Interview

Kalender
Karte (Landkarte, Stadtplan ...)
Kaufgespräch
Klappentext
Kochrezept
Kommentar
Kreuzworträtsel
Krimi
Kündigung
Kurzbiografie
Kurzprosa

Lebenslauf
Legende
Lehrbuchtext
Leserbrief
Lesung
Lexikonartikel
Lied

Mahnung
Märchen
Mitschrift
Mitteilung
Musical

Nachrichten
Notiz

Offerte
Organigramm

Plakat
Postkarte
Präsentation
Präsentationsfolie
Predigt
Preisliste
Produktinformation
Programm (Fernseh-, Veranstaltungsprogramm, ...)
Programmhinweis
Prospekt
Protokoll
Prüfung

Ratgeber
Rechnung
Rede
Referat
Reiseführer
Reportage
Rezension
Roman

Satire
Schaubild
Schild
Schlagzeile
Seminararbeit
Sketch
Slogan
Smalltalk
Speisekarte
Spielfilm
Spielregel
Sportergebnis
Sprichwort
Statistik
Stellungnahme
Stundenplan

Tabelle
Tafelanschrift
Tagebuch
Talkshow
Test
Theaterstück

Übertragung
Übung in Unterrichtsmaterialien
Umfrage
Untertitel
Urkunde

Verhandlung
Verkaufsanzeige (privat)
Verordnung
Vertrag
Verzeichnis
Videoclip
Visitenkarte
Vorlesung
Vortrag

Werbung
Wetterkarte
Wettervorhersage
Wettschein
Witz
Wörterbucheintrag

Zeichentrickfilm
Zeittafel
Zeitungsnachricht
Zusammenfassung

14.2 Textmuster

Schriftliche Textmuster

Anzeige

Bedienungsanleitung
Bericht
Bewerbungsschreiben
Brief offiziell
Brief privat

Handout

Interview

Kochrezept
Kommentar

Lebenslauf

Protokoll

Schild

Verkaufsanzeige privat
Vertrag

Werbeanzeige
Wettervorhersage

Zeitungsnachricht
Zusammenfassung

Mündliche Textmuster

Ansage
Auskunftsgespräch

Bewerbungsgespräch

Diskussion gesteuert
Durchsage

Erzählung

Interview

Kaufgespräch

Nachrichten

Präsentation
Prüfung

Rede
Referat

Smalltalk

15 Strategien: Übersicht

15.1 Lern- und Prüfungsstrategien nach Strategietyp geordnet

Vor dem Lernen

Strategien zur Selbstregulierung
Affektive Strategien

Während des Lernens

Strategien zur Selbstregulierung
Affektive Strategien
Soziale Strategien
Verarbeitungsstrategien
Memorierungsstrategien

Nach dem Lernen

Strategien zur Selbstregulierung
Affektive Strategien
Soziale Strategien

Vor der Prüfung

Entscheidungsstrategien
Strategien zur Selbstregulierung
Affektive Strategien

Während der Prüfung

Strategien zur Selbstregulierung
Problemlösungsstrategien
Interaktionsstrategien
Affektive Strategien

Nach der Prüfung

Strategien zur Selbstregulierung
Affektive Strategien

15.2 Lern- und Prüfungsstrategien nach Ziel geordnet

Vor dem Lernen

Das Lernen planen und einrichten
Den Lernstoff organisieren und adaptieren
Stress reduzieren
Sich motivieren
Techniken speziell für den Unterricht
Techniken für Selbstlerner und für den Unterricht

Während des Lernens

Persönlichen Lernprozess effektiv gestalten
Gefühle registrieren und äußern
Stress reduzieren
Sich motivieren
Vorteile der Zusammenarbeit nutzen
Lernstoff verarbeiten
Lernstoff speichern

Nach dem Lernen

Das Lernen steuern und den Lernerfolg evaluieren
Sich motivieren
Vorteile der Zusammenarbeit nutzen

Vor der Prüfung

Entscheiden, welche Art von Prüfung oder Test man
  machen will
Feststellen, was genau in einer Prüfung / einem Test
  verlangt wird
Prüfungsstoff überblicken und unterteilen
Sich auf die Prüfungs-/Testsituation vorbereiten

Während der Prüfung

Sich organisieren
Das Prüfungsverhalten optimieren
Das Prüfungsverhalten kontrollieren

Nach der Prüfung

Für andere Prüfungen/Tests lernen
Kenntnisse erweitern
Den Kopf wieder frei bekommen

15.3 Lern- und Prüfungsstrategien nach Vorgehensweise geordnet

Vor dem Lernen

Persönliche Bedürfnisse und Lernziele bestimmen
Positive Gefühle entwickeln
Lernform bestimmen
Lernzeiten organisieren
Störfaktoren ausschalten
Den Arbeitsplatz gestalten
Lernstoff nach eigenen Bedürfnissen und Lernzielen auswählen
Vorwissen über den Lernstoff aktivieren
Den Lernstoff überblicken und unterteilen
Sich entspannen

Vor der Prüfung

Sich Informationen beschaffen
Sich einschätzen
Den Prüfungsstoff eingrenzen
Prüfung/Test simulieren
Mit der Prüfungsangst umgehen

Während des Lernens

Bewusst und gezielt lernen
Mit anderen gemeinsam lernen
Den Lehrer als Informationsquelle nutzen
Muttersprachler als Informationsquelle nutzen
Vorwissen aktivieren und Lernstoff analysieren
Lernstoff fokussieren
Lernstoff strukturieren
Lernstoff generalisieren
Lernstoff im Kontext erschließen
Hilfsmittel anwenden
Lernstoff wiederholen
Für Abwechslung sorgen
Lernstoff mit Bekanntem kombinieren/verbinden
Lernstoff mit einem Kontext verbinden
Lernstoff gruppieren
Lernstoff mehrkanalig verarbeiten
Lernstoff individualisieren
Lernstoff anwenden
Lernbiografie reflektieren und einbringen
Verschiedene Lerntechniken erproben und reflektieren
Aufgaben und Lernstoff erweitern oder reduzieren
Körperliche Signale wahrnehmen und darauf reagieren
Gefühle verarbeiten und besprechen
Sich entspannen
Sich Mut machen

Während der Prüfung

Zeit einteilen
Lösungsweg und Lösung gestalten
Eigenes Wissen und Können optimal einsetzen
Verständnis der Prüfungs-/Testaufgabe absichern
Risiken vermeiden bzw. diese in Maßen bewusst eingehen
Sich korrigieren
Kommunikation sichern
Auf die eigene Körpersprache achten
Mit einem Black-out umgehen

Nach dem Lernen

Lernzuwachs und Lernziele überprüfen und Lernstoff neu organisieren
Lernorganisation und Lernprozesse überprüfen und verändern
Lernmotivation überprüfen und verändern
Sich belohnen
Mit anderen gemeinsam evaluieren
Muttersprachler für die Evaluation nutzen
Den Lehrer für die Evaluation nutzen

Nach der Prüfung

Die abgelegte Prüfung evaluieren
Nächste Ziele festlegen
Sich belohnen
Den Prüfungsstress abbauen

Die Techniken zu den jeweiligen Strategien finden Sie auf der CD-ROM.

15.4 Kommunikative Strategien

Planen

Textschemata aktivieren / Textstruktur entwerfen
Wiederholen und Einüben
Mögliche Verständnisschwierigkeiten erkennen

Durchführen – Kontrollieren – Reparieren

Auf vorhandenem Wissen aufbauen
Hilfsmittel benutzen
Inhalte/Texte strukturieren
Gespräche strukturieren
Kooperieren
Kompensieren und Vermeiden
Hinweise identifizieren/erschließen
Schlüsse ziehen und Vorhersagen machen
Verständnis sichern
Um Klärung bitten / klären
Um Hilfe bitten
Kontrollieren
Ausprobieren
Reparieren

Die Sprachhandlungsstrategien werden bei der Rezeption, Produktion, Interaktion und Sprachmittlung in unterschiedlicher Form angewendet. Die einzelnen Techniken finden Sie auf der CD-ROM.

Auswahlbibliografie

Folgende Titel waren für die Ausarbeitung der einzelnen Kapitel besonders hilfreich:

Ammon, Ulrich (1995): Die deutsche Sprache in Deutschland, Österreich und der Schweiz. Das Problem der nationalen Varietäten. Walter de Gruyter, Berlin, New York

Baldegger, Markus; Müller, Martin; Schneider, Günther in Zusammenarbeit mit Näf, Anton (1980): Kontaktschwelle Deutsch als Fremdsprache. Langenscheidt, München

Bimmel, Peter; Rampillon, Ute (2000): Lernerautonomie und Lernstrategien. Fernstudieneinheit 23, Langenscheidt, München

Buscha, Joachim u.a. (1998): Grammatik in Feldern. Ein Lehr- und Übungsbuch für Fortgeschrittene. Verlag für Deutsch, Ismaning

Byram, Michael; Zarate, Geneviève; Neuner, Gerhard (1997): Sociocultural competence in language learning and teaching. Studies towards a Common European Framework of reference for language learning and teaching. Council of Europe, Strasbourg

Byram, Michael; Zarate, Geneviève (1997): The sociocultural and intercultural dimension of language learning and teaching. Council of Europe, Strasbourg

Das Zertifikat Deutsch für den Beruf (1995): Goethe-Institut, München

Dräxler, Dieter u.a. (1997): Leitfaden zur Lehrplanarbeit; Zentrale Modulbank für die Mittelstufe. Goethe-Institut, München

Dreyer, Hilke; Schmitt, Richard (1991): Lehr- und Übungsbuch der deutschen Grammatik. Verlag für Deutsch, München

Ehlich, Konrad (1994): Funktion und Struktur schriftlicher Kommunikation. In: Günther, H./Ludwig, O. u.a. (Hgg.): Schrift und Schriftlichkeit / Writing and its Use, de Gruyter, Berlin, New York. S. 18-41

Eisenberg, Peter (1989): Grundriss der deutschen Grammatik. Metzler, Stuttgart

Engel, Ulrich (1996[3]): Deutsche Grammatik. Groos, Heidelberg

Europäisches Sprachenportfolio für Jugendliche und Erwachsene (2001): Hg. EDK Bern: Berner Lehrmittel- und Medienverlag BLMV, Bern

Gemeinsamer europäischer Referenzrahmen für Sprachen: lernen, lehren, beurteilen (2001): Langenscheidt, München

Handbuch für Spracharbeit (1995): Goethe-Institut, München

Handlungsfeld FU Lernstrategien (1998), Uni-GH, Siegen

Heinemann, Wolfgang; Viehweger, Dieter (1991): Textlinguistik. Eine Einführung. Niemeyer, Tübingen

Kautz, Ulrich (2000): Handbuch: Didaktik des Übersetzens und Dolmetschens. Goethe-Institut und Iudicium, München

Helbig, Gerhard; Buscha, Joachim (1993[15]): Deutsche Grammatik. Ein Handbuch für den Ausländerunterricht. Langenscheidt, Leipzig

Holec, Henri; Little, David; Richterich, René (1996): Strategies in language learning and use. Studies towards a Common European Framework of reference for language learning and teaching. Council of Europe, Strasbourg

Language Learning for a new Europe (1997): Report of the Final Conference of the Project 'Language Learning for European Citizenship', Council of Europe, Strasbourg

Lehrpläne für die Goethe-Institute in Deutschland (1996): Goethe-Institut, München

Muhr, Rudolf; Schrodt, Richard; Wiesinger, Peter (1995): Österreichisches Deutsch: linguistische, sozialpsychologische und sprachpolitische Aspekte einer nationalen Variante des Deutschen, Hölder-Pichler-Tempsky, Wien

Näf, Anton (1980): Grammatik-Inventar in: Baldegger, Markus; Müller, Martin; Schneider, Günther in Zusammenarbeit mit Näf, Anton (1980): Kontaktschwelle Deutsch als Fremdsprache. Langenscheidt, München

Österreichisches Sprachdiplom Deutsch (2000): Lernzielkataloge. öbv + hpt, Wien

Österreichisches Wörterbuch (2001): öbv und hpt, Wien

Rahmenrichtlinien für den Mittelstufenunterricht am GI (1996): Goethe-Institut, München

Rampillon, Ute; Zimmermann, Günther (1997): Strategien und Techniken beim Erwerb fremder Sprachen, Hueber, Ismaning

Reimann, Monika (1996): Grundstufen-Grammatik für Deutsch als Fremdsprache. Hueber, Ismaning

Rug, Wolfgang, Tomaszewski, Andreas (1995): Grammatik mit Sinn und Verstand, Klett Edition Deutsch, München

Saxer, Robert (1999): Texte und Sätze – Didaktische Grammatik der deutschen Sprache, in: Zertifikat Deutsch (1999): Lernziele und Testformat. Hg. v. Goethe-Institut (GI): Österreichisches Sprachdiplom Deutsch (ÖSD): Schweizerische Konferenz der kantonalen Erziehungsdirektoren (EDK) und Weiterbildungs-Testsysteme GmbH (WBT), Frankfurt

Schneider, Günther / North, Brian (2000): Fremdsprachen können – was heißt das? Skalen zur Beschreibung, Beurteilung und Selbsteinschätzung der fremdsprachlichen Kommunikationsfähigkeit. Chur und Zürich

van Ek, Jan A.; Trim, John L. (1991): Threshold Level 1990. CUP, Cambridge

van Ek, Jan A.; Trim, John.L. (1991): Waystage 1990. CUP, Cambridge,

van Ek, Jan A.; Trim, John L. (1997): Vantage Level. Council of Europe, Strasbourg

Weinrich, Harald (1993): Textgrammatik der deutschen Sprache. Duden, Mannheim

Weydt, Harald (1989): Sprechen mit Partikeln. de Gruyter, Berlin, New York

Wolff, Dieter: Lernstrategien: Ein Weg zu mehr Lernerautonomie, www.ualberta.ca/~german/idv/wolff1/htm

Wörterbuch der deutschen Sprache in Deutschland, Österreich und der Schweiz (2001): Dreierlei Deutsch, Wörterbuch der nationalen und regionalen Besonderheiten der deutschen Standardsprache, Probefassung und Vorabdruck, Innsbruck, Linz, Basel, Duisburg.

Zentrale Mittelstufenprüfung für Deutsch als Fremdsprache (1996): Goethe-Institut, München

Zertifikat Deutsch (1999): Lernziele und Testformat. Hg. v. Goethe-Institut (GI): Österreichisches Sprachdiplom Deutsch (ÖSD): Schweizerische Konferenz der kantonalen Erziehungsdirektoren (EDK) und Weiterbildungs-Testsysteme GmbH (WBT), Frankfurt

Zifonun, Gisela u.a. (1997): Grammatik der Deutschen Sprache. de Gruyter, Berlin und New York